同济博士论丛
TONGJI Dissertation Series

总主编 伍 江 副总主编 雷星晖

卢昱杰 著 江景波 乐 云 崔庆斌 审

政策管制和企业价值视角下
建筑业企业绿色化转型研究

Why AEC Firms Go Green:
Drivers from Government Regulations
and Corporate Values

同济大学出版社
TONGJI UNIVERSITY PRESS

内 容 提 要

本书系统地梳理了建筑业企业绿色化转型的理论基础，提出了企业受外部政策管制环境和企业内部自我价值驱动的绿色化转型模型和框架，定量分析了企业受到外部管制政策作用下绿色化影响，构建了企业内部绿色化绩效的综合评价内容体系，实证分析了企业绿色化价值传递路径，并对企业绿色化管理提出了建议。

本书适合建筑企业从业人员及对建筑企业绿色化感兴趣的人员阅读。

图书在版编目(CIP)数据

政策管制和企业价值视角下建筑业企业绿色化转型研究／卢昱杰著．—上海：同济大学出版社，2017.5

（同济博士论丛／伍江总主编）

ISBN 978-7-5608-6976-6

Ⅰ．①政… Ⅱ．①卢… Ⅲ．①建筑企业—绿色产业—研究 Ⅳ．①F407.9

中国版本图书馆 CIP 数据核字(2017)第 096560 号

政策管制和企业价值视角下建筑业企业绿色化转型研究

卢昱杰　著　江景波　乐云　崔庆斌　审

出 品 人　华春荣　　责任编辑　熊磊丽　蒋卓文

责任校对　徐春莲　　封面设计　陈益平

出版发行　同济大学出版社　　www.tongjipress.com.cn

（地址：上海市四平路 1239 号　邮编：200092　电话：021-65985622）

经　　销　全国各地新华书店

排版制作　南京展望文化发展有限公司

印　　刷　浙江广育爱多印务有限公司

开　　本　787 mm×1092 mm　1/16

印　　张　17

字　　数　340 000

版　　次　2017 年 5 月第 1 版　2017 年 5 月第 1 次印刷

书　　号　ISBN 978-7-5608-6976-6

定　　价　78.00 元

“同济博士论丛”编写领导小组

“同济博士论丛”编辑委员会

总序

在同济大学110周年华诞之际，喜闻“同济博士论丛”将正式出版发行，倍感欣慰。记得在100周年校庆时，我曾以《百年同济，大学对社会的承诺》为题作了演讲，如今看到付梓的“同济博士论丛”，我想这就是大学对社会承诺的一种体现。这110部学术著作不仅包含了同济大学近10年100多位优秀博士研究生的学术科研成果，也展现了同济大学围绕国家战略开展学科建设、发展自我特色，向建设世界一流大学的目标迈出的坚实步伐。

坐落于东海之滨的同济大学，历经110年历史风云，承古续今、汇聚东西，秉持“与祖国同行、以科教济世”的理念，发扬自强不息、追求卓越的精神，在复兴中华的征程中同舟共济、砥砺前行，谱写了一幅幅辉煌壮美的篇章。创校至今，同济大学培养了数十万工作在祖国各条战线上的人才，包括人们常提到的贝时璋、李国豪、裘法祖、吴孟超等一批著名教授。正是这些专家学者培养了一代又一代的博士研究生，薪火相传，将同济大学的科学研究和学科建设一步步推向高峰。

大学有其社会责任，她的社会责任就是融入国家的创新体系之中，成为国家创新战略的实践者。党的十八大以来，以习近平同志为核心的党中央高度重视科技创新，对实施创新驱动发展战略作出一系列重大决策部署。党的十八届五中全会把创新发展作为五大发展理念之首，强调创新是引领发展的第一动力，要求充分发挥科技创新在全面创新中的引领作用。要把创新驱动发展作为国家的优先战略，以科技创新为核心带动全面创新，以体制机制改革激发创新活力，以高效率的创新体系支撑高水平的创新型国家建设。作为人才培养和科技创新的重要平台，大学是国家创新体系的重要组成部分。同济大学理当围绕国家战略目标的实现，作出更大的贡献。

大学的根本任务是培养人才，同济大学走出了一条特色鲜明的道路。无论是本科教育、研究生教育，还是这些年摸索总结出的导师制、人才培养特区，"卓越人才培养"的做法取得了很好的成绩。聚焦创新驱动转型发展战略，同济大学推进科研管理体系改革和重大科研基地平台建设。以贯穿人才培养全过程的一流创新创业教育助力创新驱动发展战略，实现创新创业教育的全覆盖，培养具有一流创新力、组织力和行动力的卓越人才。"同济博士论丛"的出版不仅是对同济大学人才培养成果的集中展示，更将进一步推动同济大学围绕国家战略开展学科建设、发展自我特色、明确大学定位、培养创新人才。

面对新形势、新任务、新挑战，我们必须增强忧患意识，扎根中国大地，朝着建设世界一流大学的目标，深化改革，勠力前行！

万　钢

2017 年 5 月

论丛前言

承古续今，汇聚东西，百年同济秉持“与祖国同行、以科教济世”的理念，注重人才培养、科学研究、社会服务、文化传承创新和国际合作交流，自强不息，追求卓越。特别是近20年来，同济大学坚持把论文写在祖国的大地上，各学科都培养了一大批博士优秀人才，发表了数以千计的学术研究论文。这些论文不但反映了同济大学培养人才能力和学术研究的水平，而且也促进了学科的发展和国家的建设。多年来，我一直希望能有机会将我们同济大学的优秀博士论文集中整理，分类出版，让更多的读者获得分享。值此同济大学110周年校庆之际，在学校的支持下，“同济博士论丛”得以顺利出版。

“同济博士论丛”的出版组织工作启动于2016年9月，计划在同济大学110周年校庆之际出版110部同济大学的优秀博士论文。我们在数千篇博士论文中，聚焦于2005—2016年十多年间的优秀博士学位论文430余篇，经各院系征询，导师和博士积极响应并同意，遴选出近170篇，涵盖了同济的大部分学科：土木工程、城乡规划学(含建筑、风景园林)、海洋科学、交通运输工程、车辆工程、环境科学与工程、数学、材料工程、测绘科学与工程、机械工程、计算机科学与技术、医学、工程管理、哲学等。作为“同济博士论丛”出版工程的开端，在校庆之际首批集中出版110余部，其余也将陆续出版。

博士学位论文是反映博士研究生培养质量的重要方面。同济大学一直将立德树人作为根本任务，把培养高素质人才摆在首位，认真探索全面提高博士研究生质量的有效途径和机制。因此，“同济博士论丛”的出版集中展示同济大学博士研究生培养与科研成果，体现对同济大学学术文化的传承。

“同济博士论丛”作为重要的科研文献资源，系统、全面、具体地反映了同济大学各学科专业前沿领域的科研成果和发展状况。它的出版是扩大传播同济科研成果和学术影响力的重要途径。博士论文的研究对象中不少是“国家自然科学基金”等科研基金资助的项目，具有明确的创新性和学术性，具有极高的学术价值，对我国的经济、文化、社会发展具有一定的理论和实践指导意义。

“同济博士论丛”的出版，将会调动同济广大科研人员的积极性，促进多学科学术交流、加速人才的发掘和人才的成长，有助于提高同济在国内外的竞争力，为实现同济大学扎根中国大地，建设世界一流大学的目标愿景做好基础性工作。

虽然同济已经发展成为一所特色鲜明、具有国际影响力的综合性、研究型大学，但与世界一流大学之间仍然存在着一定差距。“同济博士论丛”所反映的学术水平需要不断提高，同时在很短的时间内编辑出版 110 余部著作，必然存在一些不足之处，恳请广大学者，特别是有关专家提出批评，为提高同济人才培养质量和同济的学科建设提供宝贵意见。

最后感谢研究生院、出版社以及各院系的协作与支持。希望“同济博士论丛”能持续出版，并借助新媒体以电子书、知识库等多种方式呈现，以期成为展现同济学术成果、服务社会的一个可持续的出版品牌。为继续扎根中国大地，培育卓越英才，建设世界一流大学服务。

伍　江

2017 年 5 月

前 言

全球化和工业发展背景下，环境污染、社会责任缺失等问题日益严重，绿色化得到广泛关注。绿色化的内涵意味着经济发展对环境和社会是友好的。而建筑行业背后却隐藏着巨大的环境问题。权威资料表明，全球建筑业消耗约20%的水资源，25%～40%的能源，产生30%～40%的固体废料，排放38%的二氧化碳污染。若再考虑建筑业上下游材料制造、物流交通、设备运行等各方面的因素，建筑业对环境污染和破坏显得更为严重。因此，推行建筑业的绿色化战略转型有重大现实意义。

企业作为建筑业中最主要的参与主体，其积极参与程度与环境绩效决定了整个行业的绿色化程度。但是，目前建筑业绿色化研究主要关注项目层面，较少关注企业层面，实践层面更为缺乏，从而导致建筑业绿色企业的数量较少，绩效表现程度低。特别是我国的建筑业企业绿色化水平和国外发达国家相比还存在较大差距。当前对建筑业企业绿化的片段研究中，大多属于定性描述方面，并不能为企业提供定量分析模型和综合绩效评价，从而缺乏可操作性。为此，本书基于大量最新文献、报告、行业数据，笔者尤其是在美国马里兰大学研究交流两年期间，参与了相关课题研究，就建筑业企业绿色化转型进行系统的思考与研究，期望能够对我国建筑业和建筑业企业的绿色化转型提供相关分析思路和方法。

本书的研究在现有理论和实践研究基础上，系统性梳理了建筑业企业绿色化转型的理论基础，提出了企业受外部政策管制环境和企业内部自我价值驱动的绿色化转型模型和框架，定量分析了企业受到外部管制政策作用下绿色化影响，构建了企业内部绿色化绩效的综合评价内容体系，实证分析了企业绿色化价值传递路径，并根据讨论结果对企业绿色化管理提出相关建议。具体而言，本书有针对性地开展了以下创新研究工作：

(1) 结合现有绿色化理论、建筑业特征和相关理论背景，系统性梳理了企业绿色化的基本内涵，讨论建筑业企业绿色化的背景、根源、特征、趋势、价值、优势及障碍等方面问题。

(2) 基于系统动力学理论，研究企业绿色化引起的差异性和特征，并分别从两个层面分析绿色化问题：一是宏观层面企业绿色化所面对的市场环境和政策管制，讨论了绿色化对建筑市场整体企业数量的影响、对建筑市场行业和市场需求的影响、对建筑企业上下游产业链及市场规则的影响，以及政府管制对绿色化影响四个方面；二是微观层面企业绿色化和内部自身价值驱动的相互作用，分别讨论了企业财务利润、价值增长及资本市场融资对企业绿色化转型影响。

(3) 以绿色化研究中最核心的问题——碳排放管制问题作为切入点进行深入研究，将碳排放政策管制分为三类主要手段，即行政政策管制、经济政策管制和市场政策管制。将经典古诺博弈模型进行拓展，加入企业碳排放测度、碳排放成本、低碳科技投资(LCT)等复杂因素进行改进，建立不同政策管制模型，通过拉格朗日乘数和卡罗需-库恩-塔克条件(KKT)条件讨论不同博弈模型的可解性。再选取住宅市场中建筑业企业为实证背景，收集并整理企业各类数据，对企业绿色化程度、绿色化环境绩效、企业绿色化后的产能、利润、成本、价格等等诸多影响因素进行了详尽分析，并就讨论结果给出重要结论及相关建议。

(4) 围绕“绿色化转型受企业内部价值驱动”这一核心问题，分别从企业财务绩效、价值增长趋势，以及资本市场价值三个方面，构建了包括七个指标(净资产收益率、投资资本回报率、经济价值增量、销售收入增长率、市盈率、

托宾 Q 值、EV/EBITDA 比率)在内的综合绩效评价体系,设计了参数、非参数统计方法,比较绿色企业和常规企业各方面绩效的差异。另外,为了分析探索绿色化所带来的超额绩效的根源,研究用 DuPont 分析法,将绿色企业的超额净资本回报率(ROE)分解成五个子部分进行分析;再从价值管理理论角度,构建基于企业经济增加量比例(EVA margin)的多元回归模型,采用专家评价方法对模型中的自变量进行选取和优化,通过建筑业上市企业实证数据进行研究,讨论了绿色企业创造超额价值的三条路径,解释了绿色企业产生超额价值的内涵,并为相关企业提出了建议。

本书在以下四个方面体现了一定创新:一是突破现有建筑业绿色化研究的范畴,从项目层面转向企业层面,通过系统动力学模型分析了企业绿色化转型过程中的内、外部影响因素,拓展了建筑业绿色化研究视角;二是建立建筑业企业在三类不同绿色化政策管制下的博弈模型并进行实证分析,为企业提供应对绿色化政策管制的量化决策模型;三是通过建筑业企业实证分析,证明了绿色企业在企业财务利润和价值增长两方面的超额价值;四是通过经济价值增量(EVA)原理和实证回归模型,找到了三条企业绿色化价值创造路径,补充和完善企业绿色化管理理论。

目 录

第1章 绪论

1.1 研究背景与意义

1.1.1 研究背景

1. 行业背景

建筑业对社会经济发展、社会福利及环境绩效影响巨大。研究表明，全球建筑行业从业人员高达 1.11 亿(UNEP, 2011)，对全球生产总值贡献约占 9%(CICA, 2011)。我国 2009 年建筑业总产值为 7.6 万亿元，约占国民生产总值(GDP)的 6.7%，连续三年增速保持在 18%以上(中国建筑业协会，2011)。但是，在快速发展和推动经济效益的背后，建筑业也为环境和资源带来了巨大破坏。全球建筑业每年约消耗 25%～40%的能源、20%的水资源，并产生 30%～40%的碳排放及 30%～40%的固体废料(UNEP, 2011)。若再考虑建筑行业上下游产业链的影响，例如建筑原材料的生产、加工和运输等，建筑业的环境污染问题形势非常严峻。

面对如此严重的环境挑战，建筑业绿色化转型具有极大现实意义。实践层面，绿色化理念被逐渐融入项目的设计和运营过程中，并开始渗透到建筑业的各个领域。例如，绿色建筑在近十年中得到了快速发展，LEED(Leadership in Energy & Environmental Design)认证、BREEAM(Building Research Establishment Environmental Assessment Method)等认证体系得到广泛推广，建筑物对周围环境的影响明显降低。另外，绿色化细分建筑市场也在迅猛发展。在 2009 年全球金融危机之后，绿色建筑市场已经成为所有建筑业市场中增长速率最快的一个细分市场。例如美国绿色市场的价值从 2008 年度 420 亿美元的基础上增长了 50%，达到 2010 年时的 550 亿～710 亿美元。据市场预测，未来 5 年，绿色市场将战略美国非住宅建筑市场的40%～48%的份额(McGraw-Hill, 2011)。更重要的是,大型企业开始争相设置绿色化转型相应的人员、预算与职位,将绿色化作为企业战略转型的重要组成部分(McGraw-Hill, 2009)。研究证明,绿色化还能够为建筑企业和业主创造更多的经济价值。例如,绿色商业建筑比常规建筑节省26%的能源、降低13%的维护成本、增加6.6%的投资回报率及创造超过7.5%的商业价值(Fowler, 2008; McGraw-Hill, 2006; USGBC, 2010)。以上分析表明,面对建筑业环境污染日益严峻的形势,绿色化转型正逐渐得到广泛关注和认可。绿色化不但能够减少对环境的破坏,还能够带来相关收益和经济价值。因此,绿色化为解决建筑业环境污染问题提供了新思路和转型契机,具有重大实践价值。

2. 学术背景

学术层面,绿色化也得到全球学者广泛关注。在Web of Science数据库中对1945—2011年之间①包括SCI\SSCI\A&HCI的文章使用绿色化(green)、可持续(sustainable)、建筑业(construction)为主题词进行检索,共收录179篇相关论文,其中和建筑业直接相关(包括建设工程技术类、土工工程类、建筑工程类)文献84篇,每篇文章的引用率平均为4.88。发表文章数量从2006年后开始大幅增加(图1-1a),被引用次数也从2007年、2008年之后开始呈指数级增长(图1-1b)。在全世界硕博士英文论文数据库(ProQuest)中,同样以上述三个英文单词作为摘要关键词检索,共有61篇硕博士论文。研究最早从1997年开始,在2004年之后研究数量开始出现迅速增长(图1-2)。另外,根据谷歌图书最新软件Ngram Viewer对全球英文图书统计结果分析(Google, 2011)。近20年,绿色建筑的研究成果增幅十分明显,从1996年开始,在近十年时间内研究数量增加超过十倍。

以上各类学术研究数据说明两个主要特点:首先,建筑业绿色化研究呈现宏观上升趋势。从20世纪90年代中后期,逐渐受到国际学者的关注。在2005—2006年左右,全球范围内开始突发性增长,研究内容和数量都得到广泛发展。特别是在近两年全球气候变暖等社会关注下,研究处于活跃上升期,不断涌现新兴研究成果,研究未来发展空间较大、可持续性较强。第二,建筑业绿色化研究主要集中在项目层面而忽视企业层面。项目绿色化包括绿色化项目设计施工、绿色化项目评价标准和体系,以及绿色化技术和方法等方面。经过近十几年的发展,已变得较为成熟,得到行业内外的广泛认可。相对而言,企业绿色化

① 截至2011年10月18日。

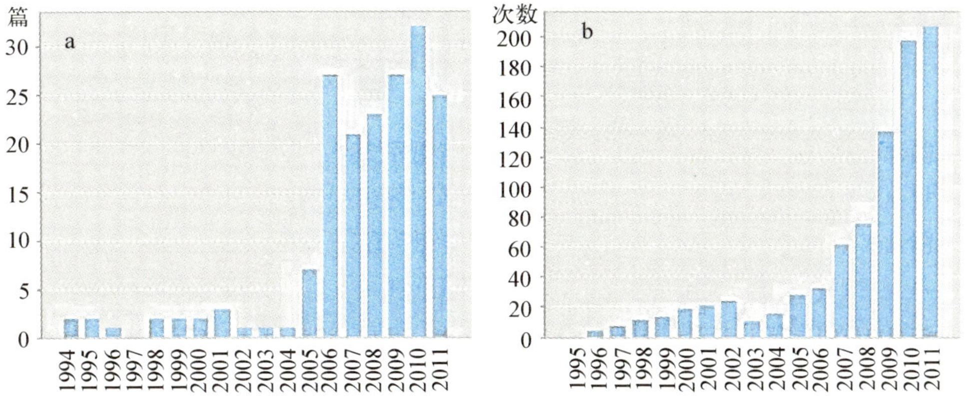

图 1-1 "绿色化"研究文献发展现状

(a) 论文数量;(b) 论文被引次数

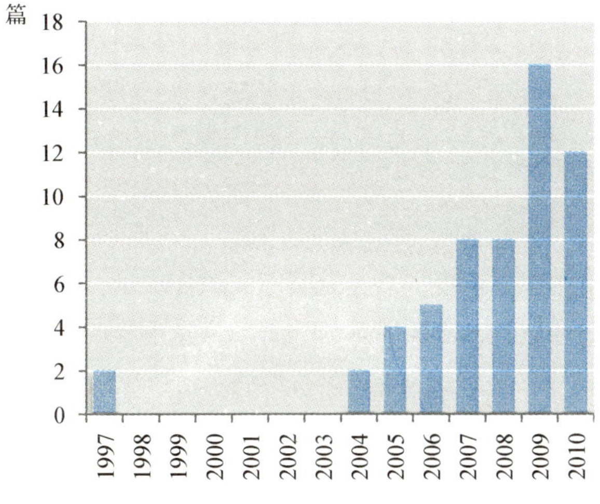

图 1-2 建筑业绿色化全球硕博士论文数量(1997—2010)

研究才刚起步,大都停留在理论和概念层面探讨,几乎没有量化分析和实证研究基础,很难和企业现实情况相匹配,不能为企业绿色化决策提供定量分析和支持。由于企业是决定建筑业市场绿色化的重要参与主体,其绿色化行为和绩效决定了整个行业的绿色化水平。因此,现有研究不能满足建筑业企业绿色化转型需求,在学术上存在研究的必要性。

3. 政策背景

胡锦涛同志在2010年两院院士大会上曾九次重复提到可持续发展和绿色化问题,并强调通过循环利用、绿色低碳及可持续发展观指导原则和思想,坚持系统谋划、节能优先、创新替代、循环利用、绿色低碳、安全持续,加强对我

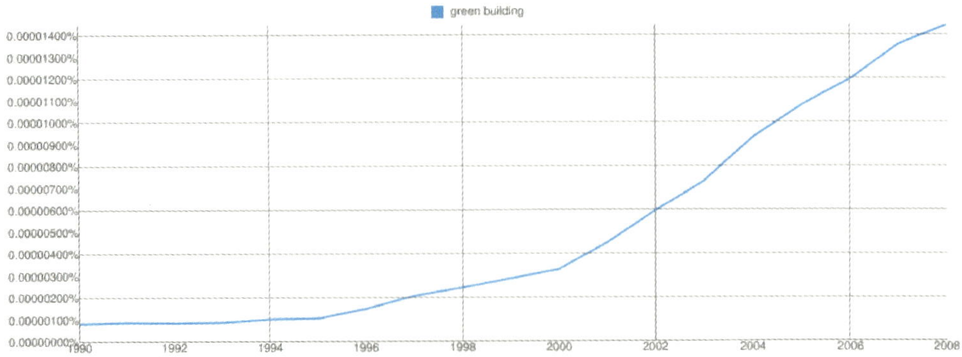

图 1－3　绿色建筑全球英文图书数量比例(1990—2008)①

国能源资源问题的研究,制定我国可持续发展路线图。2007 年 6 月,成立了以时任国务院总理温家宝为组长的国家应对气候变化及节能减排工作领导小组和议事协调机构,将绿色化发展落实到实处。2009 年 11 月 26 日,中国政府公布了控制温室气体排放的行动目标,决定到 2020 年单位国内生产总值二氧化碳排放比 2005 年下降 40%～45%,并将其作为约束性指标纳入国民经济和社会发展中长期规划。一系列政策措施说明绿色化发展已经成为我国未来发展战略的重要组成部分,因此,研究建筑业企业绿色化转型不但能够匹配国家宏观政策管制的需要,也能为企业提供政策管制下的最优决策。

综上所述,在全球气候变暖和绿色化发展背景中,以及我国十二五期间节能减排、低碳环保的宏观政策指引下,研究建筑业企业绿色化转型兼具理论和实践的重大意义。另外,作者曾受国家留学基金委项目资助,赴美国马里兰大学进行交流和访学,参与了美国多项相关科研工作,收集了丰富的绿色化发展的科研素材及大量最新数据,使本书核心内容的研究具有可行性。

1.1.2　问题的提出

在以上背景下,本研究始终围绕一个核心,即是“建筑业企业绿色化转型”。这里所指建筑业企业取自国际惯例中所使用的 AEC 企业(Architecture/Engineering/Contractor),可理解为提供包括建筑设计服务、工程咨询和管理,以及施工承包活动的各类提供商。围绕该问题,本书从诸多潜在复杂影响因素中筛选出最主要问题进行分析,研究问题包括:

① 曲线表示所有“绿色建筑”图书占全球图书总量的比例。

① 建筑业企业绿色化转型的基本问题，例如绿色化的界定、绿色化转型的根源、绿色化转型后带来的优势、绿色化转型过程中遇到的障碍、绿色化转型过程中的影响因素以及定性的描述影响机制等。

② 在影响建筑业企业绿色化转型的诸多外部因素中，绿色化政策管制是否会造成显著影响？有哪些管制手段和形式？影响程度该如何测量？企业会有如何反应？企业如何制定相应对策？

③ 在影响建筑业企业绿色化转型的诸多内部因素中，绿色化转型是否引发企业价值的变化？绿色化能否产生企业的超额价值？绿色化是否会对股东带来超额回报？绿色化是否会改变企业价值创造机制？

1.1.3 研究意义

建筑业企业绿色化转型可谓既是机遇也是挑战。本书以企业视角为出发点，系统的研究外部、内部影响因素对企业绿色化决策、战略，以及行为的影响，研究意义主要体现在以下三个方面：

在行业实践方面，研究用实证数据帮助企业分析了内、外部因素影响对建筑业企业绿色化转型的影响和作用机制。一方面能使企业更好地适应外界绿色化环境变化，另一方面可以引导企业自身绿色化战略制定、改善和优化其经营状况。对尚未开始绿色化的建筑业企业，判断和预测其市场优势及制定未来科学的绿色化策略；对已经执行绿色化的建筑业企业，通过对其企业综合绩效评估和超额价值的分析，突出企业绿色化经营管理重点。

在理论发展方面，拓展了企业绿色化博弈模型在建筑业中的应用与实证研究，丰富了绿色化理论在建筑业中的实证研究，并为后续研究提供了基础分析框架和整体解析思路。

在宏观政策制定方面，本书从建筑业企业视角出发，对政府绿色化政策管制手段提供了相应建议，符合我国十二五建设期间完成节能减排、降低工业污染的总体目标。

1.2 研究内容、方法及技术路线

1.2.1 研究内容及方法

针对上述研究问题，本书研究内容主要集中在三个方面，研究内容和对应研究方法如下。

1. 建筑业企业绿色化的系统性分析

从系统的观点出发，主要通过文献分析、归纳演绎等方法，对企业绿色化基本概念进行梳理，全面考虑企业绿色化转型中存在的相关问题。再通过系统动力学模型研究建筑业企业绿色化中的各类影响因素及反馈机理，找出可能存在的影响路径和主要回路。

2. 探索建筑业企业在外在因素影响下的绿色化反应和表现

外在影响因素是指企业受外生变量、不可控因素的影响，包括市场整体竞争环境、绿色化政策、市场宏观环境、产品趋势波动、消费者价值选择等方面。而这些方面对建筑业企业产生复杂、非线性化作用。本书主要研究在各种外生影响变量(例如绿色化政策)作用基础上，企业绿色化行为和效果。

本书使用产业组织理论中竞争博弈模型，对建筑业企业的环境外部性进行了分析；在经典古诺模型的基础上，加入了外部政策管制条件对企业经营行为的影响。并将外部管制分为行政政策管制、经济政策管制及市场政策管制三种调节手段进行系统建模分析；最后使用拉格朗日乘式和通过拉格朗日乘数和卡罗需-库恩-塔克条件(KKT)条件判断其可解性，并通过非线性互补问题(NCP)在计算软件 GAMS 中进行解析。

3. 探索建筑业企业在内在因素影响下的绿色化行为和决策

内在影响是指企业自身可控和决策的因素，包括自身价值创造、企业文化塑造、企业声誉和品牌、企业融资行为等各方面。本部分主要从企业内部视角，研究企业绿色化与企业自身价值、价值创造路径之间的关系。通过企业价值理论研究绿色化转型分析能够帮助建筑业企业的战略部署和日常运营做出更有利的决策和判断。

本研究对建筑业中的绿色企业和常规企业的综合绩效表现进行了实证对比分析。在对公司价值管理分析基础上，构建了包括财务利润、价值增长和资本市场价值在内的企业综合绩效指标体系；通过上市企业数据进行分析；通过统计学假设检验，比较绿色企业和常规企业之间的价值差异和超额绩效表现。为了继续挖掘绿色化转型的价值根源，本书通过经济价值增量(EVA)回归模型构建企业绿色化中价值创造路径，为现实中企业管理提供管理重点和实施建议。

本书三个研究内容之间的关系如图 1 - 4 所示。

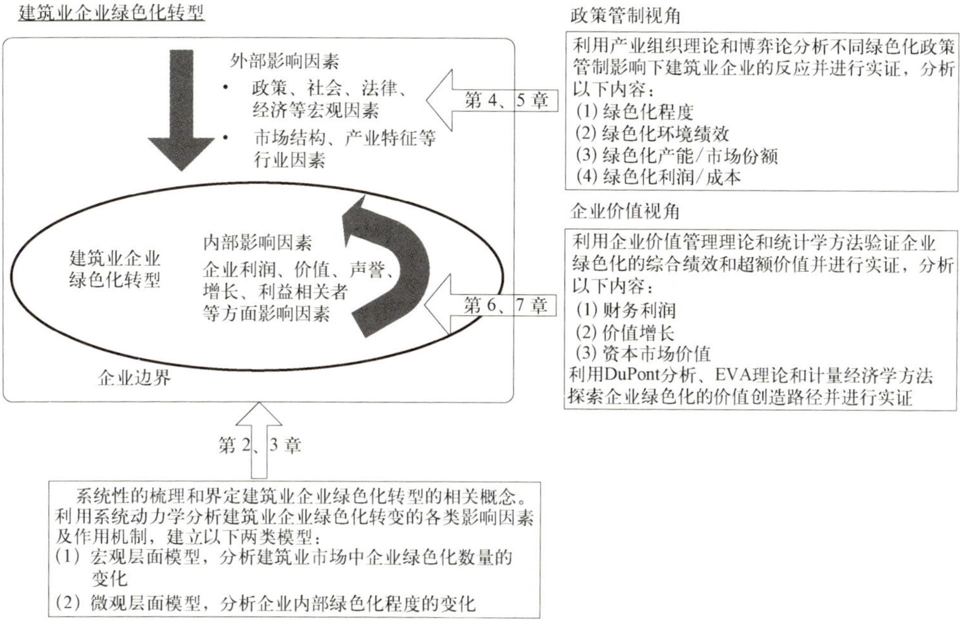

图 1-4　本书研究内容

1.2.2　技术路线

研究广泛查阅国内外建筑业绿色化的宏观现实背景，本着系统性、科学性、适用性的思想和指导原则，采用定性和定量分析、理论和实践分析相结合分析思路，从系统性分析、外部政策管制因素、内部企业价值因素三个方面对建筑业企业绿色化转型过程中的作用机制进行定量的测量。本书的技术路线如图 1-5 所示。

第 1 章：绪论。首先描述本书相关研究背景，对建筑业绿色化研究现状和最新进展进行概括，得出研究的具体问题，阐述了全书研究目的、理论和实践意义。在此基础上拓展本书重点研究对象、研究内容、研究方法，讨论了全书使用的技术路线和逻辑框架，是全书的总起部分。

第 2 章：研究的理论基础和支撑。对建筑业企业绿色化相关概念进行界定，详细梳理了国内外相关研究发展脉络，并对全文所使用的相关基础理论进行了综述，主要包括系统论、产业组织论、博弈论、企业价值管理理论、战略管理理论等方面。为研究提供了分析的思路、方法和工具的支持。

第 3 章：建筑业企业绿色化转型的系统性分析。本章从系统论角度出发，

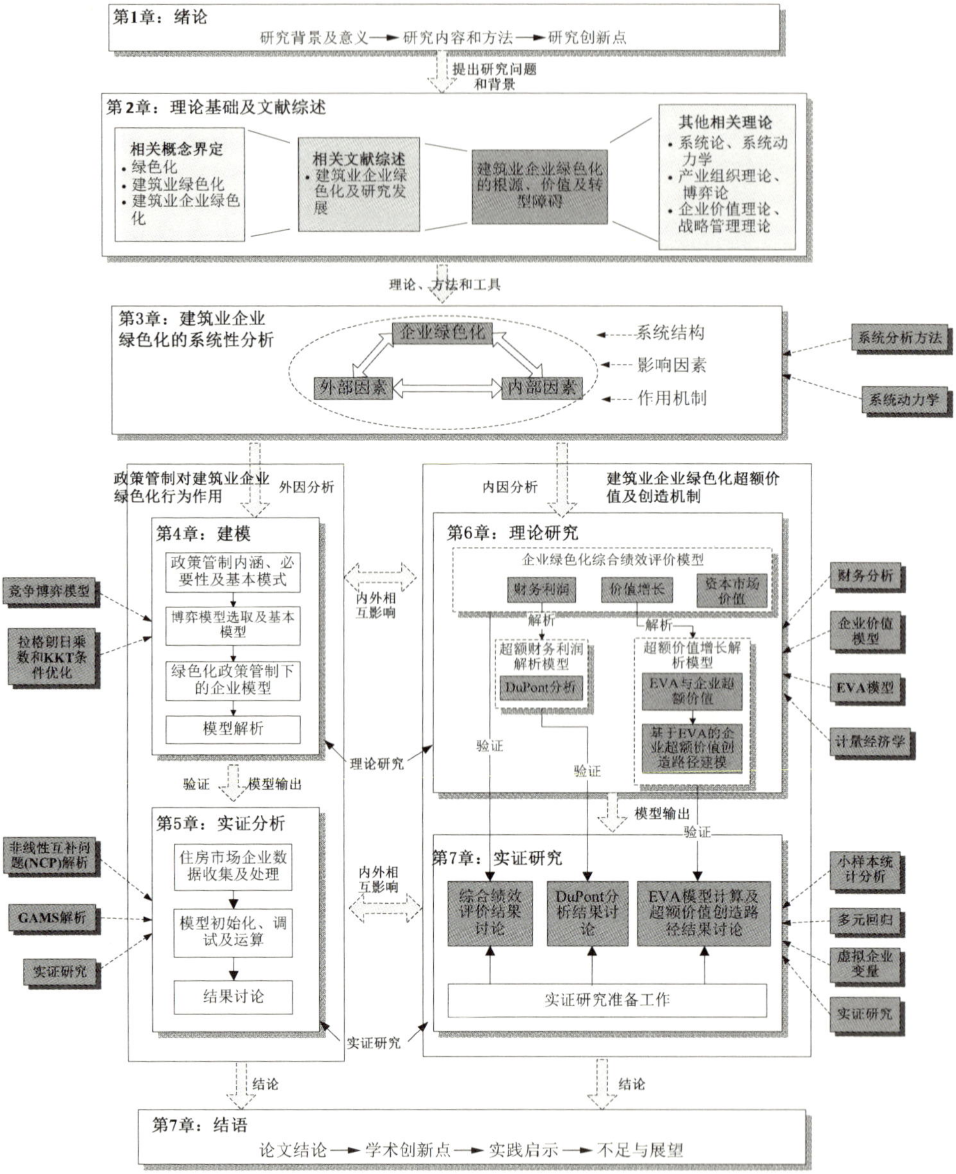

图 1-5　本书技术路线图

详细界定了研究问题的边界和范围，借助系统动力学思想构建了建筑业企业绿色化转型的宏观和微观两类模型，对影响和驱动企业绿色化的因素进行了细致的讨论，对各类不同作用机制和机理进行了分析，建立了企业绿色化的研究框架，为后续几章研究指明了明确的方向。

第 4 章：政策管制对建筑业企业绿色化行为作用的建模。本章通过分析绿色化经济和法律内涵推导出政府干预政策的必要性，并将政府现有的干预政策分为三类：行政政策管制、经济政策管制、市场政策管制。选取政府各类绿色化管制政策中最核心的碳排放为切入点，构建建筑业企业在不同政策制约下的绿色化行为博弈模型，讨论了模型的优化过程和可解性，并得出企业最终均衡状态的行为。

第 5 章：政策管制对建筑业企业绿色化行为作用的实证分析，就上章建立的理论模型进行实证研究。本章首先选取了住宅建筑业企业为研究对象，经过数据的收集和处理，使用 GAMS 软件对模型进行了求解，根据结果分析了企业绿色化程度、绿色化环境绩效、绿色化产能及市场份额，以及企业的利润、成本等方面问题，为企业决策提供了科学指导。

第 6 章：建筑业企业绿色化超额价值及创造机制理论研究。本章以企业价值为出发点，提出了绿色化与企业自身价值之间的假设关系，建立了企业绿色化的综合绩效评价模型及其相关指标。本章还就企业价值理论中核心观——经济价值增量(EVA)为依托，拓展企业价值增长和价值积累路径，并通过多元回归的计量方法，构建了绿色化企业的超额价值创造路径模型。

第 7 章：建筑业企业绿色化超额价值及创造机制理论实证研究，是对上章理论研究的实证分析。本章选取建筑业企业上市公司为研究对象，从不同财经类数据库获取建筑业企业真实数据，并科学地选取绿色企业和常规企业，对两类企业进行了实证研究，结果证明了企业绿色化的超额价值及其价值创造路径。

第 8 章：结语。本章是对全书研究成果的总结，再次梳理了全书的重要结论，明确本研究的学术创新点和实践启示，讨论了本研究的不足之处及未来研究方向。

1.3 研究创新点

本书在以下四个方面体现了一定的创新：

一是突破现有建筑业绿色化研究的范畴，从项目层面转向企业层面。梳理和界定了企业绿色化相关概念，通过系统动力学模型分析了企业绿色化转型过程中的内、外部影响因素，拓展了建筑业绿色化研究视角。

二是结合建筑业特征，建立建筑业企业在三类不同绿色化政策管制下的博弈模型，通过建筑业企业实证分析，为企业提供应对绿色化政策管制的决策模型和量化分析工具。

三是构建了包括企业财务利润、价值增长及资本市场价值三个方面在内的建筑业企业综合绩效评价指标体系，通过建筑业企业实证分析，证明了绿色企业在前两个方面的超额绩效表现。

四是基于价值管理理论（VBM）和经济价值增量（EVA）原理，建立了建筑业企业绿色化超额价值增长的回归模型，并通过建筑业企业实证分析，找到了企业绿色化所形成的三条价值创造路径，补充和完善企业绿色化管理理论。

第2章 相关理论及文献综述

2.1 相关概念界定

本节就本书相关的几个关键概念进行梳理，包括绿色化、建筑业绿色化及建筑企业绿色化三个方面。

1. 绿色化的界定

绿色化是一个综合概念，尽管已成为全球讨论的热点，但目前仍然没有一个最权威的定义。本书认为绿色化包括了如表 2－1 所示的几方面内涵。

绿色化的内涵是在人类活动及各种生产环节中（包括生产、加工、运输、建造、维护、拆除），尽可能地节约资源能源、保护环境、增加社会和谐，同时考虑包括环境、社会和经济三方面影响，将人类活动过程对环境和生态的影响降低到最小。

表 2－1 绿色化定义及内涵

作者及年份	绿色化定义及出处
UN，1998	既满足当代人的需求又不损害后代人满足其需求的能力——联合国《我们共同的未来：世界环境和发展大会报告》
UN，1997	三底线原则（Triple bottom line）：同时将环境性、经济性、社会性三个方面因素结合起来考虑。——联合国 1997 年阿姆斯特丹 1997 年公约
Munro，1991	在人类赖以生存的生态系统承担能力下尽量提高生活质量水平——《关心地球》
Myfootprint，2010	减少人类对自然的需求量，降低人类活动造成的环境影响——生态足迹定义
UNCED，1992	协调发展需求和环境保护——联合国环境与发展大会

续 表

作者及年份	绿色化定义及出处
IUCN，1991	唯一可以持续永远的行为和活动——国际自然保护联盟
The natural step，2011	同时包括四类内容：1）停止从地球中抽取物质（例如石油）；2）停止制造有害化学和化合物质（例如二氧化碳）；3）停止对自然资源的破坏（例如过度采伐森林）；4）停止危害人类满足其基本需求的能力（例如危险工作环境）——The Four System Conditions

2. 建筑业绿色化

将绿色化应用到建筑业源于20世纪60—70年代，产生背景是由于1970年的石油危机，使人们增强了提高节能效率和环境保护的意识。绿色化对建筑业影响深远，包括众多方面，例如对建设项目、施工工艺和流程、专业技术人员和公司企业组织的影响等。

(1) 建筑项目绿色化

绿色化在建筑行业的应用最先出现在项目层次，即通常所称的绿色建筑。绿色建筑概念始于1990年左右的美国，绿色建筑的发展历程包括以下几个关键事件(US EPA，2011)：美国建筑师协会于1989年成立环境委员会；美国环保局和能源局共同在1992年成立了"能源之星(Energy Star)"项目认证；美国德州奥斯丁于1992年启动第一个绿色建筑项目；美国绿色建筑协会(US Green Building Council，USGBC)于1993年成立；美国LEED (Leadership in Energy and Environmental Design)认证标准于1998年正式开始启动，目前已发展成为全世界最为广泛接受的绿色建筑认证。

目前，对绿色建筑的权威定义有以下几类：

绿色建筑是指在建筑的全寿命周期内，最大限度地节约资源(节能、节地、节水、节材)，保护环境和减少污染，为人们提供健康，适用和高效的使用空间，与自然和谐共生的建筑。——《绿色建筑评价标准》(GB 50378)

绿色建筑是指在建筑物选址、设计、施工、运行、维护、改造和拆过的全寿命期内，始终具备环保责任及资源高效利用的行为和实践。① ——美国环保署(US EPA，2011)

① 原文为 Green building is the practice of creating structures and using processes that are environmentally responsible and resource-efficient throughout a building's life-cycle from siting to design, construction, operation, maintenance, renovation and deconstruction.

绿色建筑是在项目全寿命期中充分考虑五个方面影响(选址和场地规划、水资源管理、能源利用、材料使用,以及室内环境质量),从而改善和降低建筑业对人类健康和自然环境的作用,更有效利用能源、水和其他资源,减少废物、污染和环境破坏,并同时保护建筑业使用者的健康和增加员工效率。——美国绿色建筑协会(USGBC, 2011)

以上定义虽然不完全相同,但都体现了环境友好、节约资源等共同内涵。经过近二十年的发展,绿色建筑取得了迅速的发展。以欧洲住宅为例,新型绿色建筑的住宅年消耗能源降低 65%,二氧化碳排放减少了 80%以上(ISOVER, 2007)。总体来看,绿色建筑对建筑业带来的影响及改变可归纳成表 2-2 所示的四个方面(US EPA, 2011)。

表 2-2 绿色建筑影响因素(US EPA, 2011)

建筑环境	消耗使用	环境影响	最终影响
• 选址 • 设计 • 施工 • 运营 • 维护 • 改造 • 拆除	• 能源 • 水 • 材料 • 自然资源	• 废物 • 空气污染 • 水污染 • 室内污染 • 热岛效应 • 暴雨水排流 • 噪声	• 人类健康损害 • 环境破坏 • 资源损失

另一方面,绿色建筑的数量也在飞速增长。图 2-1 列举了全球 LEED 绿色认证项目(已建项目)面积的增长趋势。明显看出,绿色项目面积从 2008 年之后的增速明显上涨。研究机构 Institute for Building Efficiency 发表的 2011 年的

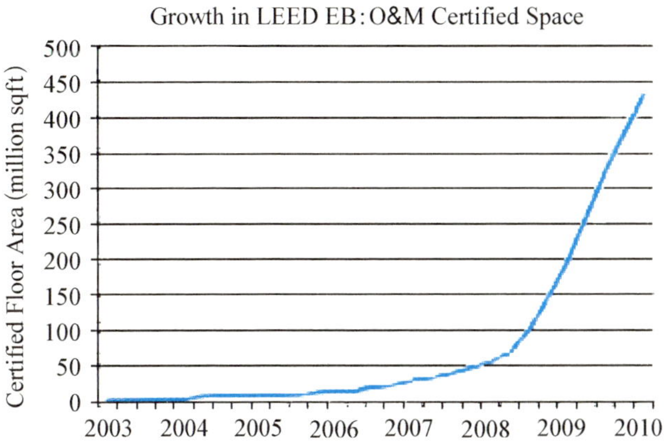

图 2-1 绿色 LEED 认证改扩建项目面积(USGBC, 2011)

统计结果显示，绿色建筑在可预见的未来还仍将持续迅猛增长态势。全世界范围内，有 35%～39%的受访者愿意在将来购买绿色建筑(包括新建和改造项目)，我国的这一比例超过了全球平均水平，达到了几乎一半(47%～53%)(Li & Curry, 2011)。

近年来，我国建筑业在加强绿色化转型、减缓全球气候变化、促进减少碳排放等方面开展了大量工作并已取得显著成效。据建设部(2011)统计数据显示，截至 2010 年底，全国有 112 个项目获得了绿色建筑评价标识，建筑面积超过 1 300 万平方米。全国实施了 217 个绿色建筑示范工程，建筑面积超过 4 000 万平方米。截至 2010 年底，全国共实施了 371 个可再生能源建筑应用示范项目、210 个太阳能光电建筑应用示范项目、光电建筑应用已建成及正在建设的装机容量达 850.6 兆瓦。我国的 LEED 认证绿色项目的数量和面积也在快速增加。图 2-2 列举了我国 2005—2010 年 LEED 认证绿色项目的总面积数，到 2010 年为止，绿色项目总面积已经接近 6 千万平方英尺(约为 600 万平方米)，其中超过 80%是 LEED 黄金标准认证(Li & Currie, 2011)。

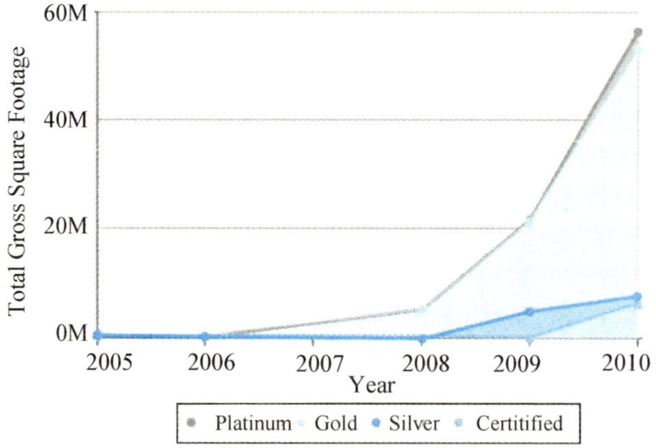

图 2-2　中国 LEED 认证项目面积(2005—2010)(USGBC, 2011)

(2) 建造过程和技术绿色化

绿色化在建筑业中另一个重要影响是针对施工过程和施工工艺的应用，统称为绿色施工或绿色建造(也称可持续施工/建造)。绿色施工可以说是绿色建筑的另一项重要基础，它使绿色设计变为现实，成为绿色项目的另外一个重要组成部分。绿色施工最初于 1994 年在美国佛罗里达州开始发展。Kibert(1994)对绿色建设的定义是：可持续建设是创造建筑环境的资源有效性，以生态为指导原则。专业可持续施工网站对绿色施工的定义是：指将可持续发展的原则应用到建筑业中，在保留建筑工程传统优点的同时提供多种方式的住宅，并尽量减少原材料和能源的使用，以及降低污染和垃圾的排放(Sustainable Construction，2011)①。国际标准组织 ICC 专门制定了 IGCC 国际绿色建筑标准(International Green Construction Code)来规范绿色施工的行为和标准。IGCC 官方版本将于 2012 年正式出版，其中定义绿色施工是通过标准化流程和工艺来确保建筑环境、公共健康、安全和公共福利得到妥善安置，并减少建筑对自然环境和建筑物使用者的负面影响，并在施工过程中最大程度地达到保护自然资源、节约材料和能源、采取可再生能源及科技、保证室内外空气质量，以及房屋运营和维护的目标(IGCC，2010)。

3. 建筑业企业绿色化

绿色化反映在建筑业企业的影响即是企业绿色化。相对于绿色建筑和绿色施工而言，企业绿色化是一个相对新兴概念，业内对企业绿色化的认识、评价标准和原则也还尚未达成一致。但可以肯定的是，企业绿色化是一个综合性概念，反映了多个方面的影响，企业绿色化内涵包括以下几方面：

公司绿色化是一种新型商业模式，它从经济、环境和社会发展中发掘新机会并妥善管理风险，从而为股东创造长期价值②——Dow Jones Sustainability Indexes(DJSI，2011)

企业绿色化是指企业从战略规划制定到技术方案实施，从产品生产到市场化的全过程，站在可持续发展的高度，将环境保护思想深深扎根于自身的一切经营活动的企业，树立和实施包括绿色观念、绿色管理、绿色生产、绿色营销、绿色文化在内的各种思想和活动。在有利于保护和改善生态环境的同时，提高企业经济效益，并使企业所处的环境同经济协调发展。——(杜军，2003)

另外，绿色化企业还包括了企业的社会责任感(Corporate Social Responsibility，CSR)和企业的社会态度，它指企业所面临和应该承担的社会责任。CSR 最初由 Howard Bowen 于 1953 年提出(Bowen，1953)，它最关注的五个维度包括环境、社会、经济、利益相关者、自愿性行为等(Dahlsrud，2008)。

① 原文为 Sustainable Construction aims to apply this principle to the construction industry by providing ways of buildings that use less virgin material and less energy, cause less pollution and less waste but still provide the benefits that construction projects have brought us throughout history.

② 原文为 Corporate Sustainability is a business approach that creates long-term shareholder value by embracing opportunities and managing risks deriving from economic, environmental and social developments.

综合以上讨论，本书研究的建筑业企业绿色化既包括了企业最终项目的绿色化，也涵盖企业在项目生产建设过程中的绿色化、采购标准的绿色化及员工行为的绿色化等。因此，本书对绿色化建筑业企业绿色化定义如下：以绿色化、可持续发展和社会责任感为己任，将环境、社会、经济因素综合优化考虑，通过清洁能源等各项节能减排科技，帮助企业在经营管理全过程中减少对环境和人类健康的影响，同时实现企业战略目标及企业价值的新型商业模式。其中，环境因素包括考虑企业环境管理系统，环境绩效评价、针对气候变化的政策和战略、产品环保性能和表现，以及物种（生物）多样性等；社会因素包括考虑企业的人力资源发展、公司对员工吸引力和归属感、从业者健康和安全、利益相关者的参与性以及公开社会报告等；经济因素包括考虑公司监管、公司行为和道德规范、风险和危机管理、客户关系管理，以及创新管理等。该定义成为本研究评价和认证建筑业企业的重要判断标准。另外，本书认为绿色企业与企业绿色化从本质上都是描述绿色化对企业的影响，但前者强调在某一时刻企业的状态；后者强调企业变化的过程。按照建筑业企业绿色化的定义，目前为止，全球较有影响力的建筑业企业绿色化认证有以下三类（表 2－3）。

表 2－3　美国建筑业绿色企业评价体系

评价体系	评价目标	开发者/拥有者	评价人员	评价表现类型	起始年份
绿色承包商认证	美国承包商	美国联合业主和承包商协会(ABC)	第三方认证	认证资质	无
顶级绿色承包商	美国承包商	工程新闻纪录公司(ENR)	工程新闻纪录公司(ENR)	前 100 位排名和分值	2007 年
顶级绿色设计公司	美国设计公司	工程新闻纪录公司(ENR)	工程新闻纪录公司(ENR)	前 100 位排名和分值	2008 年

其中，工程新闻记录（Engineering News-Record，ENR）公司是全球土木工程领域专业和权威机构，它每年都会推出工程界的一系列排名，例如全球前 400 强承包商排名，全球前 500 强设计公司排名等，均成为业内判断公司规模大小的标杆。该指标由 ENR 公司提出、评价和最终发布，资料来源主要是通过每年的问卷调查和建筑公司自愿形式的数据填报。ENR 最早从 2007 年发布了第一次全美前 50 名的绿色承包商名单，至此之后，每年 ENR 就会发布全美前 100 名绿色总承包商和全美前 100 名绿色建筑设计公司排名（ENR，2011）。在前 100 名

绿色总承包商排名中，以完成绿色认证项目的收益金额、占总收入比例、绿色建设项目细分市场比例、绿色认证专业员工数量等作为主要评价指标。在前 100 名绿色建筑设计公司排名中，以设计公司细类类型、公司总收入及全球化收入总额、公司建筑细分市场比例等作为主要评价指标。ENR 发布的报告和排名在工程界有很大的声誉，也经常成为专业学术期刊的引用数据对象。ENR 作为建筑行业内对企业（组织）的绿色化程度评判的唯一广泛接受的标准，将作为本书判定企业绿色化的重要参考标准。图 2－3 及图 2－4 分别给出了 2009 年绿色承包商和绿色建筑设计公司的排名示意图。

THE TOP 100 GREEN CONTRACTORS
(BASED ON CONTRACTING REVENUE FROM REGISTERED SUSTAINABLE PROJECTS)

RANK 2010	FIRM	ACCREDITED STAFF	2009 GREEN REVENUE IN $ MIL.	% OF TOTAL REV.	MARKETS (% OF 2009 GREEN REVENUE) RETAIL/ OFFICE	GOVT. OFFICE	EDUC.	HEALTH CARE	HOTEL	MULTI-RESD.	ENTER./ CIVIC	OTHER BLDG.	OTHER MKTS.
1	THE TURNER CORP., New York, N.Y.	1,179	3,576.59	45	14	12	28	26	0	5	2	9	3
2	TUTOR PERINI CORP., Sylmar, Calif.	237	2,477.91	48	11	6	6	5	26	0	46	0	0
3	CLARK GROUP, Bethesda, Md.	335	2,315.68	47	21	30	2	19	1	7	0	17	2
4	HENSEL PHELPS CONSTRUCTION CO., Greeley, Colo.	362	2,136.42	71	1	50	17	3	1	1	2	25	0
5	SKANSKA USA, New York, N.Y.	477	1,830.90	32	4	6	15	38	0	0	24	1	13

图 2－3　ENR 绿色承包商前 100 名排名示意图

（来源：ENR 期刊，2010 年 9 月 13 日出版）

THE TOP 100 GREEN DESIGN FIRMS
(BASED ON DESIGN REVENUE FROM REGISTERED SUSTAINABLE PROJECTS)

RANK 2009	FIRM	ACCREDITED STAFF	2008 GREEN REVENUE IN $ MIL.	% OF TOTAL REV.	MARKETS (% OF 2008 GREEN REVENUE) RETAIL OFFICE	GOVT. OFFICE	EDUC.	HEALTH CARE	HOTEL	MULTI-RESD.	ENTER./ CIVIC	OTHER BLDG.	OTHER MKTS.
1	HOK, St. Louis, Mo.	838	197.54	26	25	17	32	16	1	1	5	4	0
2	URS CORP., San Francisco, Calif.	219	196.00	4	5	26	21	21	3	1	3	22	0
3	PERKINS+WILL, Chicago, Ill.	900	137.00	33	24	0	21	42	0	0	0	12	0
4	AECOM TECHNOLOGY CORP., Los Angeles, Calif.	457	131.40	3	17	31	23	10	3	0	0	14	3
5	HKS INC., Dallas, Texas	275	108.33	26	6	0	1	51	39	2	0	0	0

图 2－4　ENR 绿色建筑设计公司前 100 名排名示意图

（来源：ENR 期刊，2009 年 7 月 6 日出版）

除此之外，建造商和承包商协会（Associated Builders and Contractors，ABC）也开始对承包商们发布了“绿色承包商认证（Green Contractor Certification）”，该认证包括 4 个方面：初选条件、备选选项、工作现场办公设施、教育和培训等；然后再将他们具体扩展成 53 个详细的评估条件。截至 2010 年底，有 25 个承包商公司入选 ABC 的绿色企业认证，且主要是小型和中心的承包商。

除此之外，还有从其他角度评价企业绿色化的标准和体系，例如道琼斯可持续性指数（DJSI），但由于很少有建筑行业企业入选该排名，故不再详细介绍。

2.2 相关研究文献综述

建筑业企业绿色化牵涉多学科、多部门、跨专业的知识领域。为了更清楚地表述,本书将背景表示成三个部分,分别为建筑业、绿色化理论、企业管理和企业价值管理(图2-5)。因此,文献综述的内容主要从三个角度展开,分别讨论建筑业绿色化、建筑业企业绿色化、企业绿色化与企业价值。

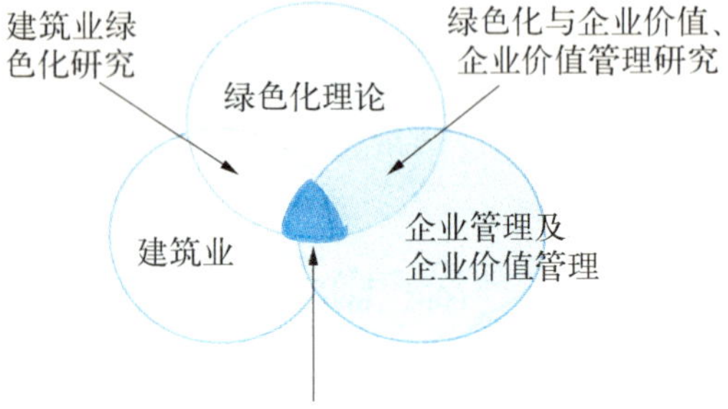

图2-5 本书绿色化相关研究文献背景

2.2.1 建筑业绿色化

对建筑业绿色化问题的研究最早可以追溯到20世纪90年代,早年研究主要关注环保和可循环利用的建筑材料(Horvath, 1997)、绿色建筑材料选取和优化(Reilly, 1997)等方面。例如,Horvath 和 Hendrickson 早在1998年就对工程项目中所使用的不同材料的环境表现进行了研究(Horvath & Hendrickson, 1998)。试验选用生命期库存分析方法(life cycle inventory analysis)对两种材料(沥青和钢筋混凝土)的路面进行了研究,并最终认为沥青更符合可持续发展的观点。2000年之后,研究对象和研究内容扩展到建筑行业的各个领域,主要集中在以下几个方面。

1. 建筑市场绿色化的发展

已有研究集中在绿色建筑市场的形成、转变及特征分析(Duckles, 2009)。Danny Myers 在对英国建筑市场研究后,发现建筑业的特殊行业特征使得它具有和其他行业不同的绿色化进程大纲和时间表(Myers, 2005)。Hakkinen 和 Belloni(2011)系统性地讨论了绿色建筑的驱动因素和阻碍。研究认为企业组织和流程不愿意接受新技术和新方法才是阻滞建筑业广泛采取绿色化的真正障碍。而绿色新技术得不到广泛应用的原因在于其潜在的风险和不可预见的长期成本。研究将所有阻碍绿色化发展的因素归结为五个方面:导向机制、经济性、客户理解、流程(包括采购、招标等)、基础知识(已有技术、方法、创新等）。同时提出了针对性的建议，包括提升客户对绿色建筑优势的理解、开发和采用能够适应绿色建筑要求新型管理方法、提升绿色建筑工具的灵活性、增强设计人员水平和团队合作能力，以及不断探索新兴理念和服务。Curwell 等人也早在 1999 年就对英国的绿色建筑现状和未来挑战进行了研究（Curwell et al.，1999）。

研究还关注建筑业绿色化与相关政策分析，包括政府导向、协调和管理机制等。Theaker 和 Cole（2001）对政府应如何培养和支持当地绿色建筑的发展进行了案例研究。案例发现，政府应该从初期就建立起各行政部门之间的长效合作和协调机制，打破行政部门之间体制分割的壁垒和障碍，帮助绿色化项目的健康成长。Alnaser 等（2008）综合考虑了政策、教育和激励措施之后，提出了国家层面的可持续性建筑指数（Sustainable Building Index，SBI）用来衡量建造可再生能源（例如建筑物附属太阳光电 BIPV 和建筑物附属风电 BIWT）的地区适宜性。Ortiz Oscar 等（2009）基于全寿命期评价（Life Cycle Assessment，LCA）视角对 2000—2007 年间建筑业可持续发展和绿色化进行了综述，认为不同国家和地区取得绿色化发展的方法和手段也有所不同。

综上所述，绿色建筑市场的形成与政府的引导和支持有非常紧密的关系，政府的决策直接或间接促进了整个建筑业市场的绿色化进程。同时，企业也是决定建筑业绿色化的另一个决定性因素。

2. 绿色项目研究

大部分已有研究关注绿色项目自身设计和优化，包括绿色项目的建筑（Feky，2006）、设计（Lepech，2006；Durmisevic，2006）、施工（Oetinger，2010）、建造（Ariza，2010），以及采用的材料和成本的综合优化（Milani，2005；Ferraro，2009）。例如，Churchill CJ 和 Baetz BW（2005）通过绿色社区设计的准则和方法，使用 C++和 SCAPE 编程语言开发了三维的绿色社区规划决策支持系统。Boake（2008）在讨论美国已有绿色建筑设计标准的基础上，提出了设计零碳和零排放的新型建筑设计标准。从项目范围上，绿色化也在不断扩大项目影响的范围，延伸到包括绿色社区、绿色家园和绿色城市等（Chitewere，2006）方面的研究，以及其他类型的基础设施，例如 Muench 等（2010）讨论了一种对公路项目的绿色化评价系统（Greenroads）。

研究还关注绿色项目自身的经济性效应（Mogge，2004）、项目盈亏比及成本结构等方面的研究。Bartlett 和 Howard（2000）最初在 2000 年就对绿色建筑项目的成本和价值进行了评估。研究发现，节能和环保建筑将多花费 5%～

15%的建造成本。并建议决策者应该从项目全寿命期的角度对建设项目的成本和环境影响进行整体度量。Greg Kats(2003)对LEED认证的绿色建筑成本和费用进行系统性分析。Lisa Fay Matthiessen等(2007)也重新讨论了绿色化的可行性设计中的成本影响因素。Ding GKC(2005)建立了一套多因素评估(Multicriteria Approach)方法对项目绿色化绩效进行测量。研究通过成本—效益分析法(Cost-Benefit Analysis, CBA)比较了绿色项目的成本和收益,并同时考虑了经济、社会和环境三项因素,以及金钱和非金钱的两种类别作为综合的可持续性运算指数,对项目的绿色化进行排名。Aiello Susan(2010)讨论了阻碍绿色设计、施工、维护的主要经济性障碍,讨论了绿色建筑的各类优势,包括净收益、资产价值、正面公共形象和低风险等方面,并讨论了最大化资产价值同时避免降低短期利润的信息衡量方法。

还有部分研究关注绿色项目的性能评价(Mah, 2011; Campbell, 2009)、绿色认证(Geevarughese, 2010)、社会标准(Silva, 2008)及其影响(Mago, 2007)。Marita和Mauritz(2011)等人比较了常用的LEED-NC标准、CSH可持续房屋规范(Code for Sustainable Homes)和EcoEffect三个建筑评价工具,认为不同工具及其条款、指标、权重的不同,会对绿色建筑造成很大影响。

综上所述,已有文献对绿色项目的研究相对比较成熟,涵盖范围也十分广泛,部分研究已经开始指导实践项目,并且取得了社会的认同。但是,文献对绿色企业项目群的经济绩效表现、定量化分析及决策支持方面的研究还有所欠缺。

3. 与绿色建筑业相关的信息技术、管理方法、专业人才研究

研究关注与绿色项目和建筑市场配套的管理支持系统,包括绿色项目的承发包模式(Swarup, 2010)、项目管理技术(Robichaud & Anantatmula, 2011)、决策支持系统(Sullivan, 2007; Luo, 2008; Gailey, 2010)等。Lapinski等(2006)人将绿色建筑和精益流程(Lean proceses)思想相结合,通过精益建设思想来识别绿色建筑中的价值和环境表现,并从高效性、经济性角度,对绿色建筑的承发包模型提出了建议。Sarkis Joseph(2006)对绿色建筑的承发包选择模式进行了设计决策支持系统,开发了基于多目标决策(Multi-criteria decision model)的层次分析法(Analytic Hierarchy Process, AHP)模型以支持建筑企业管理层的决策需求,并以LEED建设要求标准进行了案例演示。Horman Michael J.和Riley David R.(2006)等人对实施绿色建筑和绿色施工工艺所要求特殊性进行了讨论,并提出了绿色化环境下建设管理模式的建议。Korkmaz

Sinem 和 Riley David(2010)等人对绿色化、高性能建筑项目的承发包模型构建了评价指标，并建立了优化的决策支持系统，帮助项目建设团队优化绿色项目交付方式。Robichaud 和 Anantatmula(2011)将成本视作绿色建筑发展的约束条件，对绿色建筑的项目管理技术和承发包模式进行了讨论和优化，认为经改良后的绿色项目管理技术和跨专业合作的项目管理团队能够明显增强绿色项目的经济效益和其成功实施的几率。

研究集中在绿色项目和信息通信技术(Information and Communications Technology, ICT)的融合，包括绿色项目和数据技术及信息平台的集成等方面(Das, 2005)(Zhao, 2011)。Nelms 等(2007)提出了一个判断可持续性科技手段(Sustainable Technologies)的框架作为决策支持工具，并进行了相关案例演示。Azhara 等(2010)建立了以建筑信息技术(Building Information Modeling, BIM)为基础并结合 LEED 认证的可持续性分析框架，通过案例研究证明，BIM 集成软件系统可优化 LEED 项目认证过程，大大节省时间和资源。

研究还建立了绿色化建筑市场与专业人员之间的关系，包括对绿色化专业人才需求及不同职业对绿色项目的影响等(Mahns, 2010; Harrigan, 2004)。Ahn 等(2009)讨论了可持续发展和绿色化对建筑工程领域带来的变化，并为培养后续绿色化专业性人才建立了系统性的教学课程和发展计划，包括准备、开发和改进三个部分。Huff Winston(2007)提出了企业的绿色化行为应该有明确的企业目标作和专业化的管理人员作为支撑，而且建议企业需要在组织内部增设一个可持续性管理职位。Lo S. M. 和 Zhao(2006)等人研究了建筑业不同专业人员对可持续发展的作用和影响进行了研究。研究人员分别调查和比较了三类工程人员(包括建筑师、建造师和其他工程服务人员)对环保、资源可持续性和绿色品消耗方面的认识和区别。结论发现不同地域建筑专业人员对可持续发展的理解、关注重点有很大区别。Rajendran 等(2009)讨论了绿色建筑设计施工对现场工人的安全及健康方面的影响。发现绿色建筑和非绿色建筑在人员事故发生率(Recordable Incident Rates, RIRs)上有明显区别，但在人员误工时间上(Lost Time Case Rates, LTCRs)并没明显区别。Jamison 等(2008)讨论了绿色建筑和人员道德规范建设之间的关系。

综上所述，现有文献逐渐渗透到建筑业绿色化相关的各个领域，例如绿色化专业人员、管理方式、决策支持系统、项目绩效等。特别是针对绿色化信息化和信息技术应用，已有较成熟的软件和操作平台，能够有效辅助绿色项目实施并提高管理绩效。但在绿色化职业人员培训和教育方面仍缺少系统性研究。

2.2.2 建筑业企业绿色化

已有研究主要关注建筑业企业绿色化过程中的发展、成长及参与程度等方面。Danny Myers 对英国建筑公司对开展绿色化行为的综述分析，认为建筑业企业未能广泛走向绿色化的最主要原因是由于建筑业行业自身分离程度高、多样性复杂的行业特点(Myers, 2005)。Tinker 等(2006)对美国第一个绿色承包商项目进行了分析，论文以美国得克萨斯州为案例，认为成本是决定承包商是否采取绿色化的最主要因素。Scott Fee 在 2005 年对承包商绿色化行为做了一些研究，通过 4 232 份承包商问卷调查，比较了承包商对 LEED 项目认证的感知(Awareness)和 LEED 项目的参与(participation)之间的相关性(Fee, 2005)。

文献还关注绿色化与企业竞争力之间的相关作用。例如，Adetunji 等(2003)在对 45 家建筑承包商的营业额做出调查后发现，认为积极的可持续发展战略能够对其建筑企业的竞争力提供积极的正面影响，而且营业额较高的建筑业企业往往更愿意主动采取可持续发展策略。Tan 等(2010)也在建筑业可持续发展理论综述的基础上，提出了承包商可持续发展战略和增强其竞争力之间的正相关关系。Ortiz 等(2009)研究强调中小型建筑企业应使用全寿命分析(LCA)的方法来满足客户对环境保护的需求，以增加其在绿色建筑市场中的效率和竞争力。

研究还关注绿色化理念在建筑业中的发展和变迁，以及组织间不同绿色化思想的融合与影响。例如 Stenberg Ann-Charlotte(2007)研究了不同组织之间绿色化思想的流动、传导，及其作用在组织流程上的过程。研究针对性地分析了绿色化从当地政府、母公司、流向三个子公司之间的传导作用，并发现组织内部宣称倡导绿色化的人员和真正推行绿色化实施的人员有所不同。还有部分研究提到了建筑企业绿色化过程中受多方面因素的影响。例如，Goulde(2002)和 Ho (2008)都提出，若政府对建筑业的环境污染开征税收等经济性惩罚措施，建筑企业的总成本会增加，则相应的产量、利润、资产和价值都会降低。

综上所述，建筑业企业整体绿色化程度较低，很多企业都尚未开始绿色化进程。另一方面，企业绿色化过程受到自身企业成本、外部政策干预等多方面因素的影响，决策机理和机制尚不明确。而目前研究主要集中在定性分析、概念评价等方面，实证分析和定量化度量十分缺乏，很难为企业决策提供科学依据。

2.2.3 企业绿色化与企业价值

绿色化与企业价值关系的研究从 20 世纪 90 年代开始陆续发展。其中代表性著作包括(Porter，1996；Hart，1997；Esty，1998)，研究认为绿色化能给公司带来丰厚的收益并产生新的核心竞争力。Esty 和 Winston 对企业采取绿色化理念而得到的利益做出以下三个方面的总结，分别是不断增强的潜在收益、不断降低的管理成本和风险，以及基于价值观点考虑的环保职责。正如 Porter 和 Van der Linde (1999)也在研究中指出的，在动态竞争的商业社会中，绿色和环保理念能够刺激创新和产生新型的市场，这样不仅能够减少企业的环境足迹(footprint)，也能够降低企业的生产成本，并提供企业的价值。这个结论在建筑行业中反映得更加明显，因为在建筑业中绿色市场增长得非常迅速。建筑公司可以通过改进废料管理能力、节约资源，以及遵守严格的环境规定来提高自身的生产效率和成本效用。在这同时，公司的绿色核心竞争力也得到更大提升。通过解决环境和社会问题，绿色企业也创造了一种"共享价值"，这种价值可以在增加公司的核心竞争力的同时，也能够为公司带来长期的高生产率收益(Porter & Kramer，2011)。

绿色化和企业价值研究中的最核心的讨论集中在公司绿色化行为是否有利于公司价值及财务绩效表现。早在 20 世纪 70 年代，以 Friedman(1970)为代表的早期研究认为，为了满足环境管制的规定可能会致使企业产生更高的成本并减少企业利润率。但在最近 20 年中，越来越多的学术讨论倾向于认为企业的绿色化和公司价值以及财务表现成正相关关系。相关研究既包括理论层面的探讨(Wagner & Schaltegger，2003；Porter and Van der Linde，1999)，也包括了诸多实证研究结果(Hart and Ahuja，1996；Jacobs et al.，2008；King and Lenox，2001；Clarkson et al.，2011)。研究观点主要集中在以下几个方面：Orlitzky 等(2003)在对 52 个研究结果进行综合性的 meta-analysis 分析以及大规模样本的观察之后，认为企业的社会和环境责任是会为企业带来积极回报。King 和 Lenox (2001)从工业生态学的观点出发，研究发现公司提高环境绩效能同时为环境和公司带来双赢的局面。Schaltegger (2002)研究发现公司预期和所能达到的实际环境绩效都将大大影响企业的经济水平回报。也有很多学者就公司理财的角度对公司的环境表现及其资本市场投资组合的回报进行了研究(White，1996；Cohen et al.，1997；Jacobs et al.，2008)。Dowell 等(2000)对全世界的公司研究后发现，采用环保标准要求的公司比没有采用该标准的公司具有更高的企业价值。Cohen 等(1997)从标准普尔 500 公司中构建了两类平衡的投资组合，发现有超过 75%～80%的绿色投资的公司比非绿色投资的公司具有更高的市值。研究人员也从实证研究的角度提供了更多证明。例如 Hart 等(1996)发现公司对防止环境污染的投资将在初始投资期过后的 1～2 年之间收回。Clarkson 等(2011)进一步研究认为环境投资和公司财务绩效表现的正相关效应非常稳定,具有鲁棒性(robustnss)。

总体来看,绿色化与企业价值方面的研究已经引起了全世界学者的关注。但是,多数研究都偏向使用单一的指标来衡量绿色化和公司财务表现之间的关系,例如初始投资回报率、财务指标,或者市场回报率等,视角较为单一,不能全面表达企业所有价值。另一个方面,多数实证研究集中在污染严重的行业,例如石油(Clarkson et al., 2011)、化工(Blacconiere & Patten, 1994)、能源(Filbeck & Gorman, 2004)等,并没有针对建筑业企业绿色化的研究。

2.2.4 文献小结

建筑业由于自身行业的特殊性致使绿色化程度相对较低,而且目前主要关注绿色项目层面,包括项目建设设计、经济成本性、评价认证标准、技术支持、管理标准等,很少从企业(组织)的角度进行分析。但是必须认识到,企业是建筑业绿色化最重要的参与主体,也是建筑产业绿色化的决定性因素,因此研究企业绿色化显得十分重要。而企业绿色化是一个复杂、系统性的过程,可能受到外部政策、市场因素的影响,也可能受到内部企业成本、效益的驱动。外部影响的研究大都停留在概念分析和定性分析基础上,少有定量分析也仅提供了数值推导,没有建筑业真实数据实证研究。内部影响的研究仅关注在成本和指标层面,几乎没有企业综合绩效评价和价值创造根源的研究,更缺乏实证数据的支持,很难为企业实践和决策提供帮助。因此,本书借鉴经典理论及企业绿色化在其他行业的研究思路和方法,拓展在建筑业企业绿色化转型中的应用,为企业提供绿色化转型的科学参考依据。

2.3 建筑业企业绿色化转型的根源、价值及障碍

2.3.1 建筑业企业绿色化根源分析

建筑业企业成长为绿色化过程中受到诸多方面的影响,例如对市场多样性的需求、公众不断增加的绿色意识、各地政府的法律法规、项目利益相关者的驱使、科技进步和成本降低、新型环保材料的发明、减少能耗和污染,以及由

此增强的企业核心竞争力等。Esty 和 Winston 在 2009 年的研究中总结了企业走向绿色的四个主要原因(Esty & Winston, 2009)，而这些原因同样适用于建筑行业。

第一，企业作为系统环境中的一部分，自然环境的破坏和不断上涨的资源成本约束了企业的商业运营和销售市场，例如短缺的水资源、高涨的原油价格，以及气候变化的影响等，迫使企业走向绿色化。第二，和建筑业企业相关的各类利益相关者开始越来越多的关心环境问题和公司社会责任感，例如中央和当地政府、政策制定者、普通百姓、非政府组织(NGOs)、消费者、雇员、银行和其他社会参与者等。无形的压力和监督机制导致企业绿色化。第三，作为企业外部环境中最重要的参与者，政府对环境问题的管制和政策变得越来越严格，例如开征环境污染税和激励节能减排行为等。第四，互联网时代中飞速发展的媒体关注度，以及社会舆论对环境问题的公开、透明和责任感已经形成一种巨大的力量在无形中推动和放大环境问题对企业的影响，使得企业走向绿色化。

McGraw Hill 公司在 2009 年对代表美国股票市场 75%以上 203 家大公司的总裁的问卷调查结果表明，73%的领导认为节约能耗是采用绿色化理念的最主要原因，除此之外，29%的领导者认为绿色化的根源是政府管制和激励，25%的领导者认为是全球化影响，17%的领导者认为是公司不断增加的企业核心竞争力的需要(McGraw-Hill, 2009)。不仅是大型企业，小型企业也关心绿色化发展和转型。这主要得益于三个方面的影响，一是由于法律、法规对大小企业执法的平等性效应；二是小型企业所具备的高效技术创新和灵活性等特点；三是由于受到大型企业绿色供应链所导致的牵连压力，越来越多的小型企业被迫采取绿色化理念并实施更严格的环境标准(Esty & Winston, 2009)。

2.3.2　建筑业企业绿色化价值分析

绿色化能够为建筑企业及其客户创造更多的经济价值。根据 McGraw-Hill 公司(McGraw-Hill, 2009)在 2009 年的调查结果显示，受访管理人员均非常乐观地表示绿色化能够为公司带来正面的商业优势。不仅如此，绿色化能够增加企业系统的各部分的价值，73%的受访者认为绿色化可以吸引更多的顾客并保持客户忠诚度、71%认为绿色化可以降低生产成本、63%认为可以提高生产效率、61%认为提高员工满意度和降低员工跳槽率，以及 39%的人认为可以得到更优惠的税收政策(McGraw-Hill, 2009)。

对于建筑业企业而言，开发和建造绿色建筑能够带来更多的优势和价值。

例如，绿色商业建筑比常规建筑平均节省 26%的能源、降低 13%的维护成本、减少 33%的温室气体排放、增加 3.5%的入住率、增加 6.6%的投资回报率、为楼宇多创造 7.5%的商业价值，并提高了 27%的入住者满意率（Fowler & Rauch, 2008; McGraw-Hill, 2006; USGBC, 2010）。另外，Yudelson（2006）从系统观点的角度，对企业建造绿色建筑的优势进行了归纳，本研究在该基础上进行修改，并重新归纳如表 2-4 所示。

表 2-4　建设项目绿色化优势分析

	优势类型	可测量值	不可测量值
绿色建筑内部	经济型价值	· 节约能源 · 节约水资源 · 减少运行成本 · 更高租售金额	· 建筑自身价值增长
	非经济性价值	· 增加员工人性化水平 · 增加员工健康 · 增加员工效率	· 提高员工道德水准 · 提升使用者满意水平
绿色建筑外部	经济型价值	· 市场营销 · 提升销售率	企业品牌推广
	非经济性价值	· 提升员工对公司归属感 · 提升员工聘用率	· 推广公共关系 · 维护公正政策

另外，从企业绿色化价值创造链条的角度出发，BrainNet 研究机构在 2009 年对绿色价值杠杆在企业链中各个环节的影响进行了分析，列举了传统产业和绿色产业对主要决策变量造成的不同影响和结果（BrainNet, 2009）。例如，在产品定价和价格决策中，传统方法采用成本分解和控制，而绿色理念则主要依靠差异化定价以及绿色成本的降低（例如建立能源模型等）。再例如在采购环节中，常规做法是框架性合同条款，而绿色理念则采用以绿色标准为基础的购买协议。本研究将公司绿色化的优势价值系统性地总结成以下 5 个方面：

1. 经济回报

采取绿色战略能够对组织的经济效益产生巨大的回报，收益可能存在以下几个方面：绿色化最终产品、减少运营成本、开创新兴市场等。调查显示 75%的全美最大公司将可持续发展视为利润目标和促进财务表现中不可或缺的一部分，并因此积极追求并采纳可持续发展的各项提案（McGraw-Hill, 2009）。通常来说，绿色实践包括以下内容，例如回收、雇员绿色意识和行为、采用绿色建筑，以及遵守环境保护等，这些都将带来巨大的经济回报。例如，对绿色和节能建筑的投资，该房屋价格每英尺价格可比同级别常规建筑价格高约 10%（Miller et al.，2008）。而且，建筑物在全寿命周期中的节约量约等于前期资金投入量的 10 倍（Kats & Alevantis，2003）。

2. 降低风险

绿色化还能够为企业避免和减缓很大一部分潜在的风险，例如，由于强制减排政策带来的管制风险、供应链上下游企业相互转移的环境成本、由于竞争对手创新发明引起的产品和技术领先的风险、环境保护法律相关的立法风险、消费者眼中的名誉风险，以及由于全球气候变暖问题导致的企业财产损坏的风险等（Lash & Wellington，2007）。

3. 品牌推广效应

越来越多公司开始认识到走向绿色可以增加公司的品牌价值并且可以赢得更多的商业机会。一个绿色的企业品牌，尽管可能很难测量或观察，但却能为消费者创造一种独特的产品和特殊的消费体验，从而能够维持公司的可持续性增长并带来更多的利润。正是由于认识到这种绿色理念的价值，越来越多的公司开始通过一系列的方法在各自行业内建立起“绿色领导力”，各种行为包括：企业组织内部广泛实施的绿色理念、生产和营销绿色产品等。例如，美国弗洛（Fluor）建设工程公司（纽交所上市代码：FLR）很大程度上讲绿色和可持续发展融入他们的核心商业运营和活动中。这些努力最终使弗洛很多美国的权威认证，例如“最佳清洁能源公司”、“工程新闻纪录（ENR）最佳绿色设计公司”等。而这些良好的声誉最终又为弗洛公司带来了不断增加的产品和新的商业机会（Fluor，2009）。

4. 新兴/更广泛的“回报”概念

走向绿色同时也为公司投资和决策提供了另一个有效的新兴思路（Winston，2011）。传统的投资决策基于计算投资回报率（Return on Investment，ROI），但并没有考虑环境和社会价值的影响。但是，从另一方面而言，绿色企业变得更加的有社会责任感，同时也从一个更长期的角度来衡量投资的机会。当衡量投资的视角变得更为开阔时，公司就可能会采取一些创新性的战略手段来对冲未来不确定性带来的风险，从而得到更多的利益。例如，公司可能会投资可再生能源来对冲能源价格波动带来的不确定性影响，并最终为股东创造更多的价值。

5. 市场先入优势

除了能够有利于供应链上下游企业之外，绿色理念还将为各个已有行业创造一个新兴的绿色市场并催生成千上万的绿色就业人员。在美国,未来将有超过 200 万的新兴就业机会集中在绿色经济的相关领域(Pollin et al.,2008)。率先进入绿色市场的企业就会通过获得更多的政府支持、累计的丰富经验,以及更多的绿色职员,从而占有了"先入者优势"。具备该"先入者优势"的企业可能会占有更多市场份额、获得更高的利润率和其他经济回报,从而使整个企业得到更多的利润(Lieberman & Montgomery,1988)。

正如前文所述,绿色化行为对企业的影响是一个循序渐进的过程,其作用的机理可以通过企业绿色化行为的成熟度来表现。BrainNet 等人(2009)对绿色化在企业行为中的成熟度进行研究(图 2-6),倒 S 形曲线的结果显示绿色化越成熟的行为反而被采用率越低。对建筑业企业而言,情况则有所特殊性,建筑业企业现阶段较多采用的是绿色能源、绿色施工、绿色营销、绿色建筑产品设计、绿色标准等方面,几乎涵盖绿色化成熟链条的全过程。

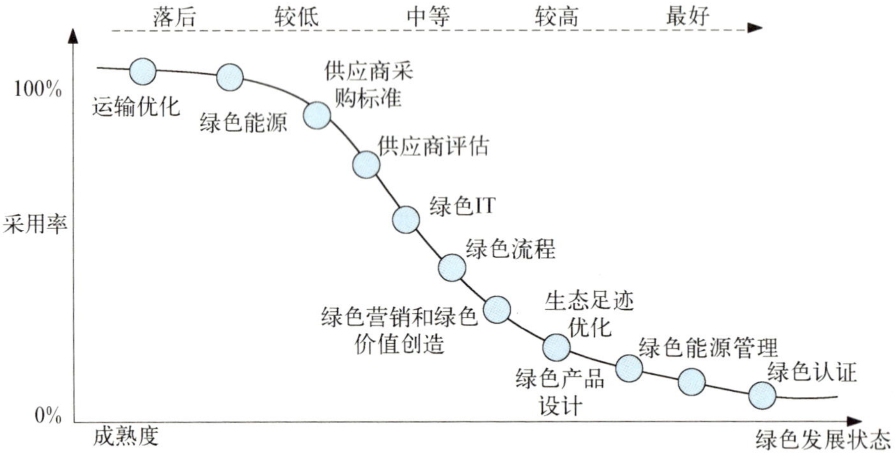

图 2-6 企业绿色化成熟度趋势

2.3.3 建筑业企业绿色化转型障碍

但是,任何系统都具有两面性,企业绿色化也不例外。在创造价值的同时,绿色建筑也需花费更多的成本,这也是企业绿色化转型所面对的最大障碍。平均来看,LEED 认证的绿色建筑项目的建造成本比常规项目成本增加1.84%。而不同级别的 LEED 认证建设项目的成本也有所不同,各个级别具体参见表 2-5 所示(Kats et al.,2003)。认证级别越高,成本也越高。若是 LEED(platinum)铂金认证项目,总建设成本将增加 6.5%。企业正是由于对项目高成本的担忧和对投资回报率的疑惑，加上建筑行业自身的特殊性，阻碍了整个建筑业企业采用可持续发展和绿色理念，也因此形成了改变建筑业企业商业模式的最大障碍（Myers，2005）。

表 2-5　LEED 认证建设项目成本分析（Kats et al.，2003）

LEED 认证级别	绿色成本占总造价百分比
1. LEED 认证（8 个项目）	0.66%
2. 银色认证（18 个项目）	2.11%
3. 金色认证（6 个项目）	1.82%
4. 铂金认证（1 个项目）	6.5%
共 33 个项目	1.84%

除成本因素外，企业绿色化转型还将受到来自内部和外部的各种阻力。Maier (1998)总结影响企业变革或革新的因素包括 4 个方面的 14 个具体因素。本书结合建筑业绿色化特征，将建筑业企业绿色化的障碍归纳为以下几个方面：

① 市场结构因素，例如建筑业中垄断竞争市场、寡头竞争市场以及动态调整的细分竞争市场等。

② 企业管理决策因素，例如企业对产品定价、绿色化广告和营销策略、绿色化引起的产品变化、绿色化技术可实施性、绿色化市场最佳进入时间以及绿色化成本结构等。

③ 结构化调整中的外生因素，例如非绿色项目和产品的替代性、动态变化的绿色市场需求、反对绿色化的保守意见及绿色化生产时资产重复添置等。

④ 转型过程中因素，例如从早期常规生产过渡到绿色化生产的不适应性等。

除此之外，还应该特别关注在目前全球遭遇百年一遇的金融危机的宏观背景下，全球诸多地方的房地产市场出现萧条，投资者和顾客的消费信心大受打击。在这样的背景下，企业绿色化也遇到了前所未有的挑战。研究人员在对绿色化和可持续发展前景调研结果表明（Blome，2009），超过半数以上的受访者（约 60%）并不认为金融危机减缓了企业绿色化进程，而小部分（约 10%）受访者认为金融危机会对绿色化产生负面影响。

2.4 其他相关理论

2.4.1 系统论及系统动力学

系统论或狭义的一般系统论，是研究系统的模式、原则和规律，并对其功能进行数据描述的理论(汪应洛，2011)。它也被定义成一门运用逻辑和数学的方法研究一般系统运动规律的理论(冯贝塔朗菲，1987)。系统论与信息论、控制论的产生和应用，为现代自然科学的进一步丰富和发展提供了必不可少的理论基础和分析工具。系统论最初由美籍奥地利人、理论生物学家贝塔朗菲(L. Von. Bertalanffy)创立的，其代表作为《一般系统理论基础、发展和应用》(*General System Theory; Foundations, Development, Applications*)。

系统工程是用定量和定性相结合的系统思想和方法处理大规模复杂系统的问题的方法，它是一门综合性的工程技术，也是一门组织管理的技术。著名科学家钱学森曾指出："系统工程是组织管理系统的规划、研究、设计、制造、试验和使用的科学方法，是一种对所有系统具有普遍意义的科学方法。"历史上，系统方法(systems approach)和系统工程(systems engineering)的概念最早由1930—1940年开始正式提出并使用。随着第二次世界大战期间，军事运筹学和系统分析得到了广泛的应用，并喀什有了系统分析(systems analysis)的概念。之后的1957年，由H. Good和R. E. Macholf出版的第一本名为《系统工程》的著作表明系统工程学科的正式形成(汪应洛，2011)。我国自从1978年以来，老一辈科学家钱学森等人开始倡导系统工程，钱学森在90年代初提出了从定性到定量的综合集成系统方法论，将社会系统、人体系统、地理系统三类巨系统的研究实践形成一个整体。中国系统工程专家顾基发等人也提出了物理—事理—人理(WSR)的系统方法论，使这门学科在我国得到运用并取得显著成效(冯贝塔朗菲，1987)。系统工程作为一类开发、改造、管理大规模复杂系统的一般方法，即是一门交叉学科，也具有其明显的差异性和优势特征。

系统动力学(System dynamics, SD)是一门分析研究信息反馈系统的学科(王其藩，2009)。它主要通过定性与定量结合的方法，研究系统内部的动态结构与反馈机制，用于解决社会、经济、生态等一类复杂大系统问题。系统动力学同时也是一门交叉性强、综合类研究系统问题的学科。它综合了系统论、控制论、伺服机械学(Servo-mechanism)、信息理论、决策理论及模拟仿真等多个学科。

系统动力学的方法论是系统方法论，基本原则是将所研究对象置于整个系统环境中进行考察和模拟，研究对象主要是系统，包括简单系统，但其主要研究对象是社会、经济、生态等复杂系统及其复合的各类复杂大系统。这类大系统都是高度非线性、具有自组织耗散结构性质的开放系统。系统动力学为研究提供了一种学习与政策分析的工具。

系统动力学最初由美国麻省理工学院（MIT）Jay W. Forrester 教授在 1956 年创立，代表著作被认为是《工业动力学》（*Industrial Dynamics*）。系统动力学的第一份计算机模型语言由 Richard Bennett 创造在 1958 年最初编译，称作 SIMPLE（Simulation of Industrial Management Problems with Lots of Equations）。经过几十年的发展，系统动力学的应用领域十分广泛。在理论研究方面，用于各类复杂系统的理论问题，例如混沌理论等。在应用方面，应用在工业和企业管理、国民和区域经济调控、世界人口和资源问题、资本市场波动和不稳定性等方方面面，延伸到几乎各类系统及各个领域。关于系统动力学其他方面的相关研究内容将在本书第 3 章进一步展开，这里不再赘述。

2.4.2　产业组织理论

产业组织是研究市场运行规律的一门学科，它的主要对象是企业的行为和市场结构，特别是用于研究和解释产业内企业关系结构状况、性质及其发展规律的应用经济理论，它是微观经济学的一个重要分支。产业组织理论最初由经济学家 Edward Mason 和 Joe Bain 共同创立，最初的理论渊源可追溯到微观经济学体系的奠基人 Alfred Marshall 的经济理论。产业组织理论研究的核心目标在于寻找最有利于资源合理分配的市场秩序，寻找充分发挥价值机制功能的现实条件。产业组织理论最初于 20 世纪 30 年代从西方国家产生和发展起来，对产业组织政策的制定产生了重要的影响。产业组织理论的发展过程主要存在三个理论学派，分别是由 Edward Mason 和 Joe Bain 领导的哈佛学派（Harvard School）、以 J. Stigler 为代表的芝加哥学派（Chicago school）以及 Schmalensee 和 Williamson 为代表的新产业组织理论学派（New industrial organization）。

哈佛学派的著名观点是“结构—行为—绩效”范式理论，该范式认为一个行业的这三个方面紧密相关。对于建筑业企业绿色化而言，行业（或市场）的结构是指市场上绿色企业的数量、技术、市场集中度、产品差异程度、成本结构以及供给者纵向一体化程度等（图 2－7）。行为是指单个绿色企业在市场中运营机制，以及与其他因素关联的价格决策、广告决策、研发投资决策等。绩效是指市场中绿色企业产生的最终利润和社会福利,包括效率、价值与边际成本比率、产品多样性、创新率、利润和分配等。“结构—行为—绩效”理论指出市场结构决定了行为,而行为产生了市场绩效。但是对于市场结构和行为之间,需要政府管制对其中行为进行调整。这也是本书第4、5章研究绿色化政策管制的理论基础所在。

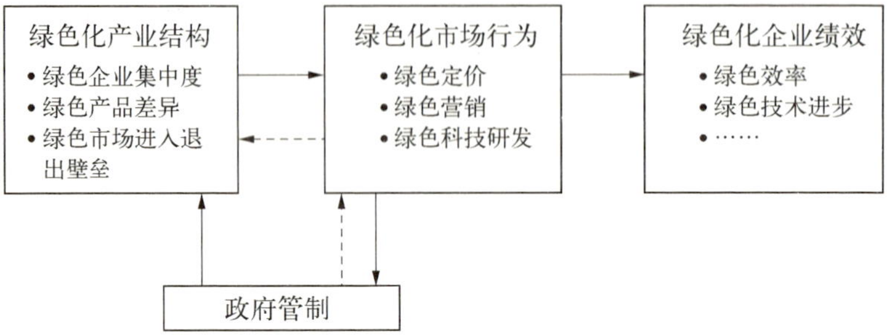

图2-7 企业绿色化“结构—行为—绩效”分析模型

1. 行业竞争结构

行业竞争结构是指行业内企业的数量和规模的分布规律。理论上,可以按照行业内竞争企业的数量的多少分为完全竞争及不完全竞争市场两类,这两类行业竞争结构对各自的市场集中程度、进入和退出障碍、产品差异和信息完全程度方面有不同的特征。完全竞争市场是指市场上有很多买卖者,相对于市场来说他们每一个都很“小”;市场上每一家厂商采用相似的技术、生产同质的产品。任何一家企业都不比其他任何一家企业更具优势或操作市场的能力,也不会对市场的价格、数量或产品有明显的影响。并且企业可以自由进出市场。不完全竞争市场是指除完全竞争市场以外的所有的或多或少带有一定垄断因素的市场都称为不完全竞争市场。其中按照垄断程度从高到低划分,包括完全垄断市场、寡头垄断市场和垄断竞争市场。

2. 市场均衡

市场均衡是指竞争市场上产品的价格是由该产品的市场需求和市场供给相互作用决定的,也即是由市场上所有买者和卖者共同决定的。对单一产品市场而言,P表示产品价格,Q表示产品数量。图2-8描绘了该产品的供给和需求曲线。在产品价格为P^L,对应的市场需求量曲线上点B,此时消费者愿意购买Q^1单位的产品;同时,价格P^L还对应供给市场曲线上的点A,此时企业仅愿意生产Q^0单位。因此,当价格为P^L时,该产品发生短缺。在发生短缺的情况下,价格自然有上升的趋势。随着价格从P^L上升到P^e,企业产量也从Q^0扩展到Q^e,

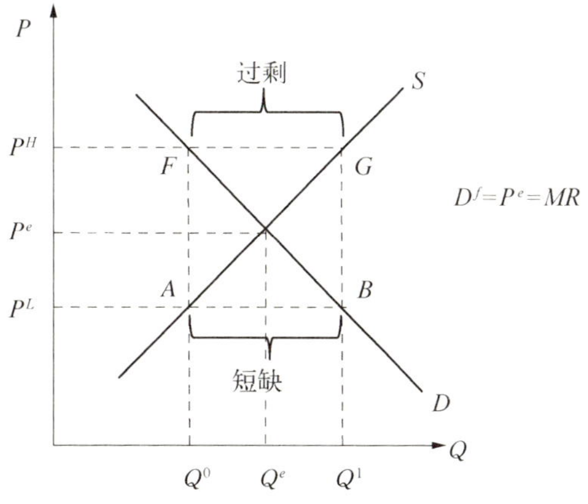

图 2-8　市场供给均衡状态

同时消费者购买意愿也从 Q^1 下降到 Q^e。因此，在价格 P^e 上，需求量等于供给量。这个价格 P^e 成为均衡价格，对应的数量 Q^e 为竞争性市场的均衡数量。均衡价格和均衡数量一旦形成，市场的供给和需求力量就达到了平衡，价格也就不再上下变化。在数学上，如果使用 $Q^d(P)$ 和 $Q^s(P)$ 分别表示价格为 P 时的需求量和供给量，均衡价格 P^e 就是使下式成立的价格：$Q^d(P^e)=Q^s(P^e)$，而均衡的数量就是 $Q^d(P^e)$ 或者 $Q^s(P^e)$。若单价格继续上涨到 P^H 时，企业产量 Q^1 又将大于市场需求 Q^0，导致产品过剩。

3. 绿色市场进入与退出壁垒

在竞争市场中，企业可以自由进出。如果某产业经济利润过多了，就一定会有更多的企业涌入该行业并分取部分经济利润。不同行业特征使得企业的进入或退出的难易程度不一。

(1) 绿色市场进入

在一个均衡行业内，随着更多企业的涌入，行业供给曲线向右移动(如图 2-9(a)所示)，即 S^0 移动变为 S^1，这将使市场均衡价格从 P^0 降低至 P^1。从而使得每个企业的需求曲线也下移，从 D^{f0} 变动到 D^{f1}(图 2-9b)，降低了每个企业的利润。

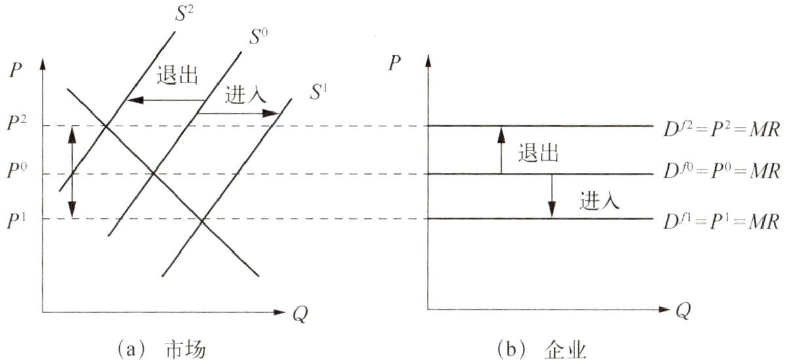

图 2-9　绿色市场进入与退出均衡

(2) 绿色市场退出

相反，若一个行业竞争过于激烈，企业遭受了亏损不得不退出市场，产业的供给情况也会随之发生相应变化。随着企业的退出，市场供给曲线从 S^0 上升到 S^2(图 2－9a)，相应的产品价格也从 P^0 上升到 P^2，从而使得每个企业的需求曲线从 D^{f0} 向上移动到 D^{f2}，增加了市场上剩余企业的利润。

4. 企业个体行为理论

本书中的建筑业企业是指服务范围包括建造、设计、工程管理等在内各项建筑业相关事务的企业。学术研究中对企业有三种不同的观点，第一种观点认为企业是挖掘规模或范围经济时，在给定时点的不同组成部分的协同体。第二种观点认为企业是组成单位长期安排的契约。第三种观点认为企业和契约是相当不同的"治理模式"，即不完全契约观点(泰勒尔，1997)。

对单一企业而言，企业成本由固定成本和变动成本组成。令 $C(q)$ 表示一个企业生产产出 q 的总成本，$C(q)$ 是允许生产 q 单位产出的一组投入要素的最小成本(假设成本函数是二阶可微)，则有：

$$C(q)=\begin{cases}F+\int_0^q C'(x)\mathrm{d}x & q>0\\ 0 & q\leqslant 0\end{cases} \tag{2－1}$$

式中，$F\geqslant 0$ 代表固定生产成本。对所有可能的 q，$C'(q)<0$，边际成本严格递减。

另外，企业利润最大化假设是研究企业管理中的一个重要假定，也是本研究的重要假设之一。由于企业的股东是最终剩余利润获得者，同时他们也是经营和决策企业的关键因素，因此，利润最大化与公司股东所有权和控制权相联系。

5. 企业的差异化

差异化是指企业能够为消费者提供满足其特殊偏好的某种独特产品或服务，从而使企业具有区别于其竞争对手的差异化及差异化竞争优势。绿色建筑业企业正是通过其"特色"特征，获取了这种差异性优势。差异性优势必须具备两个基础，一是企业的"差异性"，它体现在企业的绿色产品、质量、价值、服务、运营、营销等各个环节；二是"优势"，这就要求企业所选择绿色差异性需要具备竞争价值，而且能够形成企业的竞争优势。利基营销(Niche Marketing)即是指专门针对某种差异化群体提供的产品或服务。利基营销是相对大众营销的一种概念，它的方法是将市场细分再细分，以各种特有条件专门服务该细分市场。绿色建筑业企业也可以看作是利基营销的其中一种方式。在下面战略管理部分还将继续分析绿色企业的差异化战略。

2.4.3　博弈论

博弈论(Game Theory)是研究决策主体的行为发生直接相互作用时候的决策以及这种决策的均衡问题(张维迎,2004)。与传统经济学研究中仅考虑决策者自身效用的最大化不同,博弈论既依赖于决策者自己的选择,也依赖于他人的选取;即个人最优选择是其他人选择的函数。因此,博弈论也可以理解为在相互外部经济条件下的个人选择问题,所以也常被称为对策论。这里需要强调的是,在传统微观经济学中,寡头市场是众多研究中的一个特殊情况,但它正是博弈论的最主要研究和应用领域之一。本书接下来的研究和这一点紧密相关。

博弈论最早于 1944 年由 von Neumann 和 Oskar Morgenstern 共同提出,标志性的著作为《博弈论和经济行为》(*The Theory of Games and Economic Behavior*)。50 年代开始,博弈论进入高速发展期,并出现了很多奠基性的人物和经典著作,例如纳什在 1950 年开始讨论“囚徒困境”,并提出了著名的纳什均衡,称为现代非合作博弈论的基石(Nash, 1950)。60 年代后,Reinhard Selten 将动态分析引入纳什均衡并对原模型进行了改进,把动态博弈中“合理纳什均衡”和“不合理纳什均衡”分开,建立了“子博弈精炼纳什均衡(subgame perfect Nash equilibrium)”,发展成为现代完全信息动态博弈的基本概念。1967 年,John Harsanyi 将不完全信息和贝叶斯博弈引入博弈论研究。由于以上三人的特殊贡献(John Nash, Reinhard Selten, John Harsanyi),于 1994 年被共同授予诺贝尔经济学奖。80 年代之后,博弈论已逐渐成为主流经济学,甚至是微观经济学基础,并继续出现了关于动态不完全信息博弈的重要文章(Kreps et al., 1982)。在 2005 年,博弈论理论专家 Thomas Schelling 和 Robert Aumann 再次被授予诺贝尔经济学奖。前者的贡献在于动态博弈论和进化博弈论的研究,后者的贡献在建立包括相关均衡(correlated equilibrium)、共同知识(common knowledge)假设结果在内的均衡学派。2007 年,Leonid Hurwicz、Eric Maskin 和 Roger Myerson 再次被授予诺奖以表彰他们对设计机制(mechanism design)理论的贡献,说明博弈论已经成为现代经济学中的一个经典方法,并且具有很高的地位。

根据博弈参与者合作方式的不同,博弈论可以划分为合作博弈和非合作博弈。本书讨论内容主要针对非合作博弈。非合作完全信息博弈包括静态博弈和完全信息动态博弈两类。静态博弈是指所有参与人同时行动，或者行动虽然有先后顺序，但没有参与者在自己行动之前观测别人的行动。静态博弈主要通过纳什均衡解析，也是本研究借鉴的主要工具。静态博弈通常能够使用标准式进行表述，它包括三个基本要素：参与人、每个参与人可选择战略、支付函数。它意味着所有参与人同时选择各自的战略，所有参与人选择的战略一起决定每个参与人的支付。

1. 占优战略

占优战略(dominant strategy)是博弈论中的重要概念。当一个参与人的最优战略并不依赖于其他参与人的战略选择时，这样的最优策略被称为占优战略(或称占有策略)。换句话说，无论其他参与人选择什么战略，参与人的占有策略总是唯一的。本书使用战略 s_i^* 描述参与人 i 的(严格)占优策略，如果对应所有的 s_{-i}，s_i^* 是 i 的严格最优选择，即满足：

$$u_i(s_i^*, s_{-i}) > u_i(s_i', s_{-i}) \ \forall s_{-i} \ \forall s_i' \neq s_i^* \qquad (2-2)$$

在博弈战略式表达中，如果对所有参与人 i，战略 s_i^* 是 i 的占优战略，那战略组合 $s^* = (s_1^*, s_2^*, \cdots, s_n^*)$则被称为占优战略均衡。在博弈中，如果所有参与人都有占优战略存在，根据理性人的假设，没有人会选择劣战略，因此占优战略均衡称为唯一可以预测到的战略均衡。这也是第4、5章中企业选择最优生产战略的理论依据。

2. 纳什均衡

纳什均衡是博弈论中的一个最重要概念，为解析博弈均衡解和非合作博弈奠定基础。纳什均衡是指所有博弈参与者在给定其他参与者战略的条件下选择最优战略所构成的一个策略组合(个人最优战略可能依赖也可能不依赖于其他人的战略)。在这样的战略组合情况下，任何参与人都愿意保持这种均衡状态，而没有人选择积极打破这种均衡。从数学上，纳什均衡定义为：有 n 个参与人的战略式表达博弈$G = \{S_1, \cdots, S_n; u_1, \cdots, u_n\}$，如果对于每一个 i，s_i^* 是给定其他参与人选择 $s_{-i}^* = (s_1^*, s_2^*, \cdots, s_{i-1}^*, s_{i+1}^*, \cdots, s_n^*)$的情况下第 i 个参与人的最优战略，即

$$u_i(s_i^*, s_{-i}^*) \geqslant u_i(s_i, s_{-i}^*), \ \forall s_i \in S_i \ \forall i \qquad (2-3)$$

也即是说，s_i^* 是下述最大化问题的解：

$$s_i^* \in \underset{s_i \in S_i}{\operatorname{argmax}} u_i(s_1^*, s_2^*, \cdots, s_{i-1}^*, s_i, s_{i+1}^*, \cdots, s_n^*),\ i = 1, 2, \cdots, n \tag{2-4}$$

那么战略组合 $s^* = (s_1^*, s_2^*, \cdots, s_n^*)$ 是一个纳什均衡。

纳什均衡有强弱之分。上述公式给出的是弱纳什均衡时的定义。强纳什均衡是指，在给定其他参与人战略情况下，所有参与人的最优选择都是唯一的。即是说，若 s^* 是一个强纳什均衡，当且仅当对于所有 i，$s_i' \neq s_i^*$，$u_i(s_i^*, s_{-i}^*) > u_i(s_i', s_{-i}^*)$。第 4、5 章中将继续利用纳什均衡来讨论企业最优产量和外部政策影响之间的相互影响关系。

2.4.4　企业价值管理理论

1. 企业价值

企业价值是一个抽象概念，存在各类不同定义。按照字面理解，企业价值是指企业全部资产的市场价值。从管理学的角度，企业价值（或称为公司价值）是指与企业利润相关者（包括股东、债权人、管理层、职员等）均能获得回报的能力的总和。从财务管理的角度，企业价值是企业在一定时期内所取得的收益，按照与收益相适应的风险回报率作为贴现率进行计算的折现值表示。从公司理财的角度，企业价值是对企业所有股票价值的总和，包括企业债券、优先股、普通股以及企业无形资产、组织形态对公司价值的溢价估计等。企业价值若翻译为 Enterprise value，则代表购买一个企业所需花费的所有价值，等于企业市值（Market Capitalization）和负债的总和除去所持有现金。即：

$$\text{企业价值} = \text{市值} + \text{负债} - \text{现金} = \text{市值} + \text{净负债} \tag{2-5}$$

根据企业价值表现形式的不同，也可以分成账面价值和市场价值两类。账面价值即资产负债表上反映的总资产、净资产，主要反映企业的历史收益，账面价值主要用于会计目的。市场价值如股票的市值、兼并收购中支付的对价等，主要反映企业未来收益，也更受到投资者的关注。综上所述，本书倾向于将建筑业企业的企业价值定义为三部分之和，分别是：企业的财务利润、超额价值增长，以及资本市场价值。财务利润是指企业通过经营赚取常规利润，这些利润能够体现在财务指标中，并能累计成为企业价值，例如净资产回报率的增加将反映企业价值的增长；超额价值增长反映了企业超出常规利润之上所赚取的价值，企业长期或未来增长机会的期权价值；资本市场价值是企业在资本市场融资价值，代表了投资者对企业价值的认可程度。这三方面价值构成了第 6、7 章分析的基础。

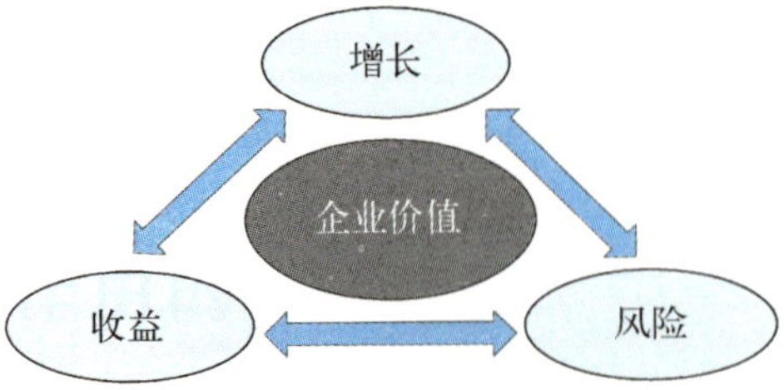

图 2－10　企业价值决定性因素：收益、增长与风险(池国华,2008)

实际中,企业都希望能够创造更多的价值。池国华认为影响企业价值有三个方面的因素：企业收益、增长和风险,它们之间相互牵连和影响(池国华,2008)(图 2－10)。收益是企业价值的根源,企业价值取决于它在当期以及未来创造收益的能力。收益可以采用财务收益、现金收益或经济收益等形式。企业价值创造还应着眼于未来长期的可持续性增长,企业价值与收益的持续时间正相关。收益和增长主要取决于企业内部资源的正确使用。影响企业价值的风险主要取决于外部环境的影响,包括国家政策、市场环境、汇率变动等。企业在实际运营中创造的价值是通过获取高于资本成本的投资收益实现的。高于资本成本的投资收益越多,企业所创造的价值就越大。

2. 企业价值最大化

在经典微观经济学中,利润最大化是企业的重要假设。但是,利润最大化并不能完全反映企业活动,例如利润最大化没有考虑货币时间价值、没有包括投资风险因素,以及不能平衡企业长、短期利益发展等方面。因此,企业评估逐渐转变为以价值最大化为评价目标。所谓价值最大化是企业的所有活动均围绕着创造价值展开。价值最大化的含义既包括了企业经济活动中最重要的现金流量等价值因素,也体现了企业风险、投资平衡、利润可持续增长等多个因素。具体而言,企业价值最大化要求企业通过使用合理的经营战略和最优财务的财务政策,优化资金的时间价值和风险与报酬的关系,将企业长期稳定发展摆在首位,平衡企业价值增长中各方利益关系,不断增加企业财富,使企业总价值达到最大化。企业价值最大化这一目标具有与企业相关利益者利益相一致,保证企业战略发展的长期性、考虑风险及货币时间价值的风险性和时间性等特征。企业价值最大化的内涵就是把企业长期稳定发展放在首位,正确处理各种利益关系,最大限度地兼顾企业各利益主体的利益,为所有者带来未来报酬。企业价值管理最大化已经成为现代企业财务管理的最优目标。

企业价值最大化不同于股东利益最大化,前者的对象是企业,而后者的对象是股东;另外,企业价值包括股东权益和负债两个部分,而股东利润仅针对股东权益基础上的价值回报。企业价值最大化也不同于利润最大化,后者没有考虑资金的时间价值和企业风险,而且是一个绝对指标,可能导致企业具有短期行为的倾向。

3. 企业价值的度量

企业价值的度量最常见的三种类型为，现金流、自由现金量、经济利润三类。

（1）价值的度量——现金流

现金流（Discounted Cash Flow，DCF）模型是公司理财中的基本理论之一，也是财务评估方法和公司价值理论的基础。DCF 模型可用公式表现如下：

$$V=\frac{CF_1}{(1+c)^1}+\frac{CF_2}{(1+c)^2}+\cdots+\frac{CF_n}{(1+c)^n}=\sum_{i=1}^{n}\frac{CF_i}{(1+c)^i}\quad i=1,2,\cdots,n \tag{2-6}$$

式中，V 表示资产价值，CF_i 表示第 i 期现金流量，c 表示考虑风险因素后的折现系数，n 表示现金流的收益年限。若企业生命周期无法确定时，通常使用无限期收益期代替 n 期限，此时模型变为：

$$V=\sum_{i=1}^{\infty}\frac{CF_i}{(1+c)^i}\quad i=1,2,\cdots,\infty \tag{2-7}$$

（2）自由现金流模型

自由现金流模型（Free Cash Flow，FCF）也是一种财务评价方法，它是指企业在满足企业生存和发展前提下可供分配给股东的最大现金流。FCF 模型公司如下：

$$V=\sum_{i=1}^{n}\frac{FCF_i}{(1+c)^i}\quad i=1,2,\cdots,n \tag{2-8}$$

$$FCF_i=NOPAT_i-I_i=NOPAT_i-(K_i-K_{i-1}) \tag{2-9}$$

式中，KCF_i 为第 i 期自由现金流，$NOPAT_i$ 为第 i 期税收净营业利润，I_i 为第 i 期投资，K_i 为第 i 期所有投资资本。

（3）经济利润

经济利润是企业价值管理最大化前提下的最优体现。经济利润将企业的规模、资本回报和资本成本转化成一个单一指标，将未来的所有经济利润折价并加总。表示为：

$$\text{经济利润}=\text{投入资本}\times(\text{资本回报率}-\text{资本平均成本}) \tag{2-10}$$

从实质上看，如果企业在各个时期获得的回报恰好等于其平均资本成本

(WACC),那么取的自由现金流的折现估值应该刚好等于所投入的资本。既然企业没有创造价值,那么企业的价值刚好就等于最初的投资额。因此,只要比较投资回报和平均资本成本之间的大小关系,就可以知道企业的价值是否增加(科勒,2007)。因此,企业价值也可以表达成:

$$\text{企业价值} = \text{投入资本} + \text{预期经济利润现值} \tag{2-11}$$

该模型说明企业价值等于投入资本量加上每年创造价值的现值的溢价。该部分也是本研究的重点,具体内容将在第6、7章中深入讨论。

4. 企业价值和企业价值增长

企业价值和企业价值增值概念有所区别。企业价值是一个时点概念,是某一个时点上企业的价值。该值一般用来帮助投资人对企业或项目投资进行判断,协助最终的决策。该值可以通过上述DCF、NPV等模型进行计算。而企业价值增值是一个时段概念,是企业在某一段规定时间内增加的价值。该值一般适用于对企业或项目某段时间内绩效的评估和判断。本书中通过下述介绍到的经济价值增量(EVA)来测量。企业价值和企业价值增量之间存在相互转化的管理,将在第6、7章中进一步讨论。

5. 基于价值的管理(VBM)

基于价值的管理(Value Based Management, VBM)是一种持续追逐价值的企业管理方法,通常也理解为最大化股东价值。VBM是一个以资本增值目标为中心,以价值创造与价值实现为导向,使公司所有部门和个人行为联合起来形成的一个综合、完整的价值管理系统(张先治,2008)。VBM可以稳定地创造价值,最终实现股东价值的最大化。VBM的内涵包括:1) 创造价值(creating value),即企业如何创造或增加未来价值的最大化;2) 管理价值(managing for value),即通过包括企业治理、变革管理、组织文化、沟通协调、领导力等方面管理企业已有和未来的价值;3) 测量价值(measuring value),即对企业价值进行评估。

VBM产生的背景在20世纪六七十年代,美国证券市场掀开重组、兼并、收购狂潮,资本流动性逐渐增强,资本大量流向使用效率高、增值快的企业。在这种压力下,股东、经理人和企业利益共享者展开了对价值的疯狂追求,导致了VBM的产生。VBM最初产生于一种观点,即一项业务只有在它的资本回报超过其投资成本时才创造了价值(黄卫伟、李春瑜,2005)。随后的30年中,VBM的概念在西方管理会计实践及理论研究领域得到了迅速的发展。

VBM的实践最早开始于20世纪80年代,它帮助英国的Lyoyds Tsb银行自1983—1991年间，通过剥离不良资产、收缩业务重点，使银行市场总额增加了40倍，股票价格在15年间增长了32倍。目前，VBM已经在全世界很多国家得到了广泛应用并取得了显著价值回报（曲向军，2003）。VBM在实践中的应用主要体现在以下四个方面：1）价值诊断，包括对公司内部业绩进行价值分析，以及和同行业目标公司的对比分析等；2）发现价值提升策略，包括探索影响价值创造的关键价值驱动杠杆；3）规划、实施并监控价值管理策略，从不同方面确保和支持创造价值的总体战略目标；4）建立VBM为基础的激励机制和奖罚措施，统一组织内部员工的企业价值原则。

VBM管理的目标在于不断提升公司多方面行为和价值，包括第一层次的企业使命和远景，第二层次的企业战略、企业治理和规范行为、企业沟通，第三层次的企业文化、企业组织形态、决策系统和决策流程、绩效管理系统和流程、薪酬回报系统和流程等（J. H. M. de Jonge Management & Advies, 2011）。正是出现了对公司价值管理的额外重视，需要一种更准确、更有效的价值度量方法、指标和评估，即下一节中的经济价值增量（EVA）理论。

6. 经济价值增量（EVA）理论

经济价值增量（EVA）是用来估计企业在偿还所有股东投资所需收益后的超额部分经济价值。EVA最早由Joel Stern提出，并在1982年被Stern-Stewart公司注册为一个业绩评价指标"Economic Value Added"，简称EVA。目前，EVA在全世界得到广泛使用，并已成为最为流行上市公司估值方法之一，被用来预测上市公司的未来绩效表现（GSB, 1998; Stern Stewart & Co, 2011; evaDimensions, 2010）。EVA的迅速发展开始于20世纪90年代初期。1993年9月，Shawn Tully在美国《财富》（*Fortune*）杂志刊登了名为《财富创造钥匙》（*The real key to creating wealth*）的文章（Tully, 1993），讨论了EVA推动下的商业价值，利润衡量方法，在CSX、Briggs & Stratton、Coca-Cola和其他公司应用案例，以及提升公司EVA路径等，从此业界开始青睐EVA。

EVA的思想最初起源于剩余收益（residual income）和经济利润（economic profit）。剩余收益最早记载在1776年亚当·斯密的《国富论》（*Wealth of Nations*）和1777年汉密尔顿所著的《商品学概论》（*An introduction to Merchandise*）中。其概念的正式提出是1890年由马歇尔在其经典著作《经济学原理》（*Principles of Economics*）定义：只有在净利润基础上减掉投入资本以现行利率计算的利息，才能获得实际意义上的利润，即：剩余利润＝利润－占用资本×资本最低报酬率。在之后的20世纪，剩余收益（RI）的思想在理论上不断得到进一步阐述和发展(Chen & Dodd, 2001),产生了一系列代表著作(Amey, 1969; Amey & Egginton, 1973; Solomons, 1985; Tomkins, 1975)。早期研究建立的剩余价值和企业价值之间的数量关系为之后 EVA 的发展奠定了基础(Martin et al., 2003)。尽管学者很早就开始关注剩余价值,但由于剩余价值在实际应用中并没有足够的理论支撑,导致资本成本定价也始终是一个难题(黄卫伟,2005)。直到 David Young 等提出的资本资产定价模型(Capital Asset Pricing Model, CAPM),才运用一般均衡模型刻画了投资者的集体行为,截止了在均衡状态下证券风险与收益之间的基本关系,使资本成本的计算理论化、标准化。经济利润则认为企业的利润源自其净资产差额减去所有者投入和分派部分的所有成本,即:经济利润=收入-会计成本-隐含成本或正常利润。经济利润在一般会计利润的基础上去除了隐含成本或正常利润,因此,经济利润实则描述的是企业利润中超过正常利润的那部分超额利润。在剩余收益和经济利润的基础上,再进行相应的会计调整,就得到综合性评估企业价值指标 EVA。Gary C. Biddle 等人总结了 EVA 和 RI 及其他财务指标之间的关系如图 2-11 所示(Biddle et al., 1997)。其中,CFO 是运营现金流(Cash from Operation),Accrual 是应收数目,ATInt 是税后利息(After Tax Interest),CapChg 是总投入资本,可通过 WACC * Capital 计算,其中 WACC 是资本加权平均成本会在下面进行介绍。AcctAdj 是会计调整项(Accounting Adjustments)。

$$EVA=\underbrace{\underbrace{\underbrace{\underbrace{CFO+Accrual}_{\text{会计盈余 EBEI}}+ATInt}_{\text{税后净营业利润 NOPAT}}-CapChg}_{\text{剩余收益 RI}}+AcctAdj}_{\text{经济价值增量 EVA}}$$

图 2-11　经济价值增量(EVA)和剩余价值关系

理论研究方面,90 年代文献主要关注 EVA 和企业价值之间的关系,研究基本方法是选取某行业企业样本,通过统计分析计算来考察 EVA 及其变动值同企业股价和市值变动的关系(Brewer et al., 1999; Bacidore et al., 1997; Young, 1997; Chen & Qiao, 2008)。1998 年,Kaplan 和 Atkinson 在其著作《高级管理会计》(*Advanced Management Accounting*)中系统性地论述了 EVA 理论方法的严谨性,特别强调 EVA 在计算过程中针对"会计通用准则"(GAAP)的局限进行了改进和调整,使数据更具科学性(Kaplan, 1998)。近年来研究将

EVA 还和激励机制、委托-代理理论(Dutta & Reichelstein, 1999a; Dutta & Reichelstein, 1999b)、博弈论等理论结合用来研究企业价值(Schaefer, 2002)、薪酬(Ponssard & Larmande, 2006)、机制设计(mechanism design)、企业组织架构优化(Dutta & Reichelstein, 1999a)、人力资源(Chen & Qiao, 2009)及管理层(Dutta & Reichelstein, 1999b)关系等方面问题。但在学术探讨中,仍然有学者对 EVA 这样一项新兴衡量标准保持中立甚至保守的态度,例如对于资本总价值(capital charge)计算的质疑(Cheremushkin, 2008)。

实践应用方面,EVA 的创始公司 Stern-Stewart 通过 EVA 为核心的管理咨询服务也取得了巨大成功,其客户包括美国和诸多跨国著名企业,例如 AT&T、COCA - COLA 等。其 EVA 客户在十年间(1997—2007)的市值回报为 220%,大大超越 MSCI 世界股价指数 67%的水平(Stern Stewart & Co, 2011)。

国内对 EVA 研究主要从 2000 年左右开始,主要关注企业价值(刘芍佳、刘乃全,2002)、绩效评价(袁琳,2003)(刘力、宋志毅,1999)、经营管理(黄卫伟、李春瑜,2005)(茅宁,2002)、激励机制(袁琳,2003)、资本运作(李耀海,2001)、评价及度量标准(王艳,2003)(张纯,2003)等方面,并翻译了大量的国外 EVA 译作(埃巴,2001)(格拉斯曼,2003)。实践方面,国务院国有资产监督管理委员会于 2010 年发布《中央企业负责人经营业绩考核暂行办法》,全面推动以 EVA 为核心的考核体系。用经济价值增量(EVA)取代了传统的净资产收益率(ROE)成为业绩考核的核心指标,占整体考核权重的 40%。此举旨在引导央企提高资本利用率,为股东创造超额价值。

2.4.5　战略管理理论

"战略"一词的希腊语是 strategos,意思是"将军指挥军队的艺术",原是一个军事术语。战略管理(或称企业的战略管理)一词起源于 20 世纪 50 年代,并于 60 年代中期至 70 年代中期广泛运用于商业领域。Igor Ansoff(1965)最初在其著作《公司策略》(*Corporate Strategy*)一书中正式提出了"企业战略管理"的概念,并定义企业的战略管理是指将企业日常业务决策同长期决策相结合而形成的一系列经营管理业务。根据战略应用的不同层次,企业战略也可以分为三个层次:公司层次战略、商业主体(business unit)层次战略及职能部分或者项目部门层次战略。

近 30 年来,战略管理理论逐渐涌现出三大主要学派:行业结构学派、核心能力学派和战略资源学派。行业结构学派认为行业结构极大地影响着企业竞争规则以及可供企业选择的竞争战略，因此，理解和分析行业结构是确定竞争战略的基石。其代表性人物是 Michael Porter，他提出的企业竞争战略、五力竞争模型和企业价值链等方面内容是第 3、6、7 章的分析基础。表 2 - 6 列举了公司的一般竞争战略内容，包括成本领先战略（Overall Cost leadership）、差异化战略（Differentiation）、集中化战略（Focus）等（Porter，1998）。绿色化战略属于差异化战略中的一类，也体现了部分及中华战略的思想。

表 2 - 6　企业一般竞争战略分析（Porter，1998）

		战略优势	
		低成本	独特性产品
战略目标	整个产业范围	成本领先战略	差异化战略
	特定细分市场	低成本聚焦战略	差异化集中战略

核心能力学派认为企业战略目标在于识别和开发竞争对手难以模仿的核心竞争能力，以快速对市场趋势预测和对顾客需求做出快速反应。该观点最初由 Prahalad 和 Hamel（1990）共同在《哈佛商业评论》中《企业核心竞争力》一文中提出。战略资源学派认为企业战略的关键是培育企业独特的战略资源，最大限度地优化配置这种战略资源的能力。在建筑业企业的战略管理研究方面，Chinowsky（2000）综合以上不同学派后总结认为，建筑业企业的战略优势来自三个方面，分别是核心竞争力（技术、成本、管理等）、持续性投资，以及文化意图和战略意图。

战略管理的基本过程包括三个阶段：战略制定（strategy formulation）、战略实施（strategy implementation）和战略评价（strategy evaluation）。其中，战略制定包括确定企业任务、认定企业外部机会与威胁、认定企业内部优势与弱点、建立长期目标、制定供选择战略以及选择特定的实施战略。战略实施是指企业按照既定计划制定年度目标、政策、激励雇员和配置资源，以使战略目标得以贯彻和执行。战略评价是度量战略业绩，采取纠正措施，不断调整与修改战略的过程。

2.5 本章小结

本章是研究的理论基础和方法支撑，首先从绿色化相关概念出发，详细界定了绿色化在建筑业中的内涵；接着就建筑业企业绿色化已有文献进行综述，讨论了研究现状和不足，明确了本书对理论的贡献和价值；再针对建筑业企业的根源、价值及转型中可能遇到的障碍进行细致讨论；最后就其他相关理论进行介绍。其中，系统论和系统动力学的观点为第 3 章建筑业企业绿色化系统性研究做出充分准备；产业组织理论和博弈论解释了建筑业企业和市场结构、行业特征之间的相互关系，以及企业成本、利润、产品选择等基本假定，为第 4、5 章研究政策管制对建筑业企业绿色化行为的作用作出铺垫；企业价值管理理论和战略管理理论为第 6、7 章分析绿色化对企业内部价值的影响奠定基础。

第3章 建筑业企业绿色化转型的系统性分析

3.1 企业绿色化的影响因素

建筑业企业的绿色化是一个系统性问题,涉及建筑企业、人员、项目、市场、政策等不同的影响因素以及复杂的相互关系,需要通过系统的观点进行分析。系统是由两个以上有机联系、相互作用的要素所组成,具有特定功能、结构和环境的整体(汪应洛,2011)。一个系统应具备以下四个要点:系统要素、系统环境、系统结构、系统功能。简单建筑业企业系统和结构如图 3-1 所示。建筑业企业作为一个系统,也是由各不同要素组合的有机整体,包括项目建造、产品销售、专业技术人员、财务体系、管理水平等。各要素在系统中以特定的位置、作用、关系存在,成为整体系统中不可或缺的一部分。正是由于各要素之间的有机组合,使建筑业企业系统具有各要素独立状态下所没有的性质,从而实现系统的整体性和全局优化。

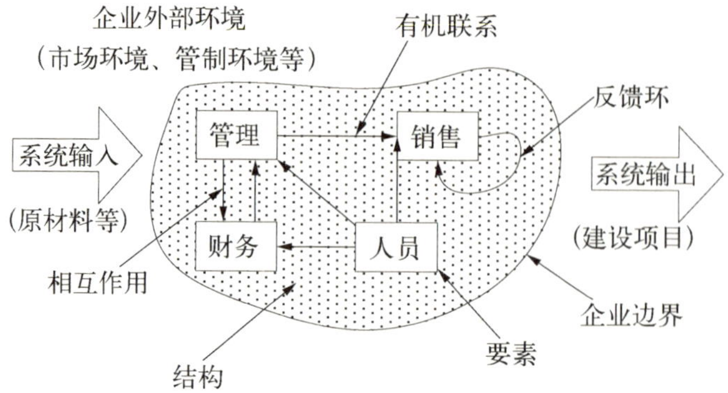

图 3-1 建筑业企业系统的基本概念和示意结构

分析企业绿色化必须考虑诸多相互作用的力量和决策共同交织影响。本书借助 Porter 五力模型将影响企业绿色化的因素归纳成为五类作用力进行分析（如图 3－2）。该模型最初由哈佛教授 Michael Porter 在 80 年代初提出，对企业价值管理、战略管理、管理经济学产生了深远的影响（Porter，1998）。模型的作用力分别来自：行业内竞争、市场进入、供应商能力、消费者能力及替代品和互补品五个方面，充分体现了系统性、整体性的思想。

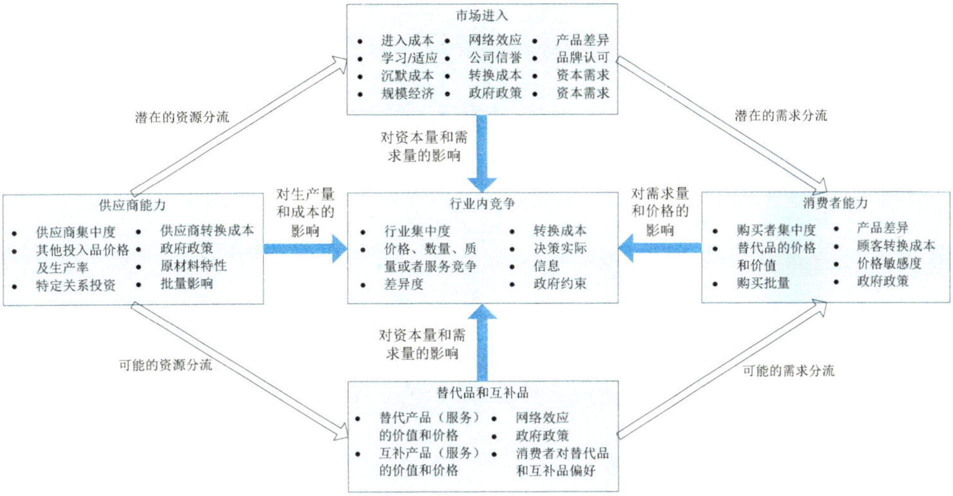

图 3－2　企业绿色化转型的 Porter 五力模型分析（Porter，1998）

① 行业内竞争。企业的可持续性最主要取决于该行业内企业竞争的形式和强度。在行业集中度相对较低的市场，竞争倾向于不太激烈，因此现有企业的盈利能力可能较高，早期进入绿色市场的企业可能有先入优势。另外，影响企业发展的因素还包括产品的差异性、信息、博弈等因素。在产品差异性较小的行业中，企业的价格竞争更为激烈，消费者的转化成本也较低，现有企业的利润就越稀释。而企业绿色化创造了产品的差异性，能够潜在增大企业的竞争优势。

② 市场进入。新进入者加剧了市场竞争，同时也减缓了现有企业的发展。随着绿色企业数量的增加，原有企业利润被摊薄。现有企业维持其发展的能力的高低取决于潜在进入者面临的进入门槛障碍（例如规模经济、产品差异等）。现有企业也可能对潜在进入者进行积极反应来捍卫自己利润，例如绿色企业培养大量忠实绿色客户来实施对新进入者的打击等。另外，政府制定的政策及法律环境也将影响市场潜在企业的进入。

③ 供应商能力。供应商主要通过提高其投入原材料的价格与降低单位材料质量来影响现有企业的发展与产品竞争力。对于绿色企业而言，当具有较稳固的市场地位、具有特点的产品、产品买主很多等特点时，会增加对供应方潜在的讨价还价能力，并增强企业的发展。

④ 消费者能力。当消费者有能力对现有企业进行谈判以更为优惠的交易条件取得该产品(或服务)时，企业发展就会受到威胁。而消费者的集中程度越高，消费者的议价能力就会越强，从而降低现有企业的盈利。目前而言，绿色市场的消费者大都是主动追求对绿色声誉和绿色品牌，很难产生有效的议价能力。另外，政府管制(例如最高或最低限价)也会对消费者的能力造成影响。

⑤ 替代品和互补品。企业的可持续性还依赖于替代品和互补品的价格和价值。企业产品的替代品和互补品以多种形式影响企业的利润和增长。绿色产品作为传统产品的替代品，其绿色性能和品质的特殊性突出，用户转换成本低，将产生更强的竞争力，从而削弱常规企业的盈利能力。

综上所述，建筑业企业的发展水平和能力受到许多方面的影响，Porter 五力分析模型能够帮助企业从整体角度进行思考，认清全局形势，分析影响企业绿色化价值和潜在增长的因素，并有针对性地制定和评估企业未来不同的竞争战略。表 3-1 给出了以上五个作用力和三类一般性战略之间的关系。对于企业绿色化而言，应更多关注其中“产品差异化战略”内容，将绿色化转型上升到企业战略高度，指导企业未来的发展。

表 3-1　企业一般竞争战略与行业“五力”影响因素之间关系(Porter, 1998b)

Porter 五力影响因素	一般性战略		
	成本领先战略 (cost leadership)	产品差异化战略 (differentiation)	集中化战略 (focus)
行业内竞争	更好地进行价格竞争	建立消费者对品牌的忠诚度，避免流失客户给竞争对手	竞争对手不能满足差异化集中化客户的需求
市场进入	具备杀价能力以阻止潜在对手的进入	客户忠诚度能消减潜在进入者的信心	集中化战略所建立的核心能力用来阻止潜在对手进入
供应商能力	抑制强势卖方的议价能力	更好地将供应方抬高价格转移给消费者	采购量少时供方势力较大，但是差异化-集中化更能够转移供方抬高价格

续　表

Porter 五力影响因素	一般性战略		
	成本领先战略（cost leadership）	产品差异化战略（differentiation）	集中化战略（focus）
消费者能力	能否为强势消费者提供低成本产品	大部分消费者由于缺乏替代品而丧失议价能力	大部分消费者由于缺乏替代品而丧失议价能力
替代品和互补品	使用低价格与替代品相竞争	消费者对产品差异性产生依赖性，从而减少对其他替代品的机会	特殊的产品和核心竞争力防止替代品的威胁

3.2　企业绿色化的系统动力学分析

建筑业企业绿色化是复杂的系统过程，需要借助管理工程学工具和方法进行分析。下面从系统动力学的视角分析建筑业企业绿色化过程中的关键问题，主要研究系统的动态结构、各子部分之间的相互作用关系，以及系统在内、外共同作用下的发展演化规律。

系统动力学从创始之初就提出，应该用系统的观点去认识和解决系统所存在的问题，提倡系统思考、系统分析、系统模拟，这也是系统动力学最主要和最根本的特征。在分析建筑业企业时，必须意识到它是一个系统整体，而不是分离功能的简单部门的集合。建筑业企业在绿色化过程中涉及企业系统内部生产、计划、财务、销售、物流、组织等子工作均应看成一个大的系统进行研究。各种物资流和信息流形成决定增长和波动的基本趋势，并决定了系统中持续涨落的功能—结构动态相互关系。所有的公司活动之间的相互关系的行为取决于整体企业系统的性质，以及各个组成部分的性质。因此，系统动力学是研究系统问题方法的延续。

除此之外，系统动力学另外一个主要特征是通过反馈回路来描述系统的结构。所谓反馈回路是耦合系统的状态、速率（或称行动、决策）与信息的闭合通道。它们对应于系统的三个组成部分：单元、（单元的）运动与信息。反馈回路的极性有正负之分。仅含一个状态变量的反馈回路被定义为一阶回路。一阶反馈回路是系统的基本结构或称基本单元。一个复杂系统则由这些基本机构，再加上延迟、逻辑等环节，按照子系统、层次组织起来，从而组成总的反馈系统结构。这些反馈回路根据周围环境条件的变化产生耦合、交叉、相互等作用，从而产生系统的总功能与行为。在建筑业企业系统内部的诸多反馈回路中，总存在一个或一个以上的主导回路，这些主导回路的性质及相互作用(包括竞争与协作)决定了企业绿色化行为的性质及其变化与发展，这就造成了主导动态结构作用及其效果。除主导结构之外的其他系统组成部分则称之为非主导结构。主导结构和非主导结构共同存在，在某种特殊条件下还可能相互转化。系统的主导结构与非主导结构共同作用和影响，最终导致了建筑业企业绿色化行为的性质。可以说，系统动力学方法既扩展了对系统的研究，同时也兼顾了建筑业企业中复杂的反馈特征，对研究建筑业企业系统显得非常必要。

利用系统动力学方法研究可持续发展和绿色化问题由来已久，最经典的著作源自《增长的极限》(米都斯，1997)。1968 年，意大利学者 Aurelio Peccei 和来自十多个国家的 30 多名科学家、教育学家、经济学家、人类学家、国际组织人员共同探讨令人忧欢的世界发展前景问题，成立了罗马俱乐部，通过系统动力学模型，建立了系统动力学全球模型(SD WORLD I)，研究工业化、资源、污染、人口、粮食、贫困、教育等全球性发展的系统问题。并于 1972 年发布了《增长的极限——罗马俱乐部关于人类困境的报告》，引发了可持续发展的新理念和新思考，明确提出了系统动力学研究方法的优越性。在该书序言中写道，“通过系统动力学建立的模型可能是简化的、待完善、并未最终完成的模型，它和其他模型一样具有局限性，并且我们也完全意识到了它的缺点。但我们相信，它是现今适用于处理空间—时间图表上出现的各种问题的最有用的模型。”除此之外，通过系统动力学研究企业发展，特别是建筑业企业的管理能力方面也存在一定研究基础。杨文斌(2006)将企业的发展和成长过程总结为系统性发展观点的阐述，认为企业任何现实中显现出的复杂行为特征是由企业系统内外部因素所有变量共同作用的结果。企业的动态发展行为有以下四种基本形态：S 形、指数形、对数形和倒 U 形。企业成长的经典系统模型认为，企业系统模块由管理能力子块、财务能力子块、资源规模子块、销售规模子块和生产知识子块等级部分组成，子块间关系如图 3 - 3 所示(杨文斌，2006)。而将 David Ford 最早在 20 世纪 90 年代就将系统动力学用于建筑业企业的研究，并且特别关注其项目管理能力的模块建设(Ford, 1995)。由于建筑业企业的主要利润源于承接各类建设项目，是典型项目驱动的企业，因此，其项目管理能力决定了企业的整体水平。建筑业企业的项目管理核心模块如图 3 - 4 所示(Lyneis et al. , 2001)。

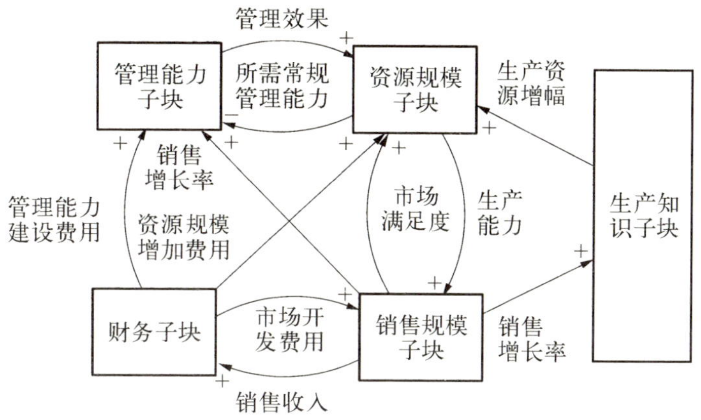

图 3-3　系统动力学下企业成长模型(杨文斌,2006)

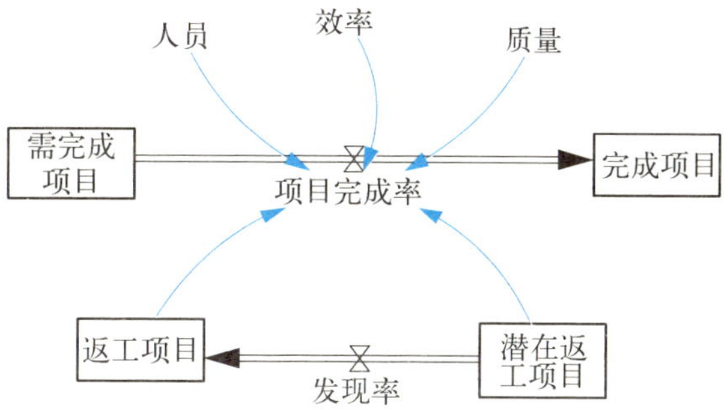

图 3-4　系统动力学下建筑业企业运营基本模型(Lyneis et al., 2001)

3.2.1　企业绿色化的系统动力学特征分析

利用系统动力学研究建筑业企业绿色化问题可以突出其问题特征。系统动力学视角下的建筑业企业绿色化问题的特征如下。

1. 企业绿色化系统的演化规律

企业绿色化系统在内外动力和环境条件的共同驱动和作用下,其结构、参数和功能、行为及其发展方向都随时间的推移而变化。在系统运动的全过程中,其主导回路与反馈极性都在不断变化,主导回路与非主导回路也在相互作用和相互转化,环境条件也在不断变动。系统的发展过程包含了若干在时间上先后关联并具有质的差异的阶段。由于系统中量变超过一定值时,则可能发生质变和新旧结构的更迭。这是系统的由量变到质变,由低级系统向高级系统发展、进化的过程,也称作系统的演化规律。而系统动力学的重点就是研究包括在同一类系统结构下的运行机制、结构变化、与其动态行为的关系和系统从旧结构、旧质向新结构、新质转化的过程、机制及可能产生的各种行为模式(王其藩,1995)。企业绿色化过程也遵循了客观发展规律,逐步、渐进式的演化的过程,既受到企业内部战略、价值的驱动,也受到外部市场、政府政策的影响。总的来说,企业绿色化系统在内外动力和制约因素的作用下按一定的规模发展演化。系统在外部涨落的作用下可能发生千变万化的反应,然而系统行为的性质主要取决于系统内部的结构,也就是系统内部的反馈结构与机制。

2. 企业绿色化系统的非线性特征

非线性是指事务因果之间并非由简单的比例关系造成。系统中的大多数变量因素都具有非线性性质,这也使得整个系统凸显出非线性性质,形成系统产生复杂性的根源之一。对建筑业企业而言,绿色化投资回报即呈明显的非线性关系。例如,企业投资 6 000 美元对照明系统进行更新,新替代节能灯可节省 30%的能耗,每年节省 4 000 美元能源。照明在节能改造中属于"唾手可得"(low hanging fruit)类策略,收益—成本比例较高,平均投资回报期仅为 1.5 年。但同样是照明节能改造项目,仅凭资本的增加并不能带来额外的收益。研究发现,投入资金增加到 130 000 美元时,每年节省 22 000 美元,平均投资回报期则需 6 年(AIRE, 2007)。增加的投资可能会造成融资成本上涨、工作量加大而导致劳动效率降低等负面影响,从而导致投资回报率越低。另外,能源价格波动、管理效率和项目前景的不确定性也增加了投资的非线性回报。这些的非线性因素共同触发了系统的正反馈回路和负反馈回路,导致了企业绿色化系统复杂的非线性特质。

3. 企业绿色化系统的自组织性

所谓的自组织是指系统内的组成部分在内外动力的共同作用下朝共同目标发展。开放非线性系统在不断与外界进行信息流、物流、能流的交换过程中,获得外部动力;同时,在系统内部的各组成部分相互耦合、作用,形成自然约束与相互协调,产生内部动力。建筑业企业在绿色化过程中也具有自组织特征。首先,处在绿色化过程中的企业往往物质和能量分布极不平衡,表现在系统结构上是指系统内部的各组成部分之间按照一定秩序相互运动,具备了系统运动和氧化的内部动力,往往使企业远离平衡态。其次,建筑业企业是一个开放性系统,从企业采购、物流、生产、销售过程其实也是一个投入—产出过程,不断地与外部环境之间进行了能量、物质、信息的交换,从而获得了外部动力。在内外动力的共同作用下,项目系统的负熵增加,形成新的秩序,朝着绿色化的目标方法演化发展,同时实现企业的最终目标和价值最大化,达到有序的耗散结构状态。

4. 企业绿色化系统的稳定性

系统具有一定质态时,具有抵抗外界干扰或涨落作用的稳定性。这是一个非常重要的系统特性。它意味着系统在面对干扰或涨落的影响下,虽然可能引起系统在量上的变化,但一般不足以改变其结构质性,因此,系统的结构、反馈机制、行为模型均保持不变。用稳定性的高低尺度来衡量系统保持一定质态的能力。系统的稳定性可按照程度由高到低分为三类:稳定的、渐进稳定的、不稳定的。而一个系统究竟属于哪一类型,取决于系统内部因素和反馈机制的性质。建筑企业绿色化有自身稳定性,例如部分企业可能参加过绿色项目的建设工作,但却未曾改变其建筑业企业的特质,其经营模式和行为仍然在一段时期内保持原效。

5. 企业绿色化系统的自适应性

系统的不同稳定类型之间可以相互转化。例如,系统受内外干扰的影响,激发了其特定的内定反馈机制,从 A 稳定状态转变成 B 不稳定状态;经过一段时间后,系统再次发生变化,从 B 不稳定状态转化为 C 稳定状态。这一系统的转化过程即称作系统的适应性。适应性反映了系统对内外部环境和干扰的反馈状态,有助于分析其系统行为与内部反馈机制之间的关系,以及系统结构与功能之间的相互依存及相互作用。建筑业企业的绿色化本身就是一个自适应性过程,企业从最初的传统稳态过渡到新型绿色稳态。在这一系列自适应过程中,部分企业适应过程较顺利也较快进入新稳态,而也有部分企业可能由于各种因素反复往返或滞留在中间状态,使得其适应性体现了螺旋上升的过程。

综上所述,通过系统动力学模型分析建筑企业绿色化转型能够准确刻画出绿色化研究问题的实质,为研究提供了可信赖的方法和理论依据。

3.2.2　系统动力学的基本表达形式

1. 模型结构化

模型结构化是指建立系统动力学结构模型的过程,它是系统认识并准确把握复杂问题,建立数学模型,进行定量分析的基础。通过系统动力学分析企业绿色化问题需要进行模型抽象化的过程,即使用系统模型替代现实系统。图 3-5 表示了基本

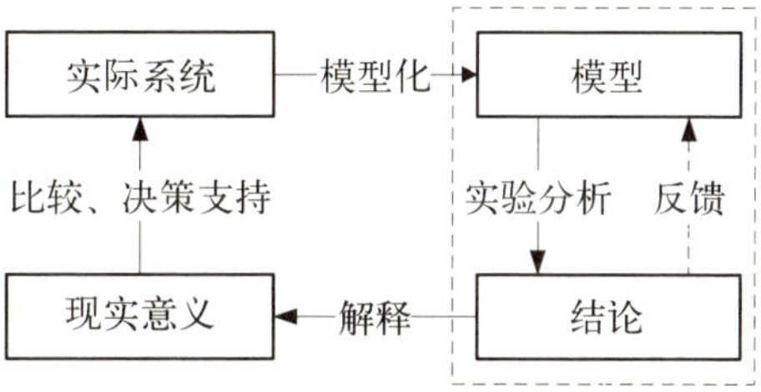

图 3-5　模型结构化过程

的现实系统和系统模型之间关系。系统动力学模型客观地反映了现实系统中主要组成部分、各部分之间相互作用，在外界条件下的相互作用关系，以及现实模型的主要特点。构建系统模型应遵守几项基本原则：明确系统和子系统边界、考虑信息相关性和准确性及结果表达的适宜性。

2. 系统动力学的图形描述

对系统动力学描述可以通过因果关系图、流图和混合图等方式进行表达。其中因果关系图和流图是最重要的两个基础，而这两类的组合则形成混合图。本书以下大部分分析内容都是基于混合图基础上进行的。

因果关系图是系统动力学建模初始阶段最常用的方法，它通过因果链条将系统中两个变量相互连接，并通过正负号表明这种关系的联系。正号箭头指向的变量将随箭头源发的变量的增加而增加，或变量的减少而减少；而负号则表示变量之间变化趋势呈相反关系。因果关系图可以简洁直观地描述模型结构，并表达出复杂系统中各变量之间的相互影响和作用关系。由一系列的因果链连接而成的闭合回路即称为因果关系回路（或称反馈回路）。反馈回路的极性（即正负性）取决于回路中因果链符号的乘积。正反馈回路有强化系统功能，表现为偏离目标的发散行为；负反馈回路则有抑制功能，能跟踪目标产生收敛机制。正负反馈回路组合使系统在增长与衰减交替过程中保持动态平衡，达到预期目标。遗憾的是，因果关系图法不能表示不同性质的变量的区别，因此必须引入流图法进行分析。

流图法（结构图法）在因果关系图的基础上添加了状态变量的累计概念，这是系统动力学中最重要的量值之一。流图反映系统中各变量间因果关系和反馈控制网络，用以体现实际系统的结构特征。在流图法中，累计环节被称为状态变量，表示变量在某个时间点上的“水位”。速率是改变状态变量增减的变量，它通常和时间相关。云端符号表示源（source）或沟（sinks），两者都是抽象的概念，代表输入与输出状态的一切物质。

混合图就是将因果关系图中的状态和速率变量按照流图规定的符号进行表示。它具有两类方法共同的优点，更适合本研究分析的需要。

3. 系统动力学基本元素

系统动力学主要研究对象是复杂大系统（S），它强调对系统整体性和非线性特性的描述，特别是对处在不同层次的组成部分、子结构与子系统（P）之间的非线性相互作用和复杂反馈因果、生克关系（R_{jk}）的描述。为了对系统做清晰地描述，应按其固有特点与性质，在尽量完整地描述 R_{jk} 的基础上，把系统 S 划分为若干个相互关联的子系统 P，其描述式如下（王其藩，1995）：

$$S=(P,\ R_{jk})$$
$$P=\{P_i \mid i\in I\}$$
$$R_{jk}=\{r_{jk}\mid j\in J,\ k\in K,\ J+K=I\} \tag{3-1}$$

式中，S 为整个系统，P 为系统 S 中的子系统。各个子系统至少应含有一个状态变量。R_{jk} 为关系矩阵，用来描述各子系统之间的关系，可能是线性或非线性关系。

4. 反馈回路

任何复杂的系统动力学模型都由最简单的反馈回路构成。简单的一阶反馈回路包括三种基本变量：状态变量、速率变量与辅助变量。它们可分别用状态方程、速率方程与辅助方程进行描述。方程是变量间定量关系的数学表达式，可由流程图直接确定或由相关函数给出，方程可以是线性或非线性函数关系。在建立方程时，还需要某些数学函数、逻辑函数、信息与物质延迟函数、表函数和常数等。在具备这些条件下，就能够对各类系统的结构做出基础的数据描述。其中，状态变量（level variable）或称累计变量（stock variable），它是决定企业最终行为的变量，并随时间变化。在计算方程中，当前时刻的状态变量值等于过去时刻的值加上这一段时间内的变化量。速率变量（rate variable），它是直接改变积累变量值的变量，反映积累变量输入或输出的速度。辅助变量（auxiliary variable），它由系统中其他变量计算获得，通常其当前数值和历史数值没有直接关系。辅助变量实际上也包含了速率变量（王其藩，2009）。除此之外，方程中还包括常量、外生变量等。基本的系统动力学一阶反馈回路变量如图 3-6 所示。

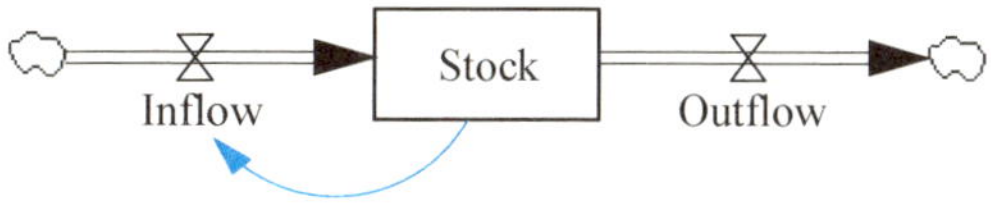

图 3-6　系统动力学一阶反馈回路

流图 3-6 中对应的积分方程的表达形式为：

$$Stock(t)=\int_{t_0}^{t}[Inflow(s)-Outflow(s)]\mathrm{d}s+Stock(t_0) \tag{3-2}$$

$$LvS(t)=S(t_0)+\int_{t_0}^{t}rateS(t)\mathrm{d}t \tag{3-3}$$

$LvS(t)$是 t 时刻积累变量值，$rateS(t)$是该积累变量变化的速率。式(3-3)

也可以表达成微分方程形式：

$$\frac{\mathrm{d}(Stock)}{\mathrm{d}t} = Inflow(t) - Outflow(t) \tag{3-4}$$

5. 反馈系统的变化趋势

在一阶正反馈系统的影响下，反馈系统由于受到变量自身的正反馈作用，不断地加剧该变量的增长或减少趋势，其变化通常表现出指数型增长曲线，如图3－7a所示。负反馈系统的特点是其跟随目标的特性（王其藩，2009），例如自调节、自控制、自均衡、自适应等均隐含的存在趋向目标的负反馈结构。负反馈系统行为的模型可能出现图 3－7b 所示形状。两类反馈结合起来，形成了系统千变万化的表达形式。例如图 3－7c 中 S 形增长就是颇具典型的一类系统行为，其中前半程是正反馈起主导作用，体现为指数增长过程；后半程则是负反馈起主导作用，体现了渐进增长过程。表 3－2 总结了本书所使用的系统动力学建模与分析的图形表达工具以及含义。

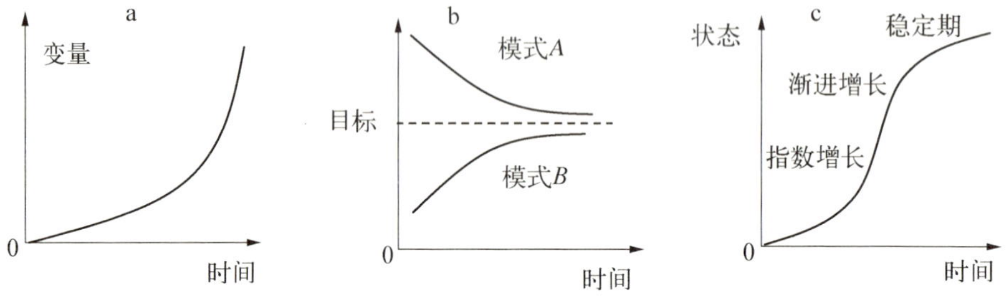

图 3－7　负反馈影响下系统行为

(a) 指数增长；(b) 目标趋向；(c) S 曲线增长

表 3－2　系统动力学建模与分析工具及其注释

关系性质	图形与符号		含义与说明
因果关系图	因果链	A → B	变量 A 对变量 B 的影响
	正因果链	A → B (+)	变量 A 增加(减少)引起变量 B 增加(减少)
	负因果链	A → B (−)	变量 A 增加(减少)引起变量 B 减少(增加)
	延迟	A —‖→ B	变量 A 对变量 B 的影响需要经过一段时间的延迟才能发生

续　表

关系性质	图形与符号		含义与说明
关系回路	因果关系回路	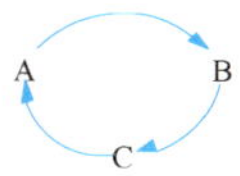	由两个或两个以上的因果链组成首尾相连的闭合回路。其特征是回路中任意一个变量的变化都将通过回路作用到其他变量
	正因果关系回路（增强回路）	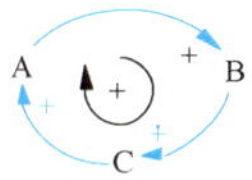	两个或两个以上的因果链组成首尾相连的闭合回路，且负因果链数目为零或偶数。其特征是回路中某一变量增加，经过回路的作用，这种变化进一步加强
	负因果关系回路（调节回路）	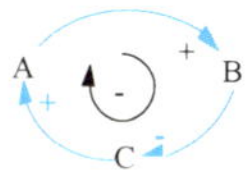	由两个或两个以上的因果链组成首尾相连的闭合回路。其特征是回路中某一变量增加，经过回路的作用，这种变化受到抑制或平衡
存量和流图	存量	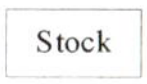	用于描述系统物质流的积累效应，表明系统的积累效应
	速率	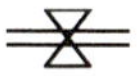	系统中积累效应变化快慢的比率变量，反映了系统变化的速度
	源点（汇点）		系统的起始点或者最终点，代表系统的外部世界
	物质流		系统的物质流
	流图	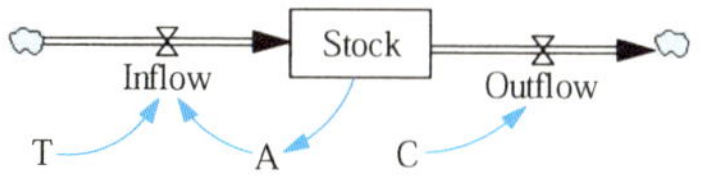	一个简单的系统流图结构。其中，T，A，C 等为系统辅助变量或常量

3.3　企业绿色化导致的差异和优势分析

3.3.1　差异分析

企业绿色化过程相当于采取战略管理中的差异性竞争战略，它具有传统建筑业企业所不具备的特征，从而为企业获取额外的价值。图 3－8 通过系统动力学的思想描述了绿色化差异性在企业中的影响作用。明显看出，绿色化差异性对企业的发展起到增强作用，从企业利润为出发点进行考虑，企业绿色差异化提升了三个方面的正反馈回路，分别是：

增强回路之一：提升绿色化企业市场份额，从而提高企业在总体建筑市场的销售收入，增加利润及企业的资产，进行下一个正循环；

增强回路之二：提升绿色化总体市场需求，在原有市场需求量的基础上进行拓展，开发新兴市场资源，创造额外市场销售和收入；

增强回路之三：增加绿色差异化产品溢价，企业通过绿色化特征和消费者喜好，定取更好的价格，赚取更多的消费者剩余，从而累积到企业资产增加过程中。

以上三个方面的影响使得绿色化作为一种差异性战略，能够使企业获取新兴的、更具优势的价值。下面分析这种差异性给建筑业企业带来的优势。

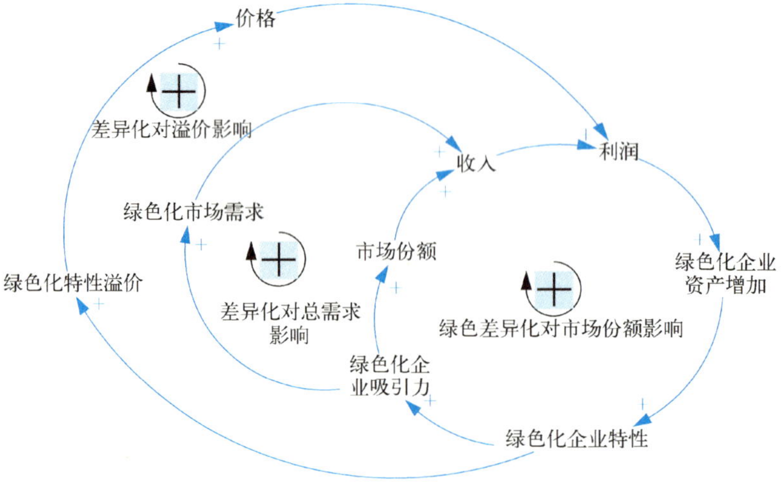

图 3-8　建筑业企业绿色化差异分析

3.3.2　优势分析

由于以上绿色化差异性的正反馈影响，企业将不得获得新兴优势，从而保持和扩大其领先优势。Sterman(2000)对企业系统动力学的研究结果表明，企业能够通过自身增长和增强循环不断加强其绿色化行为，最终使企业系统保持在较稳定的发展态势。图 3-9 反映了企业绿色化的五项持续性优势。

增强回路之一：绿色化后产生的规模经济，使得项目建设成本降低，获取更高的销售收入；

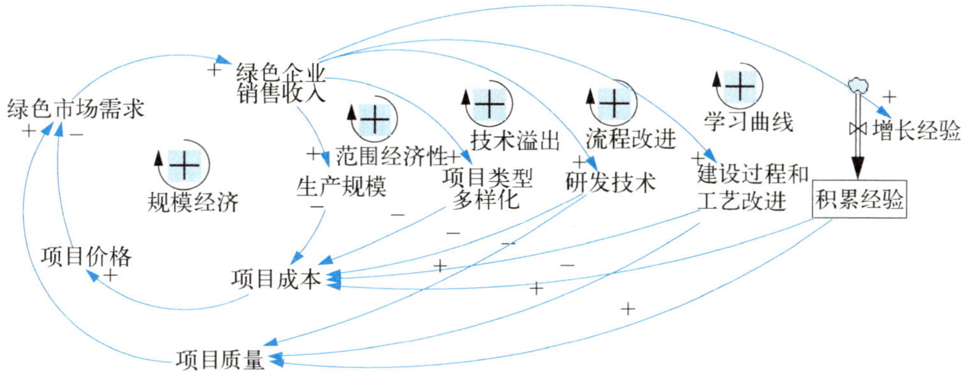

图 3-9　企业绿色化优势循环效应(Sterman, 2000)

增强回路之二：绿色化引起的范围经济性，绿色企业不仅局限在项目的绿色化，还包括其生产工艺的绿色化、施工器械的绿色化、运营管理的绿色化等全方位绿色化带来的优势；

增强回路之三：绿色化收入增加之后，绿色科技研发投资随之增大，建筑业企业的建造能力、营销能力等各方面产生的绿色化效应的技术溢出效应；

增强回路之四：绿色化之后，企业在招投标、施工建设过程中，以及运营维护工作中产生的绿色化流程改进效应；

增强回路之五：企业在绿色化过程不断积累各种绿色相关经验和教训，不断完善自身学习曲线，增强绿色知识管理能力。

以上两部分内容说明，建筑业企业绿色化的差异性能够转换为企业的持续性竞争优势，并经过不断加强和循环，最终达到相对稳定的绿色化质态。但在现实过程中，建筑企业绿色化过程远比该过程复杂，并涉及众多方面因素影响，下面分别从企业的外部宏观市场背景和内部企业价值两个角度分别进行剖析。

3.4　企业绿色化转型宏观模型

在考虑建筑业企业绿色化转型时，必须考虑企业外部宏观环境，它包括影响企业绿色化的一切外部影响因素。例如，PEST 模型考虑包括政治、经济、技术和社会（Political, Economic, Social, Technological）四大类影响因素。PESTLE 模型分析更多个方面的影响，包括政治、经济、社会、技术、法律和环境

(Political, Economic, Sociological, Technological, Legal, Environmental)六个方面。对于建筑企业的绿色化问题，本研究综合考虑了建筑业企业、建筑市场、市场需求、竞争、建筑业上下游产业链及政府管制之间的关系，它们之间的宏观系统动力学模型如图 3-10 所示。

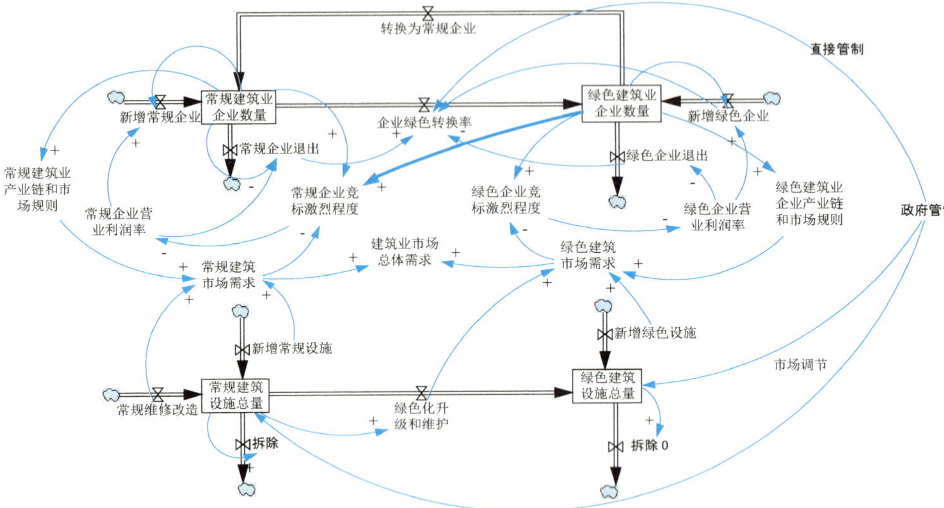

图 3-10　建筑业企业绿色化转型宏观模型

1. 绿色化对建筑业企业数量的影响

建筑业市场中的企业由两类企业构成，分别是状态变量“常规建筑业企业(Conventional Firms, CF)”和“绿色建筑业企业(Green Firms, GF)”。“常规建筑业企业”是现有建筑业企业总量的客观描述，影响因素包括“新增常规企业(New Conventional Firms, NCF)”、“常规企业的退出(Conventional Firms Quit, CFQ)”、“企业绿色化转型(Green Transformation, GT)”，以及“再次转化为常规企业(Retransform to Conventional Firms, RCF)”四个方面，其状态方程可表示为：

$$CF(t) = CF(t_0) + \int_{t_0}^{t} (NCF(t) + RCF(t) - CFQ(t) - GT(t))\mathrm{d}t \tag{3-5}$$

类似，“绿色建筑业企业”总量也受四个方面的影响，包括两个流入变量：“企业绿色化转型(Green Transformation, GT)”和“新增绿色企业(New Green Firms, NGF)”，两个流出变量：“绿色企业的退出(Green Firms Quit, GFQ)”和

"再次转化为常规企业(Retransform to Conventional Firms, RCF)"。

$$GF(t) = GF(t_0) + \int_{t_0}^{t} (NGF(t) + GT(t) - GFQ(t) - RCF(t))\mathrm{d}t \tag{3-6}$$

从建筑业市场宏观角度分析，绿色化转型的实质是整个建筑市场中常规企业的逐渐变化为绿色企业的过程。该过程受到"绿色化转换率(Green Transformation)"的控制。而"绿色化转换率"又有几个方面的因素的影响，分别是"常规企业的退出"、"绿色企业的退出"及"新增绿色企业"，可表达为：

$$GT(t) = g[CFQ(t),\ GFQ(t),\ NGF(t)] \tag{3-7}$$

若"常规企业退出率"升高，说明常规商业模型实效，鼓励更多的企业追求成绿色化，从而增加"绿色化转换率"；反之，若"绿色企业退出率"升高，说明绿色化战略选择不成功，迫使绿色化企业通过反馈回路"再次转化为常规企业"放弃绿色化，从而降低"绿色化转换率"。另外，若有更多的"新增绿色企业"，绿色企业竞争加剧，也会降低"绿色化转换率"。

2. 绿色化对建筑业市场需求的影响

在宏观建筑市场环境下，建筑市场的总体情况通过两对不同的状态变量进行表述，分别是"常规建筑设施总量(Total Conventional Buildings, TCB)"，以及"绿色建筑设施总量(Total Green Buildings, TGB)"。某一时刻这两个状态变量的数值高低表示现有建筑设施规模大小。建筑设施的范围可能包括住宅、商业办公楼、工业化建筑及其他所有和建筑业相关设施。"常规建设设施总量"受四个方面因素的影响，分别是流入变量"新增常规设施(New Conventional Facilities, NCB)"和"常规维修改造(Conventional Building Renovation, CFR)"，以及"流出变量"和"绿色化升级和维护(Green Renovation, GR)"和"常规设施拆除(Conventional Buildings Removal, CBR)"。其状态方程为：

$$TCB(t) = TCB(t_0) + \int_{t_0}^{t} (NCB(t) + CBR(t) - GR(t) - CBR(t))\mathrm{d}t \tag{3-8}$$

其中，两个流入变量"新增常规设施"和"常规维修改造"共同决定了"常规建筑市场需求(Conventional Market, CM)"，进而影响"常规企业竞标激烈程度"，引起"常规企业营业利润率"的变化，而最终导致"新增常规企业"和"常规企业推出"两者数量的变化。

同样,“绿色建筑设施总量”受到三个方面因素的影响,分别是“新增绿色设施(New Green Buildings, NGB)”、“绿色化升级和维护(Green Renovation, GR)”、“绿色设施拆除(Green Buildings Removal, GBR)”,其状态方程为:

$$TGB(t)=TGB(t_0)+\int_{t_0}^{t}(NGB(t)+GR(t)-GR(t))\mathrm{d}t \qquad (3-9)$$

其中,流入变量“绿色化升级和维护”以及“新增绿色设施(New Green Buildings, NGB)”共同决定了“绿色市场需求(Green Market, GM)”,从而导致“绿色企业竞标激烈程度”的变化,影响“绿色企业利润率”,最终导致“绿色企业退出”和“新增绿色企业”数量的变化。

“常规建筑设施总量”中可以通过“绿色化升级和维护(Green Renovation, GR)”转化成为“绿色建筑设施总量”,该绿色化升级和“常规建设设施总量”存在一定比例关系,该绿色化升级同时也增加了“绿色市场需求”。

这里需要强调一点的是,在企业竞标过程中,由于绿色企业可以进入常规建筑市场竞标,但是常规企业却不能进入绿色建筑市场。这个限制条件使得常规建筑市场的竞争越加剧烈,而绿色企业显现出了其产品和范围的经济性优势。

3. 绿色化转型需要建筑业产业链和市场规则的支持

对于具有一定基数的“常规建筑业企业”,已形成了相对完整的、自成体系的、具有一定稳定性的“常规产业链和市场规则”,而这种传统产业链又将催生新的“常规市场需求”,并最终带来“新型的常规企业”。同样,对于“绿色建筑业企业”,当其企业数量逐渐增大之后,也将形成“绿色产业链和市场规则”,从而推动“绿色市场需求”和带来更多的“绿色企业”。这两个循环都是自我增强回路,将不断加强自身网络效应。但是,就目前情况看来,两类建筑业产业链和市场结构特征相距甚远。

对于绿色建筑业而言,由于其基数小,市场规模和市场规模尚未形成,本应成为绿色产业链增强回路的尚未形成;而对于常规产业和市场,由于其“基数效应”,常规产业链和市场规则不断被放大,从而不断增大其企业数量和规模。因此,绿色企业和常规企业之间的竞争,不仅是企业个体之间的竞争,还受到包括上下游产业链、行业规则等一系列行业层面的影响。表 3-3 列举了两者之间的对比,两者在包括项目竞争、建造过程和工艺、企业追求价值等方面都存在一定差距。在“基数效应”影响下,绿色建筑业企业很难脱离旧有观念和规则的束缚。因此,绿色化需要政府的介入以及有效的干预政策(Wallace et al., 2010)。

表 3-3　常规建筑业和绿色建筑业的产业链及市场规则对比

常规建筑业产业链和市场规则	绿色建筑业产业链和市场规则
· 恶性竞争市场和最低价中标	· 经济、环境和社会效应的全寿命期综合绩效评估
· 粗放型生产和劳动密集型产业	· 清洁能源技术、绿色低碳排放要求、新型交易市场支持
· 企业利润最大化	· 企业的社会责任感
· 环境污染的外部性	· 生态环境保护及社会和谐

4. 政府对绿色化的管制

上述分析得出，建筑业企业的绿色化需要政府的正确引导和支持。图3-10中，政府政策管制的作用主要体现在两个方面：一是直接管制，该管制具有一定强制性，例如规定市场中绿色企业的比例为 30%等条例。该类管制将直接作用或改变企业“绿色化转换率”。二是通过市场调节间接管制，例如规定“新增建筑设施”都为绿色设施等，无形中增加了绿色市场需求，从而促使绿色企业数量的增长。以上两个方面都说明绿色化需要政策的干预和支持，这也是第 4、5 章研究重点。

3.5　企业绿色化转型微观模型

上节分析了绿色化对建筑市场宏观环境及绿色企业数量的影响。本节将继续通过系统动力学的方法，针对一个建筑业企业的绿色化程度进行分析。在现实中，每个企业作为市场结构中的参与主体，和市场存在着千丝万缕的联系。图 3-11 列举了企业和市场之间的几类关系。例如，建筑业企业将影响市场中交易产品的质量、价值，也会引起产品供应、销售的变化；反过来，市场也决定了企业的订单、支付及产品反馈等。企业和市场之间相互依存、相互影响。

在企业微观层面分析绿色化转型，实质是研究一个企业如何从 100%的常规企业逐渐转变成 100%绿色企业的过程。图 3-12 描述了一个企业绿色化转型过程。根据第 2 章中对企业绿色化定义，企业绿色化程度可能有以下几种含义：

① 建筑项目绿色化，例如承建 LEED 认证绿色建筑、国内绿色三星认证标准等；

② 运营绿色化，例如优化运输路径以减少能源消耗；

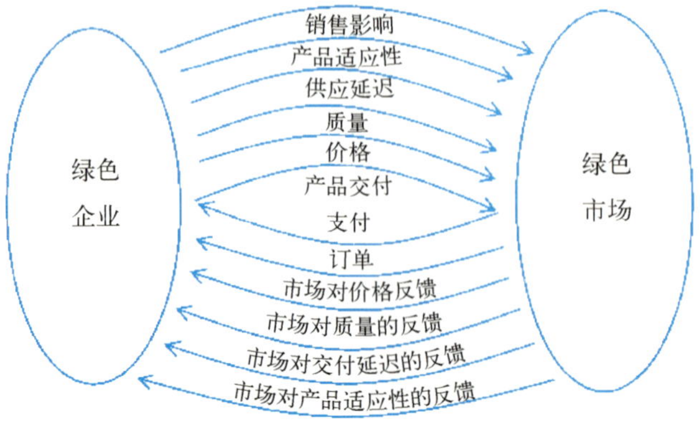

图 3-11 建筑业企业和建筑业市场的关系(Sterman，2000)

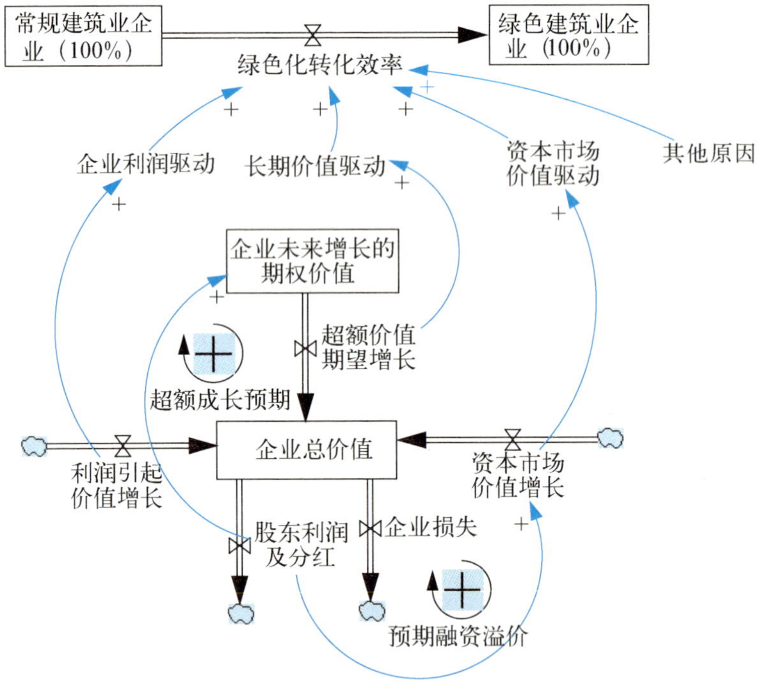

图 3-12 建筑业企业绿色化转型微观模型

③ 采购绿色化，例如购买低碳排放的施工器械；

④ 能源绿色化，例如生产和使用清洁能源；

⑤ 其他绿色化行为，例如增加企业社会责任感和员工环保意识等。

在企业层面绿色化转型过程中，最关键因素是“绿色化转化效率(Green Company Transformation，GCT)”。它受到多方面因素的影响。本研究将不同的影响归纳为几个主要方面，包括企业财务利润驱动（Profit Driven，PD）、企业长期价值驱动（Value Driven，VD）、资本市场融资价值驱动（Market Value Driven，MVD）及其他原因（Others）。本研究主要讨论前三个因素的影响。以上关系可表达为：

$$GCT(t) = g[PD(t), VD(t), MVD(t), Others] \tag{3-10}$$

从建筑业企业的角度考虑，最关心的目标是企业的总价值（Total Value），它是一个随时间变化的状态变量。企业总价值的增长来自三个方面，分别是企业财务利润的增长（value from profit）、企业预期价值的增长（long term value），以及企业资本市场的价值增长（market capitalization）。而企业价值的流出变量包括两类，分别是股东利润及分红（Shareholder Bonus and Dividend）和企业的随机损失（Accidental Loss）。企业总价值的状态方程可表达为：

$$\begin{aligned} Total\ Value(t) = Total\ Value\ (t_0) + \int_{t_0}^{t} (VFP(t) + LTV(t) \\ + MC(t) - SBD(t) - AL(t))\mathrm{d}t \end{aligned} \tag{3-11}$$

三个方面的企业总价值流入变量分别对应于三项促进绿色化转化效率的驱动因素，即“利润引起价值增长”促进“企业利润驱动”，并最终增加企业“绿色化转化效率”。同样，企业“超额价值期望增长”提升了企业的“长期价值驱动”，升高“绿色化转化效率”；“资本市场价值增长”促进了企业“资本市场价值驱动”，而提升企业“绿色化转化效率”。这表示企业绿色化转型受企业价值变化驱动，任何价值增长都将促进企业绿色化转型。这也是第 6、7 章从企业价值视角出发研究企业绿色化的重要根据。

另外，模型中还存在两个重要的反馈回路。“股东利润及分红”是企业盈利能力和股东投资回报的体现，它一方面反映了对企业价值的投资回报。“利润和分红”越高，说明企业增长和未来价值越大，企业未来价值和增长空间的折现期权值也就越高，形成一个增强反馈回路；另一方面，“股东利润和分红”越高，也说明了股东投资得到高额回报，对下一轮股票市场可能形成超额溢价融资，减少企业的融资成本，增加企业的资本市场优势。两个增强回路说明，绿色化带来的价值将不断积累正反馈循环效应，促进下一步企业绿色化转型。下面将详细讨论企业三个方面的价值增长来源和绿色化转型之间的关系。

1. 利润价值增长差异

企业“利润引起的价值增长”是企业价值增长最重要的源泉之一。它是衡量企业短期财务价值增长的重要指标。该利润增长得越多，企业就越有可能走向绿色化。影响利润的因素有很多，本书将多种因素归纳起来为两类，一类是企业股东投资收益的回报情况，它可以通过净资产收益率(ROE)来衡量；另一类是企业投资回报的增长，它代表企业基于所拥有资产盈利能力，可通过资本回报率(ROIC)来衡量。两类指标分别从企业投资资本总额以及企业股东收益的角度较全面地衡量了企业的利润收益情况(图 3-13)。

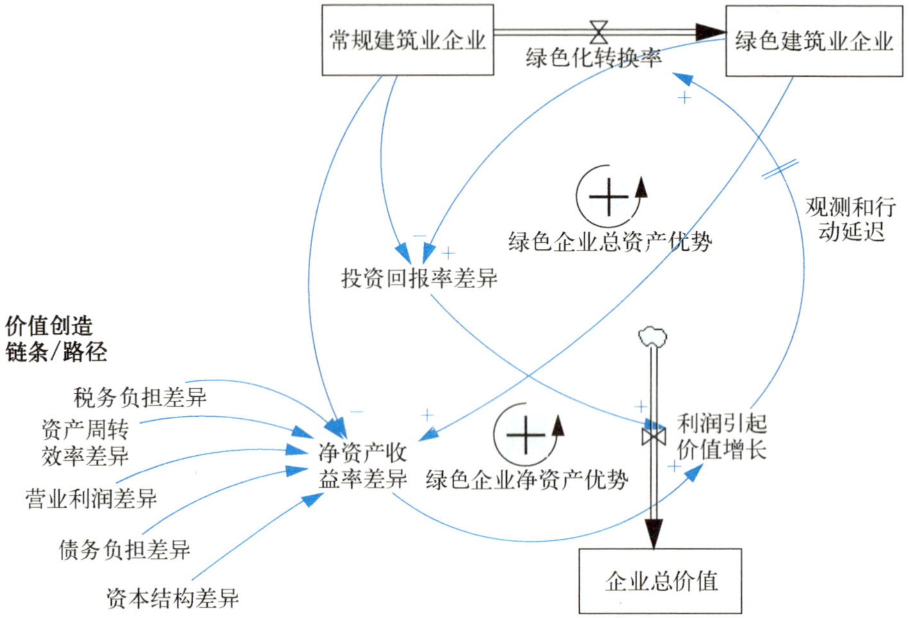

图 3-13　企业利润驱动下绿色化转型

常规企业和绿色企业之间的差异形成了“投资回报率差异”和“净资产收益率差异”。当绿色企业投资回报率增加时，扩大了两者之间的“投资回报率差异”，从而促进企业“利润引起的价值增长”，企业经过一段时间延迟后观察到其价值增长，便可能增加企业的“绿色化转化率”，该循环称为“绿色企业总资产优势”的增强回路。同理，但绿色企业的净资产收益率(股东权益收益率)增加时，“净资产收益率差异”增大，同时也增加了企业“利润引起的价值增长”，从而提升企业“绿色化转换率”，该回路称为“绿色企业的净资产优势”增强回路。应注意的是，企业的净资产收益受到多因素的影响，例如企业的税务负担、债务负担、资产周转情况、营业利润高低、资本结构等方面。具体的研究内容在第 6、7 章中进行讨论。

2. 长期价值增长差异

企业总价值增长的另一个重要源泉是“超额价值期望增长”，它来自“企业未来增长的期权价值”。“企业未来增长的期权价值”表示企业未来增长和发展的期权价值[①]。企业“超额价值期望增长”通过两个方面反映，一方面是企业的“营业收入的增长”，它体现了企业成长态势和未来成长的空间；另一方面是企业的“经济价值增量”，它体现了企业在剥除资本成本之后的超额收益价值，受到多个子因素的影响，例如股东收益、盈利能力、资本结构、资本成本、企业成长能力、资产周转能力等因素（图 3－14）。绿色企业在这两个方面的差异都可以增加企业的“超额价值期望增长”，从而获得企业的长期价值驱动，提高企业的“绿色化转换率”。这两个方面的作用也分别形成了“绿色成长优势”和“绿色经济价值增长优势”的增强回路。

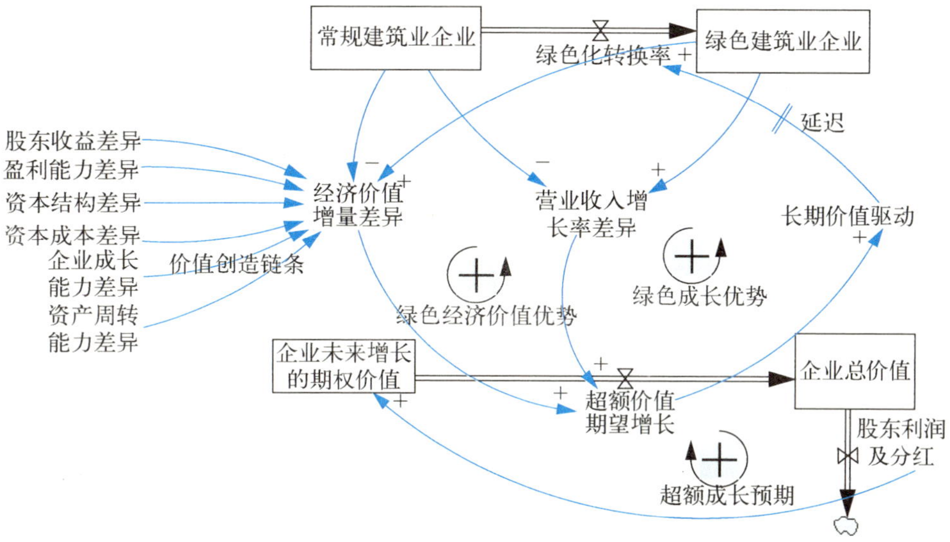

图 3－14 企业长期价值驱动下绿色化转型

需要说明的是，当企业的“股东利润及分红”增加时，意味着股东投资得到了超额回报，也就暗示企业未来增长的空间和能力，这种未来成长反映在当前就体现为“企业未来增长的期权价值”，体现了企业“超额成长预期”的能力，形成一个增强反馈回路。在增强回路作用下，企业绿色化行为将持续得到加强。

① 具体理解可参考实物期权的定义。

3. 资本市场价值差异

“资本市场价值增长”是企业总价值增长的另一个重要方面,它体现了企业从公共股票市场筹集资金的能力,也反映了投资者和多数权益股东对企业的认可程度。

“资本市场价值增长”受到很多因素影响,例如企业股票市盈率、企业市场价值、市场风险等综合因素(图 3-15)。对于绿色建筑业企业而言,高额的“股票市盈率”意味着资本市场的高估值和低融资成本,它推动了“资本市场价值增长”,从而驱动“资本市场价值”,并最终提升“绿色化转换率”。该循环体现为“绿色融资优势”的增强回路。同样,“股票其他估值差异”,例如市净率、托宾 Q 值等都有可能显示出企业的高估值和高溢价的优势,从而促进“资本市场价值增长”,并提升最终的“绿色化转化率”。因此,可通过资本市场估值差异来判断企业绿色化程度。

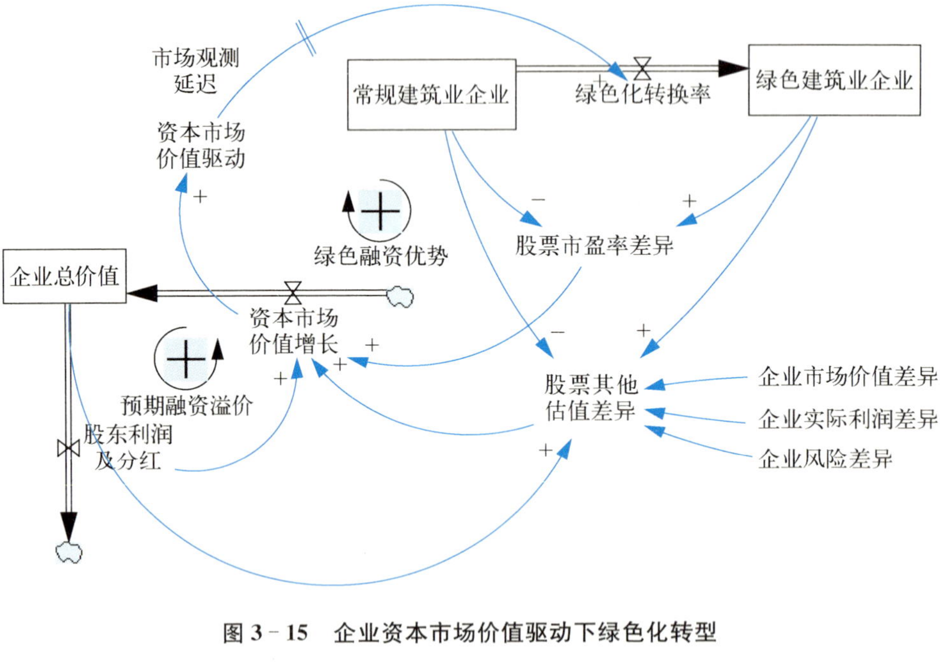

图 3-15　企业资本市场价值驱动下绿色化转型

需要强调,对于“股东利润及分红”而言,它体现了对股东投资的回报程度,该数值越高,越能吸引新兴股东的投资和下一轮更多的融资规模,因此形成了一个“预期融资溢价”的增强反馈回路,同时也促进了企业绿色化转型。

3.6 本章小结

本章首先从系统性分析的观点出发，讨论了建筑业企业绿色化转型的影响因素。再以系统动力学模型为基础，分析了建筑业企业绿色化转型可能带来的差异性优势及竞争优势。再建立了企业绿色化转型的宏观和微观系统动力学模型。在宏观模型中，讨论了绿色化对建筑市场整体企业数量的影响、对建筑业市场需求的影响、建筑企业上下产业链和市场规则的影响及政府管制四个方面。在微观模型中，首先定义了绿色化程度的意义，再分别讨论了企业财务利润增长、企业长期价值增长，以及资本市场价值增长三个方面对绿色化转型的影响。

第4章

政策管制对建筑业企业绿色化行为作用的建模

绿色化是一个系统性问题，牵涉到多学科、多部门、跨专业的知识领域。仅就政府对企业绿色化管制而言，就可能涉及温室气体排放（主要是二氧化碳）、酸雨气体排放（主要是二氧化硫和其他硫化物）、水资源使用、三废（废水、废气、废料）处理等一系列问题和诸多管制手段。因此，很难使用一个统一模型解决所有问题。

因此，本章和接下来的第 5 章内容主要将聚焦在诸多绿色化管制中最受核心的碳排放问题进行研究。选取原因有三，一是目前国际宏观环境中，气候变暖、温室气体问题日益严重，碳排放问题在工业界和学术界都得到广泛关注，研究碳排放政策管制可以提供最及时的决策支持；二是我国自从提出“节能减排”政策以来，减排问题已经正式提上议案，并成为十二五规划期间重点完成目标，研究碳排放政策管制符合国家政策的重点性和迫切性需要；三是西方部分国家已经开始实施碳排放政策管制，并已积累部分相关数据和经验，通过总结和借鉴其他国家已有经验和教训能够对我国绿色化政策管制提供科学依据。

本章主要研究背景是将碳排放政策管制作为政府绿色化管制中的一种重要手段，总结碳排放政策管制为三个主要类型（行政政策管制、经济政策管制、市场政策管制），并研究建筑业企业在不同碳排放政策管制影响下，企业在最终均衡状态下的各类行为。本章研究方法主要基于经典古诺博弈模型的基础上进行碳排放管制模型的改进，最终通过拉格朗日乘子和 KKT 条件讨论模型的可解性，从而为下一章实证分析奠定基础。

本章和后续研究内容中大量参考了美国已有实证研究结果和原始研究数据，为研究提供了重要的、科学的理论依据。

4.1　企业绿色化行为及碳排放问题

4.1.1　绿色化政策管制的内涵

1. 政策管制的经济性和法律性分析

目前，不同类型的政策制度和措施都在尽力减少建筑业对大气的污染，以及废物、废料的排放。下面分别从经济学和法律的观点解释这一现象并推导政府管制的必要性。

(1) 经济学分析

从经济学角度，政府对绿色化问题的管制实质是对市场失灵现象的管制。而造成市场失灵的根本原因，是因为建筑业企业污染所造成的外部性（也称外生性）。市场失灵是指自由市场无法有效配置产品和服务，而导致产品的数量和价格偏离帕累托最优（Pareto efficiency）状态。市场失灵也通常被用于描述当初的市场力量无法满足社会公共福利的情况。市场失灵产生的情况有四种可能（贝叶，2008）：市场势力、外部性、公共物品，以及不完全信息。

外部性（也称外生性）是指企业或个人行为直接或间接地影响他人的福利，却没有因此得到报酬或承担责任的一种经济现象。根据外部效应产生结果的好坏，外部性包括正面和负面两种。建筑业企业的活动引起的是一种负面的外部性。建筑业企业外部性是指当建筑行业活动中所排放污染和废料对全社会造成了负面的影响，但其成本并未记入市场公开价格的一种现象。外部性导致使得企业逃避了本应承担的环境成本，从而正式产量大于最优产量，最终产品市场价格低于最优价格。长期来看，外部性将催生更多的企业。图4-1中，市场需求量保持不变，图中为曲线 D。假设市场是完全竞争的，在没有考虑处理环境问题带来的外部性成本前（曲线 S），企业默认对环境进行污染而无须付出相应的成本，因此市场均衡点在 A 点，此时企业均衡价格（P^c）较低，企业的均衡产量则相对较高（Q^c）。然而，实际上企业免费进行了排污，而这个污染所造成的额外社会成本不能够通过购买者或者消费者来内部化，所以称之为外部成本（此时污染对应的成本就是 C 点对应的价格 P^e）。若企业考虑由于污染带来的社会成本，那么企业的边际成本就应该是企业内部成本和环境外部成本的垂直相加，即为曲线 S^s。这时全社会的均衡状态变成 B 点，对应的均衡价格 P^s，均衡产量为 Q^s。由此可见，正是存在外部成本，市场均衡产出水平高于社会有效产出水平，

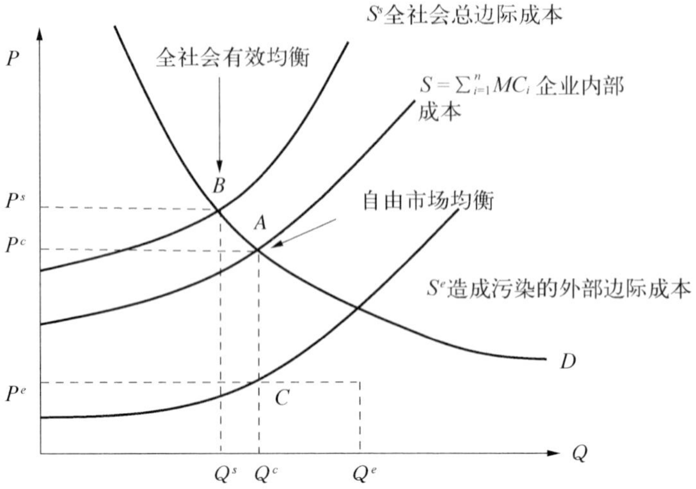

图 4-1　外部性对企业市场均衡的影响

市场均衡价格低于社会有效价格水平。换句话说，消费者以过低的价格购买了过多的产品。而企业在考虑外部性影响后，必须付出额外的成本来处理环境问题，导致企业边际成本上升，均衡产量下降。这个过程也称为企业外部性的内部化。

(2) 绿色化法律层面的探讨

从法律层面探讨，导致外部性的根本原因是缺乏对“产权”界定。企业认为有权向大气排放污染；而环保主义者却认为企业有权保持大气的清洁。因此，需要政府利用其权力制定出一系列政策措施，将企业的排污成本内部化，使企业的真实成本移动达到全社会总生产成本的水平，从而达到全社会和交易市场的有效性。

2. 绿色化政策管制的进程和发展

在国家宏观层面，绿色化和可持续发展的相关政策措施也已经引起高度重视，成为我国基本政治制度和科学发展观的一项重要体现，已经成为我国近年来社会和经济发展中的一项重要指导思想。胡锦涛同志在 2006 年、2008 年、2010 年两院院士大会不断强调，应通过绿色发展和可持续发展，使经济社会发展与自然相协调，为我国经济社会发展提供强大科技支撑。

为了解决建筑业外生性问题，越来越多的政策开始偏向于将绿色化在建筑业领域和行业的应用。政府制定了一系列合理的规范制度、经济政策、科学技术研发支持等管制措施。在规范制度层面，我国不断完善绿色技术方面标准和规范，涵盖了设计、施工、验收、运行管理等各个环节。例如上海等地还制定了绿色生态示范城区及绿色建筑等评价标准，为政策的标准起到了引导和规范作用；在经济政策方面，建设部对建筑业节能和绿色建筑方面，强化目标责任考核制度，对新建建筑执行建筑节能标准、既有建筑节能改造、可再生能源建筑推广等工作，采取签订目标协议等方式，奖罚分别，任务逐级进行分解，按年度进行考核，确保建筑节能各项目标得到落实；在科学技术研发方面，我国在“十一五”期间将建筑节能、绿色建筑、可再生能源建筑应用等列为国家科技支撑计划的重大项目（中国建筑业协会，2011）。

4.1.2　建筑业企业碳排放问题

针对建筑业中环境污染的外部性等问题，本研究选择其中最为核心、也是现阶段最迫切的碳排放污染问题进行针对性研究（原因已在本章开篇进行介绍）。这里的碳排放主要是指二氧化碳（CO_2）以及其他共同构成温室气体（Greenhouse Gas，GHG）的碳氧化物。

建筑业中的碳排放污染问题十分严重，根据美国的统计数据表明，建筑业是所有工业生产中第三大碳排放源（图 4－2）。据美国环保局（EPA）报告（US EPA，2008），仅在 2002 年，整个美国建筑业就产生了 13.1 千万吨的等量二氧化碳排放量（CO_2e）。在这些排放量中，其中 76%来自“路上（On-road）”及在“工地现场（Off-road）”建筑设备的燃料燃烧，24%来自购买的电力。这其中尚不包括建筑材料制造过程及运输过程中已经镶嵌及消耗的大量碳排放（Frey et al.，2010；Horvath，2004）。例如，每年水泥的制造就产生了约 7 700 万吨的等量二氧化碳排放（Hanle，2004）。建筑业每年消耗全美 16%的钢铁产量（Schipper，2006），这相当于 200 万吨的等量二氧化碳排放（US Geological Survey，2002）。

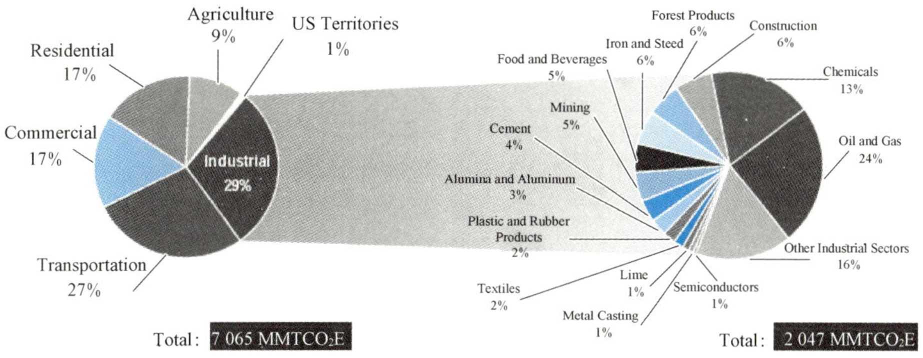

图 4－2　美国碳排放污染分解结构（左边为 2002 年美国温室气体排放来源，其中工业占 29%；右边为 2002 年美国工业温室气体排放来源，其中建筑业占 6%）（US EPA，2008）

根据卡麦积梅隆大学绿色设计研究所(Green Design Institute at Carnegie Mellon University)的一项报告指出(Hendrickson & Horvath, 2000),将所有和建筑业直接和间接消耗的相关产业排量相加,建筑业每年碳排放总量高达4.7亿吨等量二氧化碳,约占整个美国碳排放总量的6.8%。除此之外,若考虑全寿命期碳排放理论,将物业运营和物业管理中消耗的碳排放计算在内(Hendrickson et al., 1998),2002年建筑物在运营过程中所消耗的总体二氧化碳占全美碳排放总量的38%(DOE, 2005)。

各类研究报告对建筑业的碳排放数据如表4-1所示。尽管不同国家可能使用不同的碳排放测量手段和计算方法,这个比例对大多数其他发达国家和发展中国家也几乎适用(Yan et al., 2010; Acquaye & Duffy, 2010; Esin, 2007)。我国暂时还没有类似建筑业碳排放测量和研究的细致工作,但根据我国建筑业占GDP的比例,我国建筑业碳排放水平也不容乐观。

表4-1 建筑业中二氧化碳排放量

分　　类	年份	温室气体排放($MMTCO_2e$)	占美国总排放的比例	数据来源
建筑工地 燃料燃烧 消耗电力	2002	131① 100 31	1.7%	US EPA
产业链上游——材料生产	—	—	—	—
水泥 燃烧引起的二氧化碳 水泥制造过程引起二氧化碳	2001	76.9② 35.5 41.4	1.1%	EIA
钢铁	2002	20.2③	0.3%	EIA, USGS
石灰石	2006	19.6	0.3%	EIA
全寿命期建筑业	2002	498④	7.2%	CMU-GDI
整个建筑业	2002	2 236	32.2%	DOE

注:来源包括①(US EPA, 2008);②(Hanle, 2004);③(US Geological Survey, 2002);④(Hendrickson & Horvath, 2000)。

4.2 政策管制的基本模式

正是由于碳排放问题的日益严重,政府对碳排放的管制也逐渐增强,全球都开始采取积极行动减少碳排放以免对日益严重的全球气候变暖。表 4 - 2 列举了 2009 年在丹麦首都哥本哈根举行的第 15 届联合国气候变化大会(COP15)后主要缔约国碳减排承诺。

表 4 - 2　第 15 届联合国气候比变化大会后主要缔约国碳减排承诺

国　　家		排　　放　　目　　标
发达国家	美国	在国际气候协议基础上,在 2020 年前减少 17%的碳排放(以 2005 年排放水平为基准)
	欧盟	无条件在 1990 年基础上减少 20%
	英国	2020 年前减少 34%;2050 年前减少 80%。其中,2016 年前所有新建住宅达到零排放;2020 年前所有新建建筑物达到零排放
	澳大利亚	无条件地在 2020 年前减少 5%(以 2000 年排放水平为基准)
	加拿大	在 2020 年前减少 20%(以 2006 年排放水平为基准)
	日本	在 2020 年前减少 25%(以 1990 年排放水平为基准)
发展中国家	中国	在 2020 年前减少 40%～45%的碳排放强度(以 2005 年排放水平为基准)
	印度	在 2020 年前减少 20%～25%的碳排放强度(以 2005 年排放水平为基准)
	巴西	在 2020 年前减少正常商业情况下排放的 38%～42%

建筑业碳排放源主要分为两类：移动碳排放源(例如施工车辆)和固定碳排放源(例如施工现场设备)。越来越多国家政府意识并着手开始管制碳排放,同时很多建筑业规范化管理机构开始研究和发布绿色环保的新型建筑和能源规范。同时,政策管制标准也变得越来越严格，许多国家和地区已经开始试点采取清洁能源标准和规范来实现建筑业绿色化。以美国为例,美国联邦和州政府已经开始采取一系列碳排放政策管制行动。美国国家环保局(EPA)下令全美建筑行业在 2012 年前必须在 2002 年排放基础上减少 460 万等量二氧化碳的温室气体排放(US EPA, 2006)。在 2009 年 5 月,美国总统还签署了第 13514 号总统令,要求所有联邦机构的建筑业必须在使用清洁能源和减少二氧化碳气体排放上做出示范带头作用(The White House, 2010)。更具体而言,美国加利福尼亚州通过签署了第 32 条州议案明确要求建筑业减少 2 600 万吨的等量二氧化碳排放,这相当于加州 2020 年 1.69 亿吨碳减排目标的 15%(ARB, 2008)。因此,面对如此突如其来且不断严格的碳排放政策管制,建筑业企业急需对不同类

型的碳排放政策管制有所认识，精确衡量各种减排政策的不同影响，客观评价不同绿色化政策管制的作用机制，科学制定企业未来绿色化转型道路，为企业提供战略决策支持。

本书将政府对碳排放政策管制分成以下三类，分别为行政政策管制、经济政策管制和市场政策管制方式，它们分别代表了政府在绿色化管制过程中使用的不同策略。

4.2.1 行政政策管制：碳排放强制管理标准

碳排放强制管理标准（以下简称“强制标准”）是政府严格控制建筑业企业排放的二氧化碳量，或者规定企业为达到指定排放标准（Goulder & Parry，2008）或指定环境影响标准（Johansson，2006）所必须使用的减排科技和减排技术。在建筑行业中，政府强制排放标准的形式包括：发布建筑规范许可、施工规范、设备规范、强制审计流程、强制公开碳排放量及碳排放量证书认证等方式（Koeppel & Vorsatz，2007）。例如，美国环保局（EPA）在 2010 年 11 月份最新发布的二氧化碳管制许可指导中，对大型固定碳排放源，例如发电站、炼油厂、水泥厂等设施已经开始强制其碳排放气体标准，而且提供相关建议和科技设备来降低碳排放量（Meltz，2010）。

强制标准通常由政府机构依照各种法律法规约束下强制执行。例如，美国环保局（EPA）就是依照《清洁空气法案》（*Clean Air Act*）在 2007 年 4 月的一次重大修正案的规定，在其职权范围内对二氧化碳排放和其他的温室气体排放的企业进行管制（Supreme Court of The United States，2007）（US Congress，2008）。该管制方式的优点是能够快速地达到碳排放预设减排量、操作性强。但同时，这种管制方式也饱受非议，主要原因是由于其管制方法过于严格，强制改变了市场上自由交易规则，导致需求关系的破坏，并忽视了区别对待不同的区域和不同科技，缺少灵活性，并且在管制实施过程中必须建立一个复杂的行政管理框架（Bryner，1993）（Johnson et al.，2008）。

4.2.2 经济政策管制：碳排放税收

经济型管制是政府对建筑业企业经营行为的经济型奖赏或者处罚，对于碳排放管理而言，最主要的方式是通过对企业强制征收碳排放税收（以下简称碳税）。碳税是一种对在化石燃料燃烧过程中产生碳排放征收的环境税。化石燃料包括石油、煤矿、天然气等可能在燃烧过程中向大气中排放二氧化碳和其他温室气体的物质。碳税相当于对碳基(Carbon-based)能源强制征收额外的成本，并最终促使企业和大众通过提高能源效率和转向清洁能源的方式实现减排的目标。

碳税已在世界上很多国家开始实施，例如丹麦、德国、英国、瑞典、美国的部分城市及世界上其他国家和地区(Garnaut, 2008)(Hahn, 2009)。瑞典是世界上第一个实施碳税的国家。在 1991 年，瑞典实施了二氧化碳税，税率大约为 0.25瑞典克朗每公斤(约为 35 美元每吨)；在 1997 年，该税率上涨至 0.93 瑞典克朗每公斤(约为 130 美元每吨)。该碳税征收对象是除了生物能源和泥炭之外的所有燃料(IEA, 2008)。新西兰在 2005 年实施了新币 15 元每吨等量二氧化碳碳税(约为 11 美元每吨)(Taylor, 2010)。澳大利亚实施了两年临时性的碳税政策，税率在澳元 23 每吨(约为 21 美元每吨)。加拿大英属哥伦比亚地区在 2008 年 2 月实施了约 10 加元每吨的二氧化碳碳税政策。美国科罗拉多州首府博德(Boulder, Colorado)在 2006 年通过了全美国第一个碳税法案，并在电力消耗上(电费单)收取碳税。从 2008 年 5 月开始，美国旧金山湾区也开始对高二氧化碳排放企业征收碳税。对 2 500 家企业和机构排放的二氧化碳征收每吨 4.4 美分的税率(Summer et al., 2009)。在 2010 年 5 月，美国马里兰州莫格马利郡也通过了碳税法案，并要求所有年排放超过 1 百万吨的固定碳排放源征收每吨 5 美元的碳税(Montgomery County, 2010)。由此可见，碳税已成为政府绿色化管制中主流、较为广泛使用的方式。各国家和地区碳税税率的标准有所不同，参考原则和标准包括经济环境、能源来源、供求关系等。在现有的经济条件和市场环境下，碳税税率大概从 10 美元/吨(例如加拿大英属哥伦比亚地区)到 130 美元/吨(例如瑞典)之间。

税收征收的具体形式主要分为两类：从量税和从价税。从量税是指对每一个单位出售产品征收的税收；从价税是指按照产品价格百分比征收的税收。两种税收方式对企业的产品供给产生不同的影响(图 4-3)。在图 4-3a 中，从量税使供给曲线向上平行移动，在任意一个给定产量上，价格都上升相同的数量 δ。例如，在产量为 q_0 对应的价格从 A 点上升到 A' 点，价格的增量为 $\delta=tq_1$；在产量为 q_1 对应的价格也从 B 点上升至 B' 点，增量为 $\delta=tq_2$，由于新供给曲线 S^1 随着原曲线 S^0 平行上移，因此价格增量 $\delta=tq_1=tq_2$。但在从价税影响下(图 4-3b)，由于按照价格的百分比征收，所以产品的价格越高，其税收也越多。例如，产量 q_0 对应的 M 点上升到 M' 点的过程中，价格上升 $\delta=tp_1$；而在产量 q_1 对应的 N 点到 N' 过程中，价格增量为 $\delta=tp_2$，随着价格的增加，新供给曲线 S^2 越来越

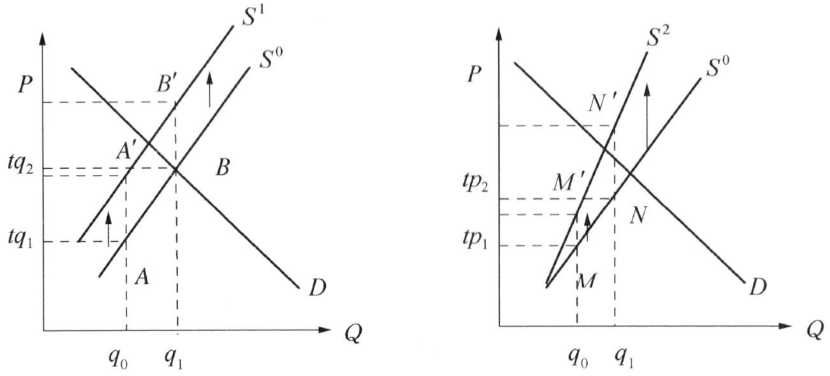

(a) 从量税　　　　(b) 从价税

图 4-3　不同碳税形式对企业供给的影响

偏离原曲线 S^0。在目前的碳税政策中，为了保证对碳排放总量的控制，大多使用从量税的方式进行征收。

研究人员发现征收碳税将增长建筑业整体的负担。Ho 等人(2008)通过普通均衡模型和输入输出模型发现，征收 10 美元每吨的碳税将使整个建筑行业的输出降低 0.32%～0.42%，利润降低 0.04%～0.4%，资产降低 0.4%，总成本上涨 0.42%～0.5%(Ho et al.，2008)。另外一个动态均衡模型也认为，每增加 1 美元每吨的碳税都将导致建筑和住宅行业的成本上涨 0.002%～0.021%(Goulder，1992)。Goulde 建立的均衡模型研究表明，若对美国建筑业征收 25 美元/吨的碳税，美国建筑企业的资产价值会损失 1.8%；如果碳税以 25 美元/吨为基数，每年增加 9%的速度增幅，企业的资产价值则会损失 2.8%(Goulder，2002)。这些研究大都是用均衡模型进行计算，这也是本研究后面选择博弈均衡模型的理论基础。但是，这些模型大都是用模拟数值或数值分析的办法，没有采用建筑业的真实数据。另外，这些研究都将分析的重点放在行业层面，不能对企业提供直接借鉴。因此，本书后续建立建筑业企业的碳排放政策管制模型弥补了以上不足，有理论上的贡献。

综上所述，税收是政府通过向企业征收一定比例的费用达到调节市场和保证社会福利的一种方式。碳税方法的优点是比较灵活，既能够对上游的制造商征收，也能够对产品最终消费者征收。碳税的灵活性也能够有效地影响公众对能耗的意识和行为。研究表明，在各类行业中，能源依赖强度较高的行业和消费者更倾向于碳税的管制(Strand，2010)，例如火电厂等。在建筑业中，碳税可以直接或者间接地改变项目全生命周期中的规定和管制环境，包括从立项开始阶段、设计阶段、建设、运营、返修和拆除阶段(Lowe, 2000)。实施碳税可以增加建筑业的能源利用效率,推动清洁能源的使用,也能鼓励技术科技创新和流程再造。但是,碳税税率必须设置在一个合理的水平,而且能够随着时间变化进行调整。碳税政策应该要既能够达到碳减排的目标,而且还要最大限度地保证不要给企业和行业带来过重的负担及实施的复杂性。

4.2.3　市场政策管制: 碳排放交易

市场化手段调节机制是指政府通过设置相关市场秩序和交易平台,间接地引导和促进建筑业企业开展绿色化的方式。对于碳排放而言,最重要的就是建立碳排放的信用体系及设置碳排放交易平台。在碳排放交易(以下简称碳交易)中,政府需制定交易市场指导原则和标准,建立一套交易机制框架,并规定行业排放限额。而市场上各企业按照既定规则,通过市场化手段进行交易和调节。而碳交易的具体媒介通过专门的交易所负责组织和完成。

具体而言,碳交易机制由政府先对企业或者组织设置一个规定时间内的碳排放上限额度,并将这种额度作为"排放量许可证"的方式进行免费发放或公开拍卖的方式发放给企业。企业在规定时间内的碳排放总量应低于或等于"许可证"上规定的二氧化碳量。如果企业希望增加额外的碳排放量,则必须从交易市场上购买其他企业未使用完的排放许可量。这种排放许可量之间的交易,即被称作碳排放交易。碳交易的价格决定于交易市场中所有企业的碳排放需求供给关系。

类似的市场交易体系已经取得一定成效。早在 1990 年,美国环保局(EPA)就开始依据《清洁空气法案》对国内二氧化硫、氧化氮及其他污染物建立了交易市场平台(US EPA, 2011)。实践证明这些交易系统比传统的强制管制方式更显高效。在 2005 年 10 月,美国环保局签署了《清洁空气洲际法案》(Clean Air Interstate Rule, CAIR)并以此证明该市场化手段取得的减排成效以及继续推广这些市场成功交易的经验。在美国,目前尽管没有全国性联邦政府主导的碳交易市场,但已有很多区域或地区碳交易市场正在发展过程中或已经开始运行,例如美国东北和亚特兰大中部地区实施的"区域温室气体行动"(Regional Greenhouse Gas Initiative, RGGI),美国西部地区实施的"西部气候协议"(Western Climate Initiative, WCI),以及中西部地区实施的中西部温室气体协议(Midwestern Greenhouse Gas Accord, MGGA)。在欧洲,欧盟排放交易机制(European Union Emissions Trading Scheme, EU ETS)是目前最大的碳交易市场。

实施碳交易同样会对建筑业利润和成本带来影响。研究表明，在2005年到2009年，欧盟排放交易市场(EU ETS)共减少碳排放约5%，但引起企业的总体经济损失(以国内经济总量计算，GDP)约为1%。另外，实施碳交易将升高企业成本，研究表明在碳交易价格为28.8美元的水平上，英国平均20个工业的成本平均增加4%(Grubb et al.，2009)。在荷兰，研究人员发现实施碳交易政策且交易价格在28.8美元每吨的情况时，建筑行业的价值将减少0.5%(Kuik & Mulder，2004)。但这些研究仍然是针对建筑业行业为对象，不能为建筑业企业绿色化决策提供支持。

总的来说，采用市场化交易手段可以有效地设置并取得所有建筑业企业的碳排放总量上限，让企业们更灵活性去选择和完成达到指定减排量的途径。长期来看，碳交易可能促使建筑市场转型，并鼓励使用节能科技，确保完成减排的目标(Stavin，2003)。但是，碳交易也有一些问题，例如人们担心碳排放及相关公共信息的透明性，以及碳排放的测量和计算方式的准确性等，这些问题都有可能导致交易市场的失灵和管制的漏洞(Spash，2010)。

除了以上三类基本管制政策之外，还有一些其他的管制手段，他们或多或少地综合或利用了上述概念。例如，由Peter Barnes提出的"上限和分红机制(cap and dividend system)"(Boyce & Riddle，2007)。这种方式对化石燃料提供商设置排放上限，使排放者交付罚金，并将所有罚金收入公平地返还到全国人民手中。这也是一种"行政加市场化"的手段，对企业管制的同时也避免了对普通家庭利益的损害。还有"经济加市场化"的减排手段，例如对所有企业设置一个排放上限，在该限制范围内，排放者可以自由交易手中的排放额度，超过该额度后，就必须按照一定的规定税率缴纳税金。这些其他管制手段可以通过以上三种最基本的管制方法进行拆分和组合，本书中不再深入研究。

4.3 企业绿色化行为博弈模型选取及基本模型

4.3.1 博弈模型选取

这章研究的主要内容是研究不同碳管制政策对建筑业企业的有效性影响和经济性评估。以往研究提出很多博弈论模型，包括纳什-古诺(Nash-Cournot model)模型(以下简称包括古诺模型)、伯川德(Bertrand model)模型和斯塔克尔伯格模型(Stackelberg model)。其中,古诺模型是一个标准的寡头竞争市场模型并且能够很好地解释市场企业的各种行为(Smale et al., 2006)。本研究将古诺模型进行了改进,并将碳管制的规定融入建筑企业的运营决策过程中。选取原因有以下两个方面:

第一,古诺模型的一个重要假定是企业生产能力受到约束,不能在短期改变。建筑业企业的生产经营基于大量的设备、资金和专业技术人员,企业承接项目的能力不能迅速提高。因此,由于产量限制,企业将在最大承接项目范围内进行价格的调整。而伯川德模型则更符合企业的生产能力和产量易于调整的情况。

第二,古诺模型作为一个经典模型,被学者广泛用于解决该类企业绿色化均衡问题(例如(Smale, 2006)),其有效性也得到普遍认可。

第三,古诺模型的基本假设条件要求统一市场生产同质产品的多个企业,而且假定双方同时定价,且企业的边际成本恒定,市场上需求是线性函数。建筑业现状基本符合该模型假设。

因此,研究选取古诺模型,并在此基础上进行改进以更好地针对具体研究问题。

4.3.2　无管制竞争市场基本博弈模型

本研究假设在建筑业市场中存在一定数量相互竞争的企业。企业之间完全竞争,几乎没有合作。为了最大化其利润,公司将产品的边际成本等同于产品的市场价格,若市场价格低于平均可变成本则不再生产。因此,任何一家企业根据市场既定价格和自身的成本因素来选择自身最优产量。市场的供求关系可用图 4-4、图 4-5 表示。

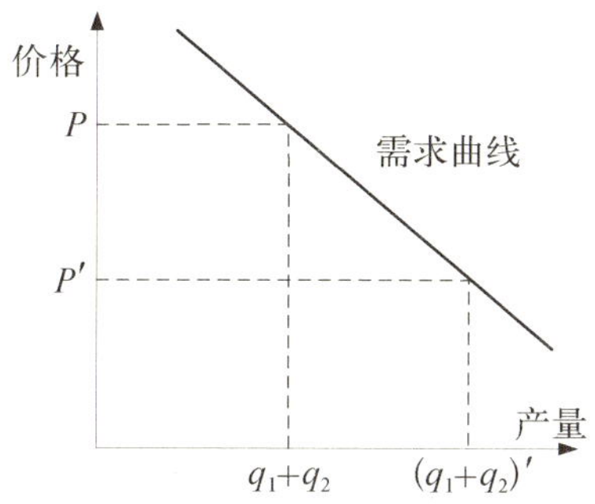

图 4-4　建筑业市场需求曲线

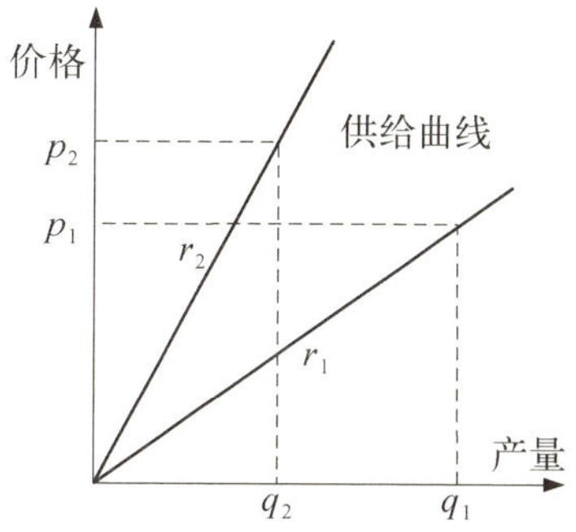

图 4-5　建筑业企业供给曲线

在没有任何碳管制情况下，任意公司 i 将会综合考虑所给定的市场价格 p_i 和企业自身建造成本 r_i，选择自身产量 q_i 来使自己利润最大化 π_i。企业利润等于总收益（p_iq_i）减去总成本（r_iq_i），该关系如下公式所示：

$$\pi_i = p_iq_i - r_iq_i \tag{4-1}$$

以上所有变量均为正数，企业 i 分别为 $i=1, 2, \cdots, m$。如第 2 章所述，企业成本包括固定成本和可变成本。这里必须指出，因为固定成本是一个常数，不会影响公式的计算和最终分析的结果，因此，这里的企业成本仅考虑可变成本。另外，如果建筑企业提供的产品或服务是无差异的，那产品的市场价格应该由整个建筑产品的总体产量决定。而在该分析中，同样也可以合理假设产品的无差异性，因为根据耶鲁大学的报告指出，目前大多数消费者常常由于价格和质量的因素而不愿意采购绿色产品（Esty & Winston, 2006）。这也说明绿色产品的需要弹性较大。由于产品价格是市场需求函数的反函数，因此，市场对建筑产品的需求函数表示如下：

$$p = p_i = f\left(\sum_{i=1}^{m} q_i\right) = f(Q) \tag{4-2}$$

式中，p 代表市场价格，Q 为整个市场的输出产量并且等于所有企业 m 输出产量总和。在完全竞争市场中，Q 比 q_i 大得多；但在寡头竞争市场中（当 $m=1$ 时），Q 等于 q_i。合并以上两个方程，将 p_i 代入 π_i，则得到企业的利润函数：

$$\pi_i = pq_i - r_iq_i = q_if(Q) - r_iq_i \tag{4-3}$$

为了达到公司最大利润，公司的最终产量 q_i^* 可通过市场整体均衡求出，即求解：

$$\mathrm{d}\pi_i/\mathrm{d}q_i = 0 \tag{4-4}$$

解出的 q_i^* 是博弈论中企业的最优战略。企业利润函数的一阶微分方程也可表达如下：

$$f(Q) + q_i\frac{df(Q)}{dq_i} - r_i = 0 \tag{4-5}$$

经典古诺博弈模型为解决企业决策提供了分析的思路和方法，但是它仅考虑了最简单的企业经营情况，没有对外界条件、相应参数进行限制，缺乏对复杂问题的描述。因此，在解决企业绿色化政策管制时需要对模型进一步改进。下面就根据建筑业及建筑业绿色化特点对模型进行改进。

4.4　政策管制下企业绿色化行为改进博弈模型

4.4.1　碳排放管制模型影响因素

碳管制政策无疑将复杂化企业运营及其市场行为。复杂性主要体现在以下三个方面：碳排放量的测量、碳排放成本（或者在排放少于许可前提进行碳交易得到的碳收益）和低碳科技（Low Carbon Technologies，LCT）投资。而这三个方面都将对企业的运营产生巨大影响。而且不同的碳排放管制政策影响都会不同。

1. 碳排放测量

碳排放测量是形成碳排放管制的基础。它主要包括项目和公司两个层面。在项目全寿命周期层面，建筑排放主要可分为三大类：建筑材料的现场制造、加工和运输，项目设计和施工，以及项目最终产品的运营阶段（ENCORD，2010）。对任意行业和类型的项目，建筑企业都应该确保碳排放的计算基于明确界定的组织边界，既可以是资本边界，也可以是财务或者运营控制边界。企业还需考虑一些特别重大碳排放源、由于化石燃料燃烧产生的直接碳排放，以及从购买电力或蒸汽中产生的间接碳排放。一类典型的做法是通过测量排放强度（也成为排放指数，emission factor）来反映建筑企业的碳排放。碳排放强度从经济活动的层面给出了描述平均碳排放使用率，例如每一百万元销售额所使用的平均碳排放。在本研究中，我们定义 e_i 为给定建筑企业 i 在某种建筑科技条件下的碳排放强度。它的测量单位是材料加工或运输过程中每单位所使用的公吨等量二氧化碳（$MtCO_2e$）①，或者建设或运营每平方英尺面积所使用的公吨等量二氧化碳（$MtCO_2e$）。

2. 碳排放成本

我们假设碳排放成本是公司实际排放二氧化碳量的线性函数（图 4－6），在考虑测量误差、排放成本和碳排放量成一定比例关系，可根据以下公式计算：

---

①　研究使用等量二氧化碳（CO_2e）作为温室气体污染源统一标准。它是指将温室气体中各类污染物转化为以二氧化碳为统一单位的排放量指标。本书中公吨和吨意义相同，可以互换。

$$h(e_i, q_i) = \theta[c * (e_i q_i) + v] \tag{4-6}$$

这里 c 表示基于建筑产量 q_i 和排放强度 e_i 而决定的实际碳排放量；v 是测量误差并服从一定的概率分布；θ 是每单位碳排放量的单位排放成本。这里讨论的是，在理想、测量非常精确的情况下，$c=1$ 并且 $v=0$，也就是说 $h(e_i, q_i)=\theta*(e_i q_i)$。

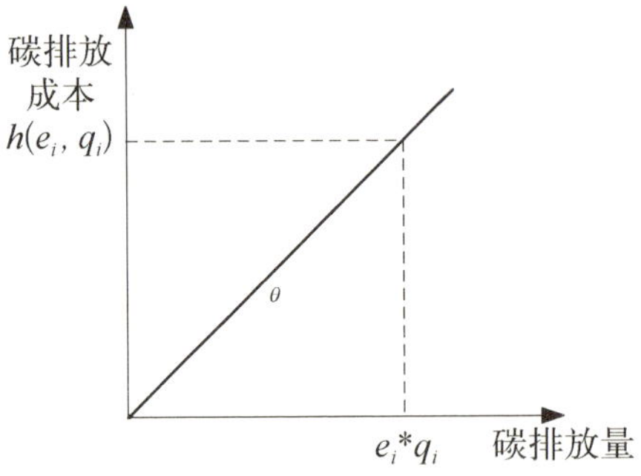

图 4－6　企业碳排放成本比例关系

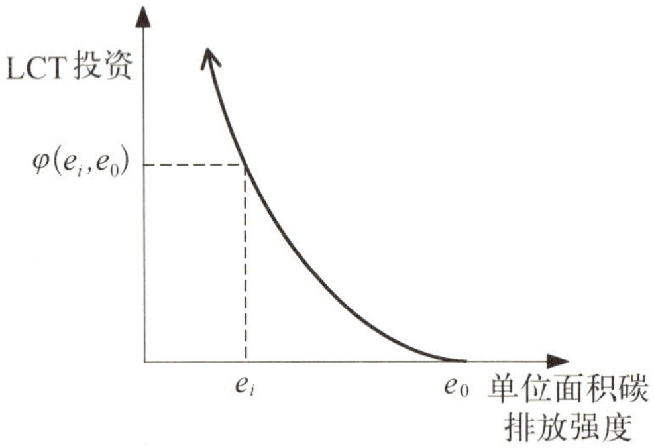

图 4－7　企业低碳科技(LCT)投资曲线

3. 低碳科技(LCT)投资

新兴科学技术是增强企业绿色化的重要基础和保障(Agyekum-Mensah, 2011)。公司可以通过增加低碳科技投资来减少单位碳排放强度。图 4－7 所示我们给定低碳科技投资函数 $\varphi(e_i, e_0)$ 可以从初始排放强度水平 e_0 降低到一个新的排放强度水平 e_i，这里满足条件 $e_0>e_i$；这里还必须说明的是，任何一类低碳投资技术都意味着可以将碳排放降低到一定范围的减排效应。因此，低成本的 LCT 对应的碳减排能力较低，高成本的 LCT 对应的减排能力较强。LCT 也服从边际效用递减原则，即 LCT 的边际投资费用随着有效性的提高而逐渐增加。或者表达成 $\frac{d\varphi}{de_i}<0$，$\frac{d^2\varphi}{de_i^2}<0$。

通过将排放成本和低碳科技投资融入企业运营决策函数中，新的企业利润最大化函数表达如下：

$$\mathrm{Max}\,\pi_i = q_i f(Q) - r_i q_i - h(e_i, q_i) - \varphi(e_i, e_0) \tag{4-7}$$

式中，$q_i f(Q)$ 是企业通过产品表达的总收入的反函数；$[r_i q_i + h(e_i, q_i) + \varphi(e_i, e_0)]$ 是企业的总成本函数(TC)。

4.4.2　行政政策管制模型

在该模型中，企业必须遵守规定的最大碳排放限额，不能超过该限额。本研究通过在模型中设定一个“大数”来达到该限定条件。如果企业碳排放超过该限额，则会被迫缴纳一笔数额非常“巨大”的罚金，导致企业利润为负数。因此，企业不会选取超过该限额。行政政策管制对企业排放低于限额的部分也没有给予任何奖励措施。行政政策管制情况下企业利润最大化的函数可表达如下分段函数：

$$\mathrm{Max}\,\pi_i = \begin{cases} q_i f(Q) - r_i q_i - \theta[c*(e_i q_i) + v - T_i] - \varphi(e_i,\ e_0),\ \text{if}\ c*(e_i q_i) + v \geqslant T_i \\ q_i f(Q) - r_i q_i - \varphi(e_i,\ e_0),\ \text{if}\ c*(e_i q_i) + v < T_i \end{cases} \tag{4-8}$$

式中，上半部分表示若企业碳排放（$c*(e_i q_i)$）超过限额（T_i），将会被多处以 $\theta[c*(e_i q_i)+v-T_i]$ 的罚款；下半部分表示企业碳排放若保持在限额以内，则只需交付常规建设成本 $r_i q_i$ 和 LCT 投资成本 $\varphi(e_i,\ e_0)$ 之和。这里 T_i 是指的强制标准下的目标排放水平。θ 是罚款数额，是一个“大数”。

上述罚款形式也可以转化为一个硬性限制条款，并重新得出强制标准下的企业利润最大化函数模型：

$$\mathrm{Max}\,\pi_i = q_i f(Q) - r_i q_i - \varphi(e_i,\ e_0)$$

$$\text{s.t.} \begin{cases} c*(e_i q_i) + v < T_i \\ q_i > 0 \\ e_0 > e_i > 0 \end{cases} \quad \text{where}\ T_i = (1-\beta)*c*(e_0 q_0) \tag{4-9}$$

目标方程表示企业利润为总收益（$q_i f(Q)$）和总成本（$r_i q_i + \varphi(e_i,\ e_0)$）之差。约束条件表示，企业碳排放需小于限额，$c*(e_i q_i)+v<T_i$；企业保持生产，其产量大于 0；企业在 LCT 改造后其单位面积碳排放强度小于改造前水平，且两者都为正数，有 $e_0>e_i>0$。其中行政政策管制目标（T_i）和企业原始排放总量呈一定比例关系，有 $T_i=(1-\beta)*c*(e_0 q_0)$。这里，$\beta$ 表示企业在强制标准规定下给定排放上限和公司初始排放水平的差额。例如 $\beta=0.2$ 表示公司必须在初始排放的基础上降低 20% 的排放量。

4.4.3 经济政策管制模型

碳税可以理解成对所有经济生产活动产生的碳排放进行征税的过程。因此,它既可以对直接产生碳排放的活动征税,也可以对能源消耗等间接产生碳排放的生产活动征税。碳税税率可以从几美元到几百美元每吨之间变动。对给定的碳税税率,公司的生产决策和利润最大化函数由以下函数决定:

$$\text{Max}\,\pi_i = q_i f(Q) - r_i q_i - \theta[c * (e_i q_i) + v] - \varphi(e_i,\ e_0)$$

$$\text{s. t.}\begin{cases} e_i,\ q_i > 0 \\ E(v) = 0 \end{cases} \tag{4-10}$$

其中,目标函数表示企业的利润等于总收益($q_i f(Q)$)减去总成本,总成本由三部分组成,分别是企业的常规建造成本 $r_i q_i$,企业碳排放造成的经济处罚 $\theta[c * (e_i q_i) + v]$,以及企业 LCT 投资成本 $\varphi(e_i,\ e_0)$。约束条件表示,企业正常生产和单位面积碳排放强度大于 0,有 $e_i,\ q_i > 0$;测量误差假设为 0,有 $E(v) = 0$。

4.4.4 市场政策管制模型

碳交易实际为建筑企业的减排行为提供了更大的灵活性以及经济的刺激。对给定的减排目标,公司既可以选择从市场上购买更多的排放指标来增加排放数量,也可以将节约下来未超过指标的碳排放量拿到市场上交易获取利润。和碳税不同的是,碳交易的价格由交易市场所决定。而在碳税中,碳价格由政府指定。因此,为达到企业利润最大化,企业将按照以下函数选择其产量和排放量。

$$\text{Max}\,\pi_i = q_i f(Q) - r_i q_i - \theta[c * (e_i q_i) + v - T_i] - \varphi(e_i,\ e_0)$$

$$\text{s. t.}\begin{cases} e_i,\ q_i > 0 \\ E(v) = 0 \\ T_i = (1-\beta) * c * (e_0 q_0) \end{cases} \tag{4-11}$$

其中,目标方程的意义同经济政策管制类似,所不同的是,企业碳排放成本为碳交易价格 θ 和碳交易数量 $[c * (e_i q_i) + v] - T_i$ 之间的乘积。约束条件中前两项也类似于经济政策管制,第三项(T_i)是目标排放水平,通常情况由政府或排放交易机构确定,它与企业原始碳排放总量呈一定比例。另外,假设误差为 0 时,$c=1$。

表 4-3 提供了本章建模过程中所用到的符号和注释。

表 4-3　本章建模使用符号及注释

符　号	单　位	定　义
i	—	任意建筑业企业 $i = 1, 2, \cdots, m$
q_i	Million sq ft	企业 i 产出的建筑面积
Q	Million sq ft	整个建筑业产出的建筑面积(为所有 q_i 的总和)
p	\$/sq ft	建筑项目(或服务)的市场均衡价格
π_i	\$	建筑业企业 i 的利润
r_i	\$/sq ft	建筑企业 i 的单位面积建造成本
e_i	$MtCO_2$/sq ft	企业 i 在使用某种低碳科技改造后的单位面积碳排放强度
e_0	$MtCO_2$/sq ft	企业最初的单位面积碳排放强度
θ	\$/$MtCO_2$	碳排放的价格或罚金(在碳税情况下,为碳税率;在碳交易情况下,为碳交易市场公开价格)
T_i	$MtCO_2$	企业 i 的碳排放限额总量
β	—	碳排放减排目标(Carbon Emission Reduction Target, CERT)
c	—	碳排放测量的有效系数
v	$MtCO_2$	碳排放测量误差
$f(Q)$	\$	建筑业市场需求函数
$h(e_i, q_i)$	\$	碳排放成本函数(在碳税情况下,为碳税罚金;在碳交易情况下,为碳交易金额)
$\varphi(e_i, e_0)$	\$	低碳科技投资函数
s_i	—	松弛变量(slack variables)
λ_i	—	拉格朗日乘子
TC	\$	建筑企业的总成本
$MtCO_2$	—	一公吨二氧化碳排放
\$	—	美元
sq ft	—	平方英尺
Million sq ft	—	百万平方英尺

4.5　政策管制模型解析

由于上一节中的三个模型都是非线性模型并可能存在一些局部最优解。因此，解决该类约束问题函数极大值的必要条件可以通过拉格朗日乘式进行判断。

4.5.1 行政政策管制模型解析

对行政政策管制模型(式 4-8)，本书先对约束条件使用一个松弛变量(slack variables)s_i，并建立拉格朗日函数如下。

$$L(e_i, q_i, s_i, \lambda_i) = [q_i f(Q) - r_i q_i - \varphi(e_i, e_0)] + \lambda_1[c*(e_i q_i) - T_i + s_1^2] + \lambda_2[-q_i + s_2^2] + \lambda_3[e_i - e_0 + s_3^2] + \lambda_4[-e_i + s_4^2] \tag{4-12}$$

式中，λ_i 是未知的拉格朗日乘子。通过使用拉格朗日函数分别对 e_i，q_i，s_i，λ_i 求偏微分方程，并同时使用互补性松弛变量(complementary slackness)。可得到如下所示的卡罗需-库恩-塔克条件(Karush-Kuhn-Tucker, KKT)来判断约束条件的极值点。当有效的约束数量(active constraints)和决策变量相等时，便可以求出最优解(Gabriel et al.，2005)。

$$\begin{cases} \dfrac{\partial L}{\partial q_i} = \left[f(Q) + q_i \dfrac{\mathrm{d}f(Q)}{\mathrm{d}q_i} - r_i\right] + \lambda_1 c e_i - \lambda_2 = 0 \\ \dfrac{\partial L}{\partial e_i} = \dfrac{\partial \varphi}{\partial e_i} + \lambda_1 c q_i + \lambda_3 - \lambda_4 = 0 \\ \dfrac{\partial L}{\partial s_i} = 0, \dfrac{\partial L}{\partial \lambda_i} = 0 \end{cases} \tag{4-13}$$

上式中，如果拉格朗日乘子 λ_i 为 0，相应的约束条件便无效。通过计算所有的有效的约束条件，KKT 条件可以求出最优化解，分别为企业均衡状态最优产量 q_i^* 以及最优单位面积碳排放强度 e_i^*。同样的解法同样适用于经济政策管制和市场政策管制，情况如下。

4.5.2 经济政策管制模型解析

对于碳税模型(式 4-9)，建立拉格朗日函数如下：

$$L(e_i, q_i, s_i, \lambda_i) = [q_i f(Q) - r_i q_i - \theta[c*(e_i q_i) + v] - \varphi(e_i, e_0)] + \lambda_1[-e_i + s_1^2] + \lambda_2[-q_i + s_2^2] + \lambda_3[E(v)] \tag{4-14}$$

上式分别对 e_i，q_i，s_i，λ_i 求偏微分方程，即可求解经济政策管制均衡状态下企业最优产量 q_i^* 以及最优单位面积碳排放强度 e_i^*：

$$\begin{cases} \dfrac{\partial L}{\partial q_i} = \left[f(Q) + q_i \dfrac{\mathrm{d} f(Q)}{\mathrm{d} q_i} - \theta c e_i\right] - \lambda_2 = 0 \\ \dfrac{\partial L}{\partial e_i} = \left[-\theta c q_i - \dfrac{\partial \varphi}{\partial e_i}\right] - \lambda_1 = 0 \\ \dfrac{\partial L}{\partial s_i} = 0,\ \dfrac{\partial L}{\partial \lambda_i} = 0 \end{cases} \tag{4-15}$$

4.5.3　市场政策管制模型解析

对于碳交易模型(上式 4－10),建立拉格朗日函数如下:

$$\begin{aligned} L(e_i,\ q_i,\ s_i,\ \lambda_i) = & [q_i f(Q) - r_i q_i - \theta[c * (e_i q_i) + v - T_i] - \varphi(e_i,\ e_0)] \\ & + \lambda_1[-e_i + s_1^2] + \lambda_2[-q_i + s_2^2] + \lambda_3[E(v)] \\ & + \lambda_4[T_i - (1-\beta) * c * (e_0 q_0)] \end{aligned} \tag{4-16}$$

上式分别对 e_i, q_i, s_i, λ_i 求偏微分方程,即可求解市场政策管制均衡状态企业最优产量 q_i^* 以及最优单位面积碳排放强度 e_i^*:

$$\begin{cases} \dfrac{\partial L}{\partial q_i} = \left[f(Q) + q_i \dfrac{\mathrm{d} f(Q)}{\mathrm{d} q_i} - \theta c e_i\right] - \lambda_2 = 0 \\ \dfrac{\partial L}{\partial e_i} = \left[-\theta c q_i - \dfrac{\partial \varphi}{\partial e_i}\right] - \lambda_1 = 0 \\ \dfrac{\partial L}{\partial s_i} = 0,\ \dfrac{\partial L}{\partial \lambda_i} = 0 \end{cases} \tag{4-17}$$

4.5.4　企业绿色化行为解析

在求解出建筑企业产量q_i^* 和单位面积排放 e_i^* 后,便可开始分析建筑企业绿色化相关问题。

本书将企业的绿色化行为分解成以下几个方面:

① 企业绿色化程度,建筑业企业低碳科技投入资金占总成本比例 $\left[\dfrac{\varphi(e_i,\ e_0)}{LTC}\right] * 100\%$;

② 企业绿色化环境绩效,建筑业企业单位面积碳排放量 e_i;

③ 企业绿色化产能及市场份额的影响;

④ 企业绿色化的运营状况,包括产品的市场均衡销售价格($p = f(Q)$)、企

业总收益($q_i f(Q)$)和利润(π_i)等指标;

⑤ 绿色化政策的有效性,对比政策管制规定的目标减排量与实践真实减排量之间的关系。

4.6 本章小结

本章主要针对建筑业企业绿色化中的碳排放管制问题进行研究。首先讨论了绿色化问题的经济学根源和建筑业企业环境污染的外部性原理,对现有建筑业中碳排放污染背景和政策管制进行总结,并将管制手段分成行政政策、经济政策、市场政策三类,通过改进的古诺博弈模型分别对三类管制政策建立了均衡模型,在博弈模型考虑了企业的碳排放测度、碳排放成本、LCT 投资等复杂性因素,并最终建立模型,最后通过拉格朗日乘数和 KKT 条件讨论了该博弈模型的可解性,为下一章模型的实证研究奠定了基础。

第5章 政策管制对建筑业企业绿色化行为作用的实证分析

5.1 数据收集和处理

建筑业中包括民用住宅、商业办公楼宇、工业设施、综合用途(酒店旅游)等多种细分市场,各类市场中的建筑业企业特征也有所不同。试图用一个模型来模拟和解释所有不同类型的建筑业企业并不现实。因此,本书选取一个最具有代表性的建筑业细分市场进行研究。经过仔细分析和对比之后,本书最终有针对地选择2002—2008年间美国新建独栋家庭住宅(single family houses)建造市场进行实证分析研究。选取该细分市场有以下三个原因:一是该市场的数据量比较完整、全面,可充分满足模样验算和实证研究的需要;二是该细分市场代表了美国民用住宅市场80%以上的价值量,具备充分的代表性和说明性;三是该细分市场较为成熟和稳定,变化幅度相对较小。即使遭遇2009年金融危机,由于市场存量影响,仍有一到两年的缓冲期,数据较为平稳。

建筑业行业数据收集来自2002—2008年间的美国人口普查局数据库(US census database)、总统年度经济报告(President's Economy Report)、自愿碳交易市场、政府间气候变化委员会(IPCC)和其他住宅建设市场的相关数据库等。

5.1.1 建筑业市场及需求

1. 建筑业细分市场

在2008年,美国所有新建建筑总价值量为10 721亿美元,其中住宅类建筑工程总价值为2 299千亿美元(The White House, 2010),约占其中总量的21.4%。住宅类建筑中又分为独栋家庭住宅、连体住宅、公寓等形式,其中独立家庭住宅的比例在过去三年中平均每年价值量为 1 680 亿美元，约占民用住宅建筑价值量 73%（US Census Bureau，2010）。由此可见，独立住宅市场充分代表了住宅市场的大部分价值量，作为本实证研究的对象，能够反映住宅行业的基本特征。2002—2008 年间独栋家庭住宅的基本情况和趋势如图 5－1 所示。2002—2008 年间独栋住宅的原始数据（包括每平方英尺单价、总价及数量）参见附录 A1。

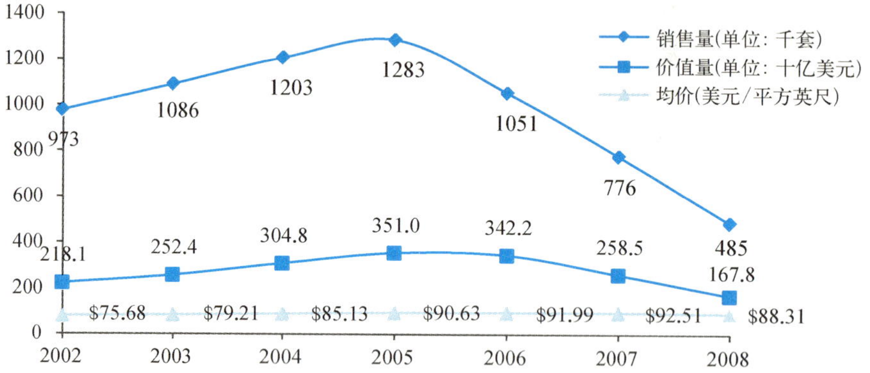

图 5－1　美国 2002—2008 年间独栋住宅总体销售量、价值量及销售均价

2. 市场需求函数

在选取具体细分市场后，可根据该市场内成交的房屋销售单价和销售量之间的关系求出市场需求函数 $f(Q)$。表 5－1 列出了 2002—2008 年度不同价格区间内的独栋房屋销售量（US Census Bureau，2010）。每年具体原始数据和回归方程可参见附录 A2。

通过线性回归，得到市场需求函数 $f(Q)$ 如下，回归散点图见图 5－2，回归显著程度合理 ($R^2 = 0.52$)，可以代表市场的基本情况。

$$p = 190.86 - 4.8812 * 10^{(-8)} * \sum q_i \quad (R^2 = 0.52) \tag{5-1}$$

表 5－1　美国 2002—2008 年间独栋住宅销售量分析　（单位：千栋）

年份	总数	销售总价						
		低于 \$125 000	\$125 000～\$149 999	\$150 000～\$199 999	\$200 000～\$249 999	\$250 000～\$299 999	\$300 000～\$499 999	\$500 000 以上
2002	973	157	138	237	139	107	153	43
2003	1 086	150	146	264	148	112	197	68

续　表

年份	总数	销售总价						
		低于 \$125 000	\$125 000 ～ \$149 999	\$150 000 ～ \$199 999	\$200 000 ～ \$249 999	\$250 000 ～ \$299 999	\$300 000 ～ \$499 999	\$500 000 以上
2004	1 203	133	137	254	181	131	255	113
2005	1 283	104	122	246	200	152	315	144
2006	1 051	64	97	208	162	138	258	123
2007	776	38	68	162	125	102	186	94
2008	482	32	46	106	86	62	103	49

注：以上数据为作者根据美国人口调查局年度公布数据整理得出(US Census Bureau，2010)。

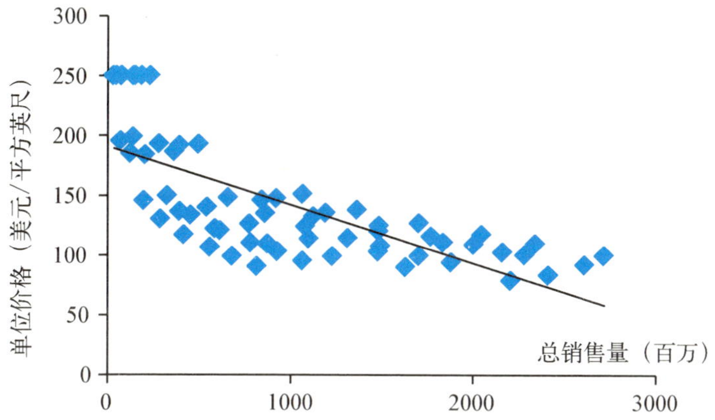

图 5－2　美国建筑业独栋住宅市场需求拟合函数

5.1.2　建筑业企业及供给

1. 企业的选取

在确定细分研究市场后，本研究选取该美国住宅建筑市场中企业(承包商)进行分析。为对比绿色化对不同承包商绿色化绩效影响，本研究考虑两个类型的企业：

① 大型承包商，这类承包商可能是全国性企业，服务范围较广、服务类型较全，具有规模优势和经济型效益；

② 小型承包商，服务于某个局部地区或者某个专业领域，具有较强的灵活性。

接下来，将第 4 章中建立的有限多个建筑企业竞争模型修改成为两个承包商组成下的市场竞争模型进行计算。

2. 企业建造成本

住宅建造成本存在很大差别。大多数美国的住宅成本都在 80～120 美元/平方英尺的范围之间(Welton, 2011)。根据美国全国住宅建造协会(NAHB)的调查问卷资料显示，独栋家庭住宅的平均成本为 82 美元/平方英尺(Emrath, 2010)。但在这其中包括了很多杂费，表 5 - 2 列举出了独栋住宅的售价构成比例分解图。可以计算出，建设成本所占比例约为 70%。因此，本书对承包商建造成本的取值为 50～60 美元/平方英尺之间。

表 5 - 2　美国 1995—2009 年间独栋住宅销售价格构成分析

	1995	1998	2002	2004	2007	2009
1. 场地平整费用	24.4%	23.6%	23.5%	26.0%	24.5%	20.3%
2. 总建设成本	53.3%	54.8%	50.8%	51.7%	48.1%	58.9%
3. 融资成本	2.0%	1.9%	2.1%	1.8%	2.4%	1.7%
4. 管理费用和杂费	5.8%	5.7%	5.5%	5.8%	7.0%	5.4%
5. 营销成本	2.2%	1.4%	2.4%	1.9%	2.5%	1.4%
6. 销售提成	3.3%	3.4%	3.7%	3.0%	4.3%	3.4%
7. 利润	9.1%	9.2%	12.0%	9.8%	11.2%	8.9%

数据来源：NAHB 1995—2009 年建筑成本调查问卷(Emrath, 2010)。

对于两类承包商，成本也有所不同。根据已有文献结果，大型承包商由于其规模效应优势，其单位面积的成本较低，为每平方建造成本 50 美元/平方英尺；小型承包商建造成本稍高，约为 60 美元/平方英尺。

3. 企业低碳减排科技成本

根据已有文献对建筑业低碳减排技术的应用(US EPA, 2003)(SMAQMD, 2007)(Bordenaro, 2006)，本研究将企业 LCT 投资量和单位面积排放之间的关系通过下式表示。其中，参数 k 随使用不同 LCT 而变化，k 值的变化范围为 $k \in (7 * 10^{10}, 5 * 10^{13})$。

$$\varphi(e_i, e_0) = k * (e_0 - e_i)^2, \ k \in (7 * 10^{10}, 5 * 10^{13}) \tag{5-2}$$

5.1.3　碳排放数据收集

在计算单位面积碳排放前，首先需要明确独栋住宅的平均面积大小。研究发现选取中位数比平均数更能体现住宅市场的规律，能够避免数据的上下大幅波动(UN-Habitat，2010)。根据美国人口调查据资料显示，独栋住宅的单位面积的中位数和平均数如表 5－3 所示(单位：平方英尺)(US Census Bureau，2010)。本研究采取 2002—2008 年中位数的平均值 2 196 平方英尺作为最终独栋住宅(2 层)的单位面积。

表 5－3　美国 2002—2008 年间独栋住宅面积分析

(单位：平方英尺)

年　份	2002	2003	2004	2005	2006	2007	2008
中位数	2 134	2 125	2 169	2 235	2 237	2 235	2 234
均　值	2 301	2 315	2 366	2 414	2 456	2 479	2 473

注：作者整理自(US Census Bureau，2010)。

在计算单位面积碳排放时，本研究采用网路专业版碳排放计算软件 Build Carbon Neutral (2010)，计算时所取平均面积为 2 196 平方英尺，其他使用参数如下图 5－3 所示。

计算最终结果为：每栋住宅的碳排放量为 69 $MtCO_2$。因此，平均每平方英尺的碳排放为 0.031 3 吨/平方英尺。

Building size
Total Square Feet: 2196
Stories Above Ground: 2
Stories Below Ground: 1
Primary
Structural System Above Ground: mixed
Site
Ecoregion: Eastern temperate forest
Predominant Existing Vegetation: Short Grass or Lawn
Predominant Installed Vegetation: Short Grass or Lawn
Landscape Disturbed (SF): 0
Landscape Installed (SF): 0
Note: The calculator is accurate to about 25 %, plus or minus.

图 5－3　单位住宅碳排放量计算参数

5.1.4　碳排放定价

对于不同类型的碳排放管制政策，本研究根据其不同特征进行取值。

1. 碳税率

企业碳税率变化差别很大。政府间气候变化委员会(IPCC)在对温室气体变化进行分析时所使用的碳税预测率有三个分级,分别是 \$1/ton, \$10/ton, \$100/ton (IPCC, 2007)。另外,根据第 4 章碳税部分所述,目前世界上已经实施碳税的国家和地区,税率大都在 \$10/ton— \$30/ton 之间。因此本研究的碳税率变化幅度从 1～100 美元/吨 CO_2。

2. 碳交易市场价格

碳交易价格由芝加哥碳排放交易市场(Chicago Climate Exchange, CCX) 2004—2008 年间回归数据取得。芝加哥交易市场是美国唯一自愿、遵守温室气体协议的交易所。芝加哥交易所对自愿加入减排的机构和组织规定,从 2004 年开始,每年的碳减排量在上一年度的基础上多增加 1 个百分点。即 2004 年减少 1 个百分点,2005 年减少 2 个百分点,以此类推。

对于每个年度的碳交易平均价格,由第一个市场交易日(一般为 1 月 1 日)和年中交易日(一般为 6 月 1 日)的碳交易价格平均确定;对于每个市场交易日,再取不同年度的交易价格进行平均计算。具体每年的交易数据参见附录 A3。最终,可得到如下所示的碳交易价格和减排目标之间的关系(表 5－4)和回归方程。回归方程 $R^2=0.99$,说明该方程能够充分代表该交易市场中供给关系。

表 5－4　美国芝加哥碳排放交易市场成交价格及减排目标

年　　份	碳交易价格	碳减排目标	最终排放量
2004	0.915	1%	99%
2005	1.525	2%	98%
2006	2.82	3%	97%
2007	3.73	4%	96%
2008	4.65	5%	95%

$$\theta = 96.576 - 96.75\beta \quad (R^2 = 0.99) \tag{5-3}$$

5.1.5　模型初始化

综上所述,模型使用的初始参数参见表 5－5。

表 5-5　本章实证分析所取参数及数据来源

变　量	所取值参数	数据来源
市场需求函数	$p = 190.86 - 4.8812 * 10^{(-8)} * \sum q_i$ $(r^2 = 0.52)$	通过美国人口调查据 2002—2008 年统计数据计算
承包商成本	50—60 美元/平方英尺	通过美国住宅承包商调查结果计算(Emrath, 2010)(US Census Bureau, 2010)
典型的独栋住宅特征	2 196 平方英尺,两层楼高	美国 2002—2009 年住宅销售中位数(US Census Bureau, 2010)
碳排放量	69 吨 CO_2	网络软件计算(BuildCarbonNeutral, 2010)
单位面积碳排放强度	0.031 3 吨/平方英尺	根据排放总量和住宅单位面积计算
LCT 投资额	$\varphi(e_i, e_0) = k * (e_0 - e_i)^2$, $k \in (7 * 10^{10}, 5 * 10^{13})$	根据文献(US EPA, 2003)(SMAQMD, 2007)(Bordenaro, 2006)
碳税率	价格范围：1—100 美元/吨 CO_2	IPCC 预测报告(IPCC, 2007)
碳交易市场价格	$\theta = 96.576 - 96.75\beta$ $(R^2 = 0.99)$	通过芝加哥气候交易所 2004—2008 年数据回归

5.2　政策管制模型运算

根据上述细分建筑市场背景和研究假设，本节在第 4 章模型基础上对仅包括 2 个承包商组成竞争市场模型的改进。其中，大型承包商编号为 1，小型承包商编号为 2。改进后的模型可以通过非线性互补问题(nonlinear complementarity problem)问题进行求解。非线性互补问题是变分不等式的重要类型之一。NCP 最初由 G. B. Dantzig 和 R. W. Cottle 于 1964 年在 *Nonlinear programs with positive bounded Jacobians* 中提出。在 70 年代后，NCP 在经济学、运筹学、控制论、交通运输等领域得到了广泛的应用。典型的 NCP 问题可以表达成：存在一个函数 $F: R^n \to R^n$，在满足以下条件时求解一个 $x \in R^n$：

$$\begin{cases} F_i(x) \geqslant 0 \, \forall i \\ x_i \geqslant 0 \, \forall i \\ x_i F_i(x) = 0 \, \forall i \end{cases} \tag{5-4}$$

上式也可以表达成：

$$x_i \perp F_i(x) \geqslant 0 \, \forall i \tag{5-5}$$

经过对问题的 NCP 改进后，论文使用软件 GAMS 中的 Mixed NCP 命令进行求解。

5.2.1 行政政策管制

1. 大型承包商

大型承包商的利润最大化函数：

$$\mathrm{Max}\, \pi_1(q_1, e_1) = q_1 f(Q) - r_1 q_1 - \varphi(e_1, e_0) \tag{5-6}$$

$f(Q)$通过市场需求计算可以表达成为线性方程的形式，如 $a - b(q_1 + q_2)$。代入上式之后，可以表达为：

$$\mathrm{Max}\, \pi_1(q_1, e_1) = [q_1 * (a - b(q_1 + q_2))] - r_1 q_1 - \varphi(e_1, e_0) \tag{5-7}$$

为了优化需要，这里取最小值进行计算：

$$\mathrm{Min}\, \pi_1(q_1, e_1) = -[q_1 * (a - b(q_1 + q_2))] + r_1 q_1 + \varphi(e_1, e_0) \tag{5-8}$$

根据互补性的特质，每个非线性问题都能通过 Karush-Kuhn-Tucker (KKT)条件转变为非线性互补问题(NCP)进行求解(Gabriel et al.，2005)。

上式分别对 q_1，e_1 求导：

$$\nabla \mathrm{Min}\, \pi_1(q_1, e_1) = \begin{cases} 2bq_1 + bq_2 - a + r_1 \\ \dfrac{\mathrm{d}\varphi(e_1, e_0)}{\mathrm{d}e_1} \end{cases} \tag{5-9}$$

因此，大型承包商的 KKT 条件可以改写成为：

$$\begin{cases} \begin{pmatrix} 2bq_1 + bq_2 - a + r_1 \\ \dfrac{\mathrm{d}\varphi(e_1, e_0)}{\mathrm{d}e_1} \end{pmatrix} + \lambda_{11} \begin{pmatrix} 1 \\ 0 \end{pmatrix} + \lambda_{11} \begin{pmatrix} 1 \\ 0 \end{pmatrix} = \begin{pmatrix} 0 \\ 0 \end{pmatrix} \\ -q_1 \leqslant 0,\ \lambda_{11} \geqslant 0, \quad -q_1 * \lambda_{11} = 0 \\ -e_1 \leqslant 0,\ \lambda_{12} \geqslant 0, \quad -e_1 * \lambda_{11} = 0 \\ e_1 * q_1 < (1 - \beta) e_0 * q_0 \end{cases} \tag{5-10}$$

2. 小型承包商

对于小型承包商，其利润最大化函数可表达为：

$$\text{Max}\,\pi_2(q_2,\ e_2)=[q_2*(a-b(q_1+q_2))]-r_2q_2-\varphi(e_2,\ e_0) \quad (5-11)$$

同样，做最小化变换及其相关的 KKT 条件处理后，有：

$$\text{Min}\,\pi_2(q_2,\ e_2)=-[q_2*(a-b(q_1+q_2))]+r_2q_2+\varphi(e_2,\ e_0) \quad (5-12)$$

$$\begin{cases}\begin{pmatrix}2bq_2+bq_1-a+r_2\\ \dfrac{d\varphi(e_2,\ e_0)}{de_2}\end{pmatrix}+\lambda_{21}\begin{pmatrix}1\\0\end{pmatrix}+\lambda_{22}\begin{pmatrix}1\\0\end{pmatrix}=\begin{pmatrix}0\\0\end{pmatrix}\\ -q_2\leqslant 0,\ \lambda_{21}\geqslant 0,\quad -q_2*\lambda_{21}=0\\ -e_2\leqslant 0,\ \lambda_{21}\geqslant 0,\quad -e_2*\lambda_{22}=0\\ e_2*q_2<(1-\beta)e_0*q_0\end{cases} \quad (5-13)$$

3. GAMS 求解

得到大小两类承包商的 KKT 条件后，可以通过 NCP 来求解该问题，可表达如下：

$$0\leqslant\begin{pmatrix}q_1\\e_1\\q_2\\e_2\end{pmatrix}\perp \min\Pi\begin{pmatrix}q_1\\e_1\\q_2\\e_2\end{pmatrix}=\begin{pmatrix}2bq_1+bq_2-a+r_1\\ \dfrac{d\varphi(e_1,\ e_0)}{de_1}\\ 2bq_2+bq_1-a+r_2\\ \dfrac{d\varphi(e_2,\ e_0)}{de_2}\end{pmatrix}\geqslant 0 \quad (5-14)$$

对上式，可通过 GAMS 软件中的 NCP 功能模块求解出 $\begin{pmatrix}q_1^*\\e_1^*\\q_2^*\\e_2^*\end{pmatrix}$，即分别为大、小承包商的最优战略。

GAMS 求解代码如图 5－4 所示。该代码中设定参数为：碳排放上限为原始碳排放量的 80%，即减排目标为 20%；K 取值为 $2*10^{12}$；无政策管制条件情况下，通过模型初始值计算得出，大型承包商建筑面积为 $10.3*10^9$ 平方英尺；小型承包商建筑面积为 $8.25*10^8$ 平方英尺。

```
scalar
      alfa market demand 1/190.86/,
      beta market demand 2/0.000000048812/,
      gama1 plant 1 construction cost/50/,
      gama2 plant 2 construction cost/60/,
      e0 initial CO2 emission per thousand square feet/31.32/,
      theta1 regulation for plant 1/0.8/,
      theta2 regulation for plant 2/0.8/,
      q01 initial volumn of plant 1/1030200000/,
      q02 initial volumn of plant 2/825340000/,
      k/2000000000000/;

positive variable q1,e1,q2,e2, λ11, λ12, λ21, λ22;

equation constraint11, constraint12, constraint21, constraint22, stationarity11,
stationarity12,stationarity21,stationarity22;
stationarity11 .. 2 * beta * q1 + beta * q2 - alfa + gama1 - λ 11 + e1 * λ 12 = g = 0;
stationarity12 .. 2 * k * (e1 - e0)/1000 + q1 * λ 12 = g = 0;
stationarity21 .. 2 * beta * q2 + beta * q1 - alfa + gama2 - λ 21 + e2 * λ 22 = g = 0;
stationarity22 .. 2 * k * (e2 - e0)/1000 + q2 * λ 22 = g = 0;
constraint11 .. q1 = g = 0;
constraint12 .. - e1 * q1 + theta1 * e0 * q01 = g = 0;
constraint21 .. q2 = g = 0;
constraint22 .. - e2 * q2 + theta2 * e0 * q02 = g = 0;
model profit/stationarity11. q1, stationarity12. e1, stationarity21. q2,
stationarity22. e2, constraint11. λ 11, constraint12. λ 12, constraint21. λ 21,
constraint22. λ 22/;

solve profit using mcp;
```

图 5-4　碳排放强制标准管制下 GAMS 程序编码

5.2.2　经济政策管制

1. 大型承包商

大型承包商的利润最大化函数：

$$\text{Max}\,\pi_1(q_1, e_1) = q_1 f(Q) - r_1 q_1 - \theta[c * (e_1 q_1) + v] - \varphi(e_1, e_0) \tag{5-15}$$

$f(Q)$通过市场需求计算可以表达成为线性方程的形式，如 $a-b(q_1+q_2)$，并代入上式。另外，在标准情况下，假设测量标准化，误差为 0，$c=1$，$v=0$。因此，上式可以简化为：

$$\text{Max}\,\pi_1(q_1, e_1) = [q_1 * (a - b(q_1+q_2))] - r_1 q_1 - \theta * (e_1 q_1) - \varphi(e_1, e_0) \tag{5-16}$$

为了优化需要，这里取最小值进行计算：

$$\mathrm{Min}\,\pi_1(q_1, e_1) = -[q_1 * (a - b(q_1 + q_2))] + r_1 q_1 + \theta * (e_1 q_1) + \varphi(e_1, e_0) \tag{5-17}$$

根据互补性的特质，每个非线性问题都能通过 KKT 条件转变为非线性互补问题(NCP)进行求解。

上式分别对 q_1，e_1 求导：

$$\nabla \mathrm{Min}\,\pi_1(q_1, e_1) = \begin{cases} 2bq_1 + bq_2 - a + r_1 + \theta * e_1 \\ cq_1 + \dfrac{\mathrm{d}\varphi(e_1, e_0)}{\mathrm{d}e_1} \end{cases} \tag{5-18}$$

因此，大型承包商的 KKT 条件可以改写成为：

$$\begin{cases} \begin{pmatrix} 2bq_1 + bq_2 - a + r_1 + \theta * e_1 \\ cq_1 + \dfrac{\mathrm{d}\varphi(e_1, e_0)}{\mathrm{d}e_1} \end{pmatrix} + \lambda_{11}\begin{pmatrix}1\\0\end{pmatrix} + \lambda_{11}\begin{pmatrix}1\\0\end{pmatrix} = \begin{pmatrix}0\\0\end{pmatrix} \\ -q_1 \leqslant 0,\ \lambda_{11} \geqslant 0, \quad -q_1 * \lambda_{11} = 0 \\ -e_1 \leqslant 0,\ \lambda_{12} \geqslant 0, \quad -e_1 * \lambda_{11} = 0 \end{cases} \tag{5-19}$$

2. 小型承包商

对于小型承包商，其利润最大化函数可表达为：

$$\mathrm{Max}\,\pi_2(q_2, e_2) = [q_2 * (a - b(q_1 + q_2))] - r_2 q_2 - \theta * (e_2 q_2) - \varphi(e_2, e_0) \tag{5-20}$$

同样，做最小化变换及其相关的 KKT 条件处理后，有：

$$\mathrm{Min}\,\pi_2(q_2, e_2) = -[q_2 * (a - b(q_1 + q_2))] + r_2 q_2 + \theta * (e_2 q_2) + \varphi(e_2, e_0) \tag{5-21}$$

$$\begin{cases} \begin{pmatrix} 2bq_2 + bq_1 - a + r_2 + \theta * e_2 \\ cq_2 + \dfrac{\mathrm{d}\varphi(e_2, e_0)}{\mathrm{d}e_2} \end{pmatrix} + \lambda_{21}\begin{pmatrix}1\\0\end{pmatrix} + \lambda_{22}\begin{pmatrix}1\\0\end{pmatrix} = \begin{pmatrix}0\\0\end{pmatrix} \\ -q_2 \leqslant 0,\ \lambda_{21} \geqslant 0, \quad -q_2 * \lambda_{21} = 0 \\ -e_2 \leqslant 0,\ \lambda_{21} \geqslant 0, \quad -e_2 * \lambda_{22} = 0 \end{cases} \tag{5-22}$$

3. GAMS 求解

得到大小两类承包商的 KKT 条件后，可以通过 NCP 来求解该问题，可表达如下：

$$0 \leqslant \begin{pmatrix} q_1 \\ e_1 \\ q_2 \\ e_2 \end{pmatrix} \perp \min \Pi \begin{pmatrix} q_1 \\ e_1 \\ q_2 \\ e_2 \end{pmatrix} = \begin{pmatrix} 2bq_1 + bq_2 - a + r_1 + \theta * e_1 \\ cq_1 + \dfrac{\mathrm{d}\varphi(e_1, e_0)}{\mathrm{d}e_1} \\ 2bq_2 + bq_1 - a + r_2 + \theta * e_2 \\ cq_2 + \dfrac{\mathrm{d}\varphi(e_2, e_0)}{\mathrm{d}e_2} \end{pmatrix} \geqslant 0 \quad (5-23)$$

对上式，可通过 GAMS 软件中的 NCP 功能模块求解出 $\begin{pmatrix} q_1^* \\ e_1^* \\ q_2^* \\ e_2^* \end{pmatrix}$，即分别为大、小两类承包商的最优产量。GAMS 求解代码如图 5－5 所示。该代码中使用的参数为：碳排放的罚款金额为 22；K 取值为 $2 * 10^{12}$。

```
scalar
        alfa market demand 1/190.86/,
        beta market demand 2/0.000000048812/,
        gama1 plant 1 construction cost/50/,
        gama2 plant 2 construction cost/60/,
        theta1 penalty of CO2 emission per metric ton for plant 1/22/,
        theta2 penalty of CO2 emission per metric ton for plant 2/22/,
        e0 initial CO2 emission per thousand square feet/31.3/,
        k/2000000000000/;

positive variables
        q1 plant 1 construction volume,
        q2 plant 2 construction volume,
        e1 plant 1 per square meter CO2 emission,
        e2 plant 2 per square meter CO2 emission;

equations
        λ11 plant 1 KKT 1,
        λ12 plant 1 KKT 2,
        λ21 plant 2 KKT 1,
        λ22 plant 2 KKT 2;
        λ11 .. 2 * beta * q1 + beta * q2 - alfa + gama1 + (theta1 * e1/1000) = g = 0;
        λ12 .. theta1 * q1 + (2 * k * (e1 - e0)/1000) = g = 0;
        λ21 .. 2 * beta * q2 + beta * q1 - alfa + gama2 + (theta2 * e2/1000) = g = 0;
        λ22 .. theta2 * q2 + (2 * k * (e2 - e0)/1000) = g = 0;

model profit/λ11.q1, λ12.e1, λ21.q2, λ22.e2/;

solve profit using mcp;
```

图 5－5　碳排放税收管制下 GAMS 程序编码

5.2.3　市场政策管制

1. 大型承包商

大型承包商的利润最大化函数：

$$\mathrm{Max}\,\pi_1(q_1, e_1) = q_1 f(Q) - r_1 q_1$$
$$-\{\theta[c*(e_1q_1)+v]-[(1-\beta)*c*(e_0q_0)]\}-\varphi(e_1, e_0) \quad (5-24)$$

$f(Q)$通过市场需求计算可以表达成为线性方程的形式，如下 $a-b(q_1+q_2)$，可代入上式。另外，在标准情况下，假设测量标准化，误差为 0，$c=1$，$v=0$。因此，上式可以简化为：

$$\mathrm{Max}\,\pi_1(q_1, e_1) = [q_1*(a-b(q_1+q_2))]-r_1q_1$$
$$-[\theta*(e_1q_1)-(1-\beta)*(e_0q_0)]-\varphi(e_1, e_0)$$
$$(5-25)$$

为了优化需要，这里取最小值进行计算：

$$\mathrm{Min}\,\pi_1(q_1, e_1) = -[q_1*(a-b(q_1+q_2))]+r_1q_1$$
$$+[\theta*(e_1q_1)-(1-\beta)*(e_0q_0)]+\varphi(e_1, e_0) \quad (5-26)$$

根据互补性的特质，每个非线性问题都能通过 KKT 条件转变为非线性互补问题 NCP 进行求解。

上式分别对 q_1，e_1 求导：

$$\nabla \mathrm{Min}\,\pi_1(q_1, e_1) = \begin{cases} 2bq_1+bq_2-a+r_1+\theta*e_1 \\ cq_1+\dfrac{\mathrm{d}\varphi(e_1, e_0)}{\mathrm{d}e_1} \end{cases} \quad (5-27)$$

因此，大型承包商的 KKT 条件可以改写成为：

$$\begin{cases} \begin{pmatrix} 2bq_1+bq_2-a+r_1+\theta*e_1 \\ cq_1+\dfrac{\mathrm{d}\varphi(e_1, e_0)}{\mathrm{d}e_1} \end{pmatrix}+\lambda_{11}\begin{pmatrix}1\\0\end{pmatrix}+\lambda_{12}\begin{pmatrix}1\\0\end{pmatrix}=\begin{pmatrix}0\\0\end{pmatrix} \\ -q_1\leqslant 0,\ \lambda_{11}\geqslant 0,\quad -q_1*\lambda_{11}=0 \\ -e_1\leqslant 0,\ \lambda_{12}\geqslant 0,\quad -e_1*\lambda_{11}=0 \end{cases} \quad (5-28)$$

2. 小型承包商

对于小型承包商,其利润最大化函数可表达为:

$$\begin{aligned}\mathrm{Max}\,\pi_2(q_2,\ e_2) = &[q_2 * (a - b(q_1 + q_2))] - r_2 q_2 - \{\theta[c * (e_2 q_2) + v] \\ &- [(1-\beta) * c * (e_0 q_0)]\} - \varphi(e_2,\ e_0)\end{aligned} \tag{5-29}$$

同样,简化方程并做最小化变换及其相关的 KKT 条件处理后,有:

$$\begin{aligned}\mathrm{Min}\,\pi_2(q_2,\ e_2) = &-[q_2 * (a - b(q_1 + q_2))] + r_2 q_2 \\ &+ [\theta * (e_2 q_2) - (1-\beta) * (e_0 q_0)] + \varphi(e_2,\ e_0)\end{aligned} \tag{5-30}$$

$$\begin{cases}\begin{pmatrix}2bq_2 + bq_1 - a + r_2 + \theta * e_2 \\ cq_2 + \dfrac{\mathrm{d}\varphi(e_2,\ e_0)}{\mathrm{d}e_2}\end{pmatrix} + \lambda_{21}\begin{pmatrix}1\\0\end{pmatrix} + \lambda_{22}\begin{pmatrix}1\\0\end{pmatrix} = \begin{pmatrix}0\\0\end{pmatrix} \\ -q_2 \leqslant 0,\ \lambda_{21} \geqslant 0, \quad -q_2 * \lambda_{21} = 0 \\ -e_2 \leqslant 0,\ \lambda_{21} \geqslant 0, \quad -e_2 * \lambda_{22} = 0\end{cases} \tag{5-31}$$

3. GAMS 求解

得到大小两类承包商的 KKT 条件后,可以通过 NCP 来求解该问题,可表达如下:

$$0 \leqslant \begin{pmatrix}q_1\\e_1\\q_2\\e_2\end{pmatrix} \perp \min \Pi \begin{pmatrix}q_1\\e_1\\q_2\\e_2\end{pmatrix} = \begin{pmatrix}2bq_1 + bq_2 - a + r_1 + \theta * e_1 \\ cq_1 + \dfrac{\mathrm{d}\varphi(e_1,\ e_0)}{\mathrm{d}e_1} \\ 2bq_2 + bq_1 - a + r_2 + \theta * e_2 \\ cq_2 + \dfrac{\mathrm{d}\varphi(e_2,\ e_0)}{\mathrm{d}e_2}\end{pmatrix} \geqslant 0 \tag{5-32}$$

对上式,可通过 GAMS 软件中的 NCP 功能模块求解出 $\begin{pmatrix}q_1^*\\e_1^*\\q_2^*\\e_2^*\end{pmatrix}$,即分别为大、小两类承包商的最优战略。

GAMS 的运行程序编码如图 5-6 所示。该代码中的参数设定为:碳排放的罚款金额为 22;K 取值为 $2 * 10^{12}$;对市场减排量的规定上限为原始总排放量的 80%,即减少 20%的碳排放量。

```
scalar
       alfa market demand 1/190.86/,
       beta market demand 2/0.000000048812/,
       gama1 plant 1 construction cost/50/,
       gama2 plant 2 construction cost/60/,
       e0 initial CO2 emission per thousand square feet/31.32/,
  theta average cap for whole market/0.8/,
       k/2000000000000/;

positive variables
       q1 plant 1 construction volume,
       q2 plant 2 construction volume,
       e1 plant 1 per square meter CO2 emission,
       e2 plant 2 per square meter CO2 emission;

equations
       λ11 plant 1 KKT 1,
       λ 12 plant 1 KKT 2,
       λ 21 plant 2 KKT 1,
       λ 22 plant 2 KKT 2;
       λ 11 .. 2 * beta * q1 + beta * q2 - alfa + gama1 + (96.576 - 96.75 * theta) * e1/
  1000 = g = 0;
       λ 12 .. 2 * k * (e1 - e0)/1000 + (96.576 - 96.75 * theta) * q1 = g = 0;
  u21 .. 2 * beta * q2 + beta * q1 - alfa + gama2 + (96.576 - 96.75 * theta) * e2/1000 = g = 0;
       λ 22 .. 2 * k * (e2 - e0)/1000 + (96.576 - 96.75 * theta) * q2 = g = 0;

model profit/λ 11.q1, λ 12.e1, λ 21.q2, λ 22.e2/;

solve profit using mcp;
```

图 5-6　碳排放交易管制下 GAMS 程序编码

5.3　政策管制结果讨论

通过 GAMS 软件计算和模拟后，下面对结果进行讨论。讨论按照企业(承包商)绿色化程度、环境绩效、产能和市场份额、利润、成本、建筑业整体影响，以及管制政策建议的顺序展开。

5.3.1　企业绿色化程度分析

根据第 4 章所述，企业的绿色化程度定义为企业 LCT 投资占总成本的比例。建筑业企业(大小两类企业)在满足减排目标的前提下，会通过各种各样的技术和流程的创新来寻求利润最大化。而绿色化的重要标志就是企业对其

LCT 投资，即 LCT 投资占总成本比例。企业的这种投资行为取决于成本效用(cost effective)分析原则，企业 LCT 投资的前提是收益必须大于成本。碳管制从总体上讲将促进 LCT 在建筑行业的投资和使用。但是，LCT 投资程度和水平却受不同的碳政策、减排目标及大小两类企业的不同特点影响。在本研究中，三种不同碳管制政策影响下企业的技术投资行为(LCT 比率)及企业减排之后的碳排放强度如图 5-7 所示。

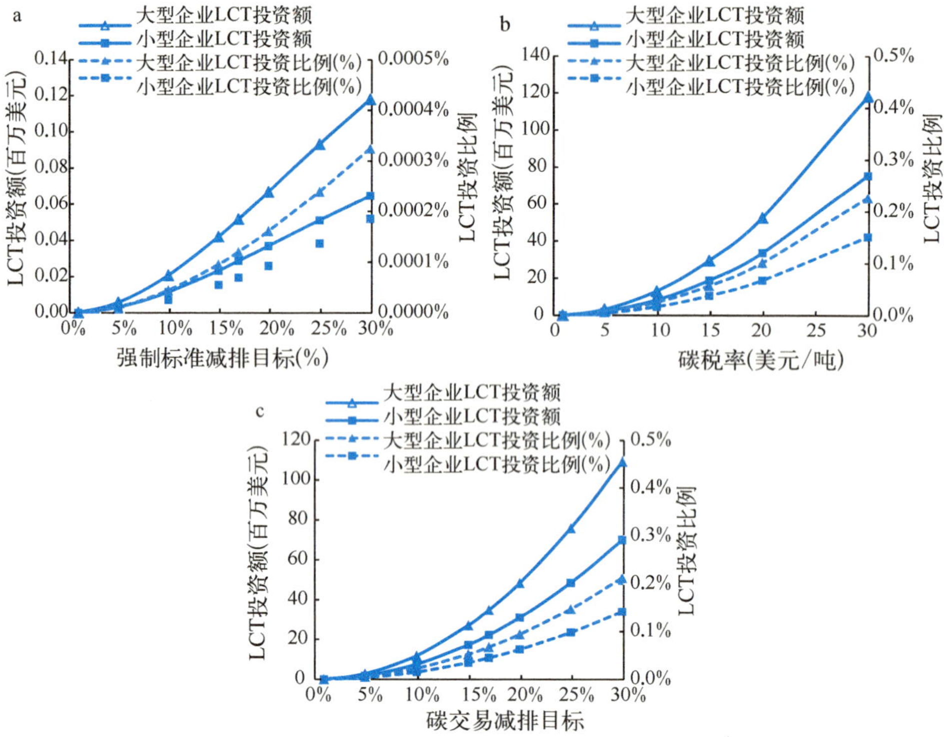

图 5-7　三类碳排放政策管制下企业 LCT 投资额及其比例

(a) 行政政策管制(强制标准)；(b) 经济政策管制(碳税)；(c) 市场政策管制(碳交易)

1. 在三类绿色化政策管制中，经济政策管制(碳税)最能有效提高建筑业企业的绿色化程度；市场管制手段(碳交易)次之；而强制行政手段(强制标准)几乎没有帮助

碳税却是最能够刺激低碳技术(LCT)投资的政策。例如，在图 5-7b 中，满足 17%的减排目标前提下①，大型和小型的企业将分别投入约 0.13%和 0.08%

① 这里采用美国 2020 年碳减排目标 17%为例。研究也可根据我国近期减排目标得出相应结论。

的总成本到 LCT 技术的创新和采用过程中，增加了企业绿色化程度。

在碳交易体制下（图 5－7c），同样在减少 17％碳排放的条件下，碳交易价格为 22.3 美元/吨，大型企业绿色化比例（LCT 投资）约占其总成本的 0.07％，小型企业绿色化（LCT 投资）比例占其总成本的 0.05％。

而强制标准政策几乎对市场参与者完全没有刺激作用，如图 5－7a 所示，两类企业几乎不会对绿色化进行投资（小于 0.000 02％）。

该结论和客观事实相符，对经济政策管制，企业为了追求最大产量和利润，更愿意通过对绿色化和低碳科技（LCT）的投资来消除碳税上升带来的成本影响；而对于市场政策管制，企业可以通过交易平台中碳排放的供需关系进行调节，为企业减排带来了一定的灵活性，同时也降低了其绿色化积极性；而对于行政政策管制，企业在降低碳排放方面没有任何激励和优惠措施，因此完全没有绿色化积极性。

2. 企业绿色化程度随着政府政策管制的严格程度而快速增长

对于三类政策都有一个共同点，随着减排目标（CERT）的不断增加，企业的绿色化程度（LCT 比例）呈指数形式上升，说明企业绿色化程度（LCT 投资量）都随着政策的严厉而不断增加，企业对低碳技术的投资和开发边际增长迅速。

3. 大型建筑业企业的绿色化程度更高，更容易绿色化转型

在三类碳排放政策管制中，大型企业都更倾向于 LCT 投资，其 LCT 投资比例均领先于小型企业。例如，如图 5－7b 所示，在碳税价格为 20 美元/吨水平时，大型企业 LCT 投资占总成本比例为 0.10％，而小型企业 LCT 比例仅为 0.07％；如图 5－7c 所示，在碳交易减排目标为 20％时，大型企业 LCT 比例为 0.09％，小型企业 LCT 比例为 0.06％；如图 5－7a 所示，在强制标准减排目标为 20％时，大型企业 LCT 比例为 0.000 16％，小型企业 LCT 比例为 0.000 09％。大型企业通过加大绿色化投资力度，降低了其单位面积的碳排放强度，再通过其规模效应将减排效果进行放大，减少了总体成本，并最终产生了更多利润。

5.3.2　企业绿色化环境绩效分析

1. 经济政策管制最能提高企业的绿色化环境绩效；市场政策管制次之；行政政策管制几乎不能改进企业的绿色化绩效

绿色化环境绩效定义为企业单位面积的碳排放强度。企业在不同政策管制及不同减排目标下的变化趋势如图 5－8 所示。在减排目标均设定为 17％时，行政政策管制由于缺乏绿色化投资，大小两类企业的单位面积排放强度分别为

$e_1 = 31.16$，$e_2 = 31.20$，和初始排放强度 $e_0 = 31.32$ 几乎无差别(图 5－8a)；在经济政策管制下，大小两类企业的排放强度分别为 $e_1 = 25.60$，$e_2 = 26.70$(图 5－8b)；在市场政策管制下，大小两类企业的排放强度分别为 $e_1 = 27.14$，$e_2 = 27.98$(图 5－8c)。比较发现，经济管制手段下企业绿色化绩效表现最佳。该结果与之前分析的绿色化程度匹配，因为企业的绿色化投资(LCT 投资)将改善单位面积绿色化环境绩效。

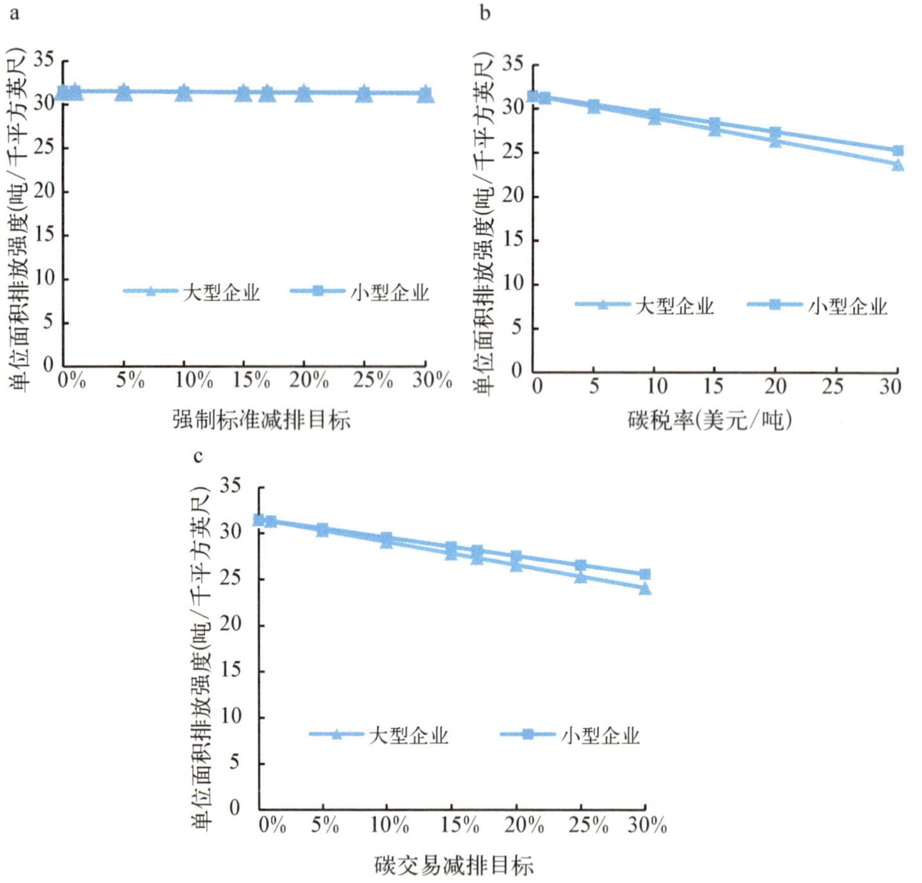

图 5－8　三类碳排放政策管制下企业单位面积碳排放强度

(a) 行政政策管制(强制标准)；(b) 经济政策管制(碳税)；(c) 市场政策管制(碳交易)

2. 大型企业的绿色化环境绩效优于小型企业

通过以上减排目标设定为 17％时的数据还发现，在三类不同政策管制情况下，大型企业的单位面积碳排放强度都始终低于小型企业，这是因为大型企业更愿意进行 LCT 投资，促使其绿色化环境绩效程度的提高。

3. 大型企业主动承担了建筑业总体减排责任并作为绿色化转型领导者

经济政策管制(碳税)和市场政策管制(碳交易)的情况下,大型企业都将承担更多的减排责任,其总体碳排放降低得更多,其碳排放占行业总体排放比例降低。例如,在碳税为 20 美元/吨的条件下(图 5 - 9b),大型企业将在现有排放水平基础上减少 17%的碳排放量,而小型企业仅减少了 14%的碳排放量。大型企业的总体排放比例从最初的 55.5%下降到 54.6%。另外,在碳交易中(图 5 - 9c),当减排目标从 0 增长到 30%的过程中,大型企业的碳排放量比例从最初的 55.5%下降到 54.1%。以上数据说明大型企业碳减排力度高于小型企业,引导了整个产业的绿色化转型。

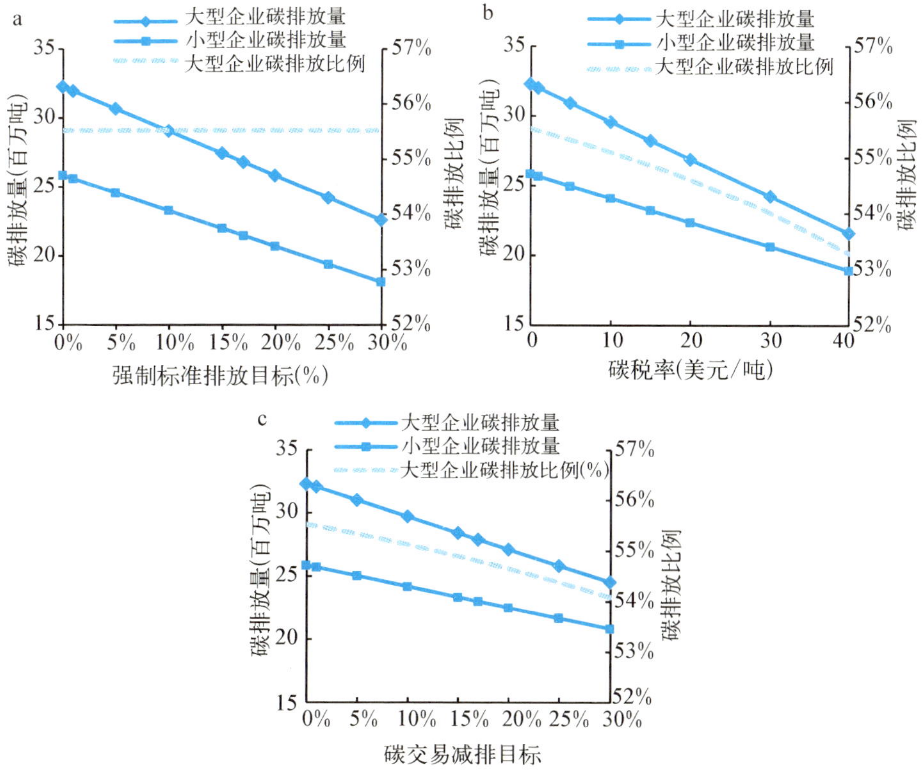

图 5 - 9　两类企业在不同减排目标下碳排放总量及排放比例

(a) 行政政策管制(强制标准);(b) 经济政策管制手段(碳税);(c) 市场政策管制手段(碳交易)

在行政政策管制(强制标准)作用下,由于大小企业都采取相同策略,以减低产量的形式减排并不重视绿色化投资。因此,两类企业的所承担的碳排放比例几乎保持不变。

5.3.3 企业绿色化产能及市场份额分析

绿色化管制政策将影响企业的产能及其市场份额。企业产能变化将影响整个行业的供求关系，而市场份额分析能够分辨各种政策对企业造成的公平性影响。由于考虑市场仅有大小两类企业构成(总和为 100%)，这篇研究仅在图中标明大型企业的市场份额，小型企业的市场份额便可通过简单计算得出。下面分别对这两个方面进行分析(图 5 - 10)。

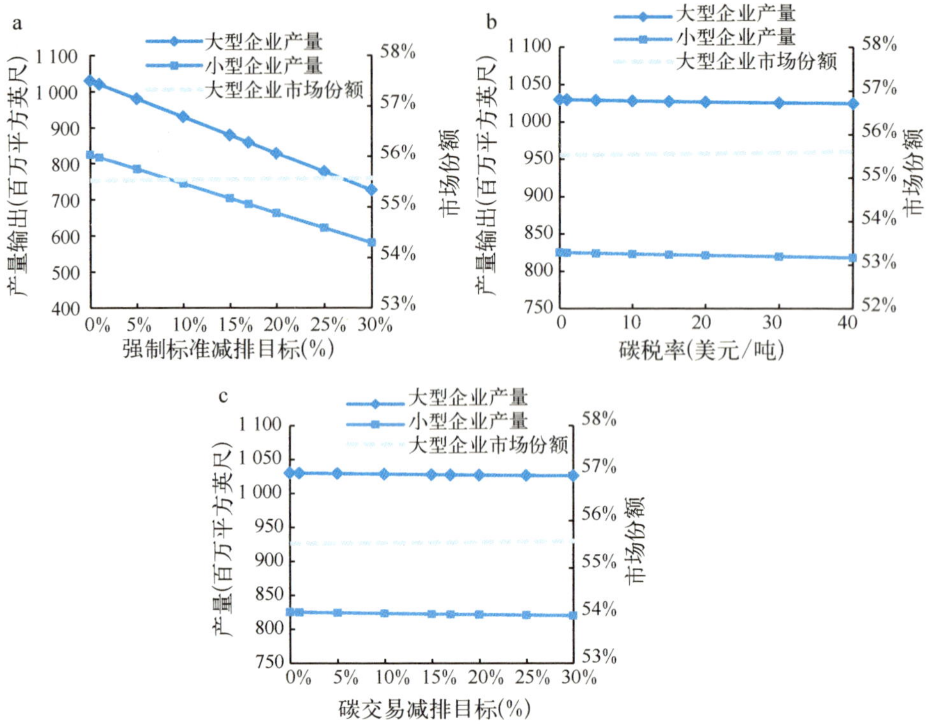

图 5 - 10　两类企业在不同减排目标下总体产能及市场份额比例

(a) 行政政策管制(强制标准)；(b) 经济政策管制(碳税)；(c) 市场政策管制(碳交易)

1. 绿色化行政政策管制将破坏企业现有产能，并严重影响市场整体供应。但它对不同企业产生完全相同影响(包括企业产量、市场份额及减排负担)

如图 5 - 10 所示，在行政政策管制情况下，随着减排目标的增大，两类企业的产量都出现极大程度的降低，因此，整个市场的产能将减少，项目销售价格将会被迫抬高。另外，强制排放标准对大小两类企业强制规定了其排放上限额度。在这样的机制下，两类企业不得不通过减少其产量来达到其排放要求。在 17%

的减排目标(CERT)下，两类企业的产量面积也都减少了 17%，因此整个建筑业的总体实际减排量(ACER)也变成 17%。两类企业的市场份额也未发生任何变化。因此，可以说强制排放标准是一种公平的政策，因为它对两类企业的影响完全相同，但却也同时损害了企业的整体利益。

2. 绿色化经济政策管制和市场政策管制可以基本维持企业产能现状，并保持企业市场份额稳定

对于经济和市场两类政策管制，大小两类企业的产量基本维持不变或略有降低，保证了市场供给水平。例如，在碳交易政策下，当减排目标设定为 17%时，大小两类企业的产量都将减少约 0.3%～0.4%(图 5－10c)。这是因为尽管碳排放管制提升了企业成本(上升 2%)，但大部分成本被转嫁到了消费者身上，从而使得碳管制对企业总体成本和产量的影响微乎其微，保存了原始产量。在碳税政策下，当减排目标也设定为 17%时，两类企业的产量降低约 0.4%～0.5%(图 5－10b)，其原因和上述碳交易原因类似。

另外，两类政策管制下企业的市场份额也基本稳定在初始比例，没有出现较大程度波动。解释这一现象的原因可能是由于存在多种完成减排目标的可能性和灵活性，企业们将自我优化选择一种对自己成本效率最高的方法来减低由于碳管制造成的负面影响而尽量避免影响产量。但是，在减排目标非常严格的极端情况下(例如碳税达到 100 美元/吨时)，大型企业会略微增加 0.3%的市场份额。

5.3.4　企业绿色化成本及利润分析

在企业的角度，无论是经济政策管制还是市场政策管制，都对其碳排放“贴上”了一个价格。不同之处在于，经济管制中碳的价格由政府机构规定，而市场管制中碳的价格由市场上的供求关系确定。对于这两类手段，碳价格的上涨都将致使企业生产成本陡然上升，从而抬高房屋的销售价格。根据市场经济学规律，生产成本的增加将由生产者和消费者共同承担。如果消费者有更多的议价权利(bargaining power)，则大多数的成本将由企业承担；反之亦然。在两类管制手段中，建筑业企业和最终消费者各自承担的比例如图 5－11 所示。上方虚线表明消费者承担所有碳排放成本时情况，下方点划线表示企业承担所有碳排放成本时情况，中间实线表示绿色化产品的真实价格及其分担比例。

1. 绿色化政策引起的产品价格上涨将由企业和消费者共同承担

碳管制导致的建筑产品价格上涨就由企业和消费者共同承担，而房屋价格

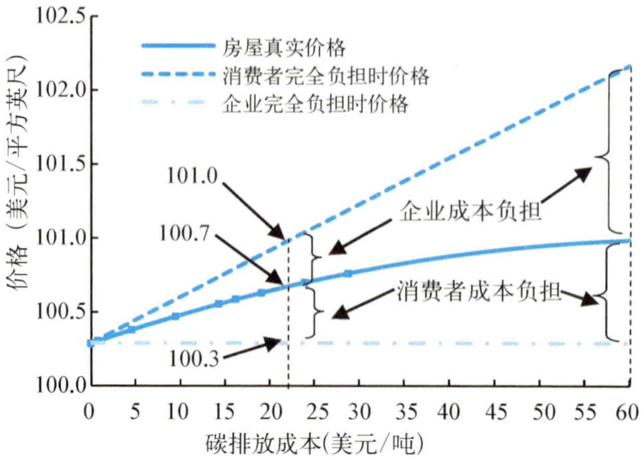

图 5-11　碳管制政策下企业成本及其分担机制

实则已经反映了企业和消费者之间的成本分担关系。在减排目标设定为 17%时，也就是说碳价格在 22.3 美元/吨时，分摊到单位面积碳排放的价格为 0.7 美元/平方英尺。由于无碳管制时（初始值）的房屋价格为 100.3 美元/平方英尺，因此，碳管制下的房屋含碳价格本应为 101.0 美元/平方英尺。但是，真实的房屋市场销售价格为 100.7 美元/平方英尺，其中的差额（0.3 美元/平方英尺）由企业承担。而真实价格与无碳管制时的房屋价格之间的差额（0.4 美元/平方英尺）由消费者承担。在该价格时，54%的碳排放成本以房价的方式被转移给了最终消费者，而剩下的 46%则由企业自己承担。（注：该结果是基于本研究中房屋需求弹性较大的假设所得出。）

2. 管制越严格，建筑业企业承担的比例就越高

然而随着碳价格的不断上升，碳成本的分担比例逐渐从消费者身上更多的转移到企业身上。该结论对应图 5-11 中实际房屋价格的二阶导数为负数这一现象。例如，当碳税上涨到 60 美元/吨时，房屋价格上涨到 101 美元/平方英尺。这时，消费者承担了约 41%的碳排放成本，然而企业承担了约 59%的碳排放成本。该结果和已有研究结论类似，根据美国议会预算办公室（US Congressional Budget Office）的一项报告指出，在低弹性的产业中，消费者将承担约 95%的碳排放成本（Lasky，2003）。

3. 经济政策管制将会降低所有企业的利润水平，且对小型企业影响更为不利

在经济政策管制下，由于企业只能决定交纳碳排放税金的数量，肯定将增加

企业的成本，因此，两类企业的利润会受到负面影响。当碳税率从 0 增长到 100 美元/吨时，大型企业的利润下降约 2.6%，小型企业利润下降 5.2%(图 5-12a)。该现象说明，尽管经济政策管制会同时降低两类企业利润，但它对小型企业的影响更为明显。

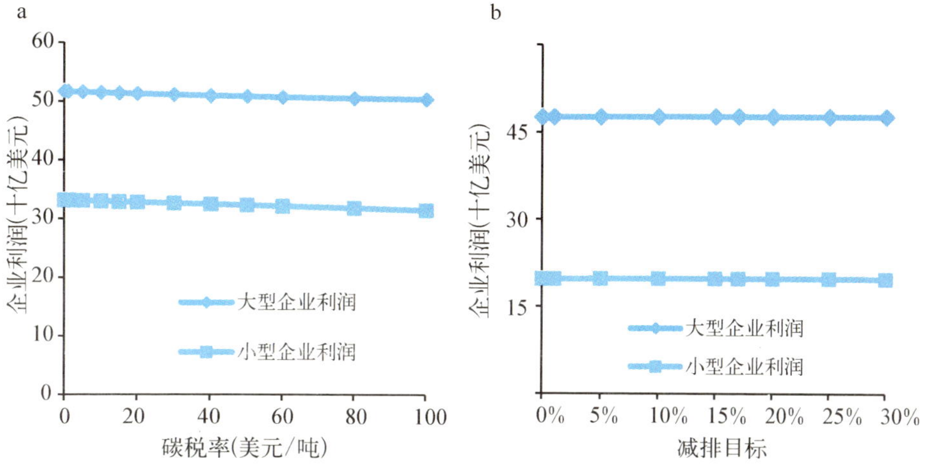

图 5-12　两类企业在不同管制程度下利润变化情况

(a) 经济政策管制；(b) 市场政策管制

4. 市场政策管制更能保证两类企业利润的平稳过渡

在市场政策管制下，当管制排放目标从 0 增加到 30%的过程中，两类企业的利润率变化率小于 1%，几乎保持不变(图 5-12b)。绿色化市场政策管制手段几乎不会对企业的利润率造成影响。

5.3.5　绿色化对建筑业企业整体分析

绿色化政策管制虽然着眼于企业管制，但最终会对整个建筑业造成一定影响。建筑业企业作为市场中最主要的供应商，其产量(总输出建筑面积)直接影响了市场上供求关系均衡。本节分析政策管制对建筑业整体产量和价格的影响。图 5-13 描述了不同绿色化管制手段对建筑业总体建筑输出的影响。

1. 绿色化行政政策管制将迫使建筑业企业减少产量并导致房价的快速上涨

实施强制排放标准后，企业将毫无选择地通过降低产量的方式来达到规定的排放限额要求，行业整体产量的降低将导致房价的剧烈上升。在强制标准政策下，如果建筑业要在现有碳排放量的基础上减少 17%，总体产量也将随着降低约 17%(图 5-13a)。这种现象是因为强制减排仅对总碳排放产量进行规定，却没有对采取减排科技投资给予任何鼓励和支持。因此，在减排技术高成本或很难实现的情况下，企业们不会去选择降低单位面积的碳排放强度。因此，建筑企业就只能通过控制产量的办法来实现最优利润。强制排放控制得越严格，建筑业产量就越低。而产量的减少将加剧市场竞争，从而抬高房屋产品的价格。例如，将减排目标设定在 17%时，房屋销售价格将抬高 15%(图 5-13b)。

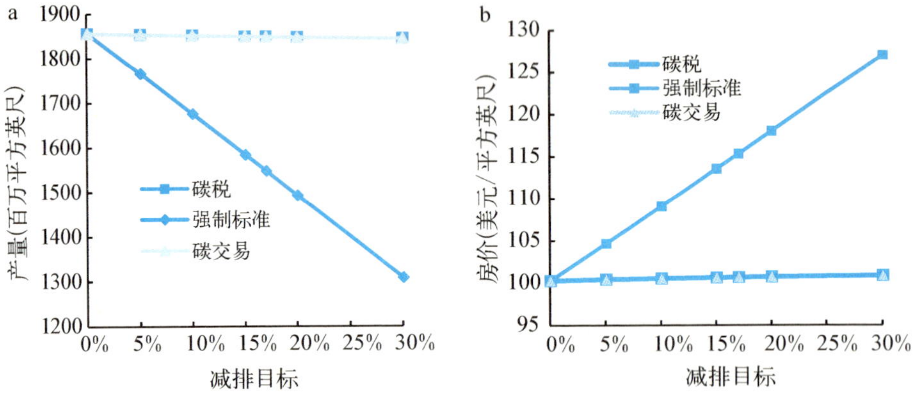

图 5-13　碳排放政策管制下建筑业总体供求均衡状态

(a) 总体产出建筑面积;(b) 均衡房屋价格

2. 经济政策管制和市场政策管制能够避免对建筑产业产量和价格带来大幅度波动

在经济政策管制作用下，如将减排目标设为 17%时，建筑业整体产量会降低约 0.4%。若不考虑其他因素影响(例如通货膨胀等)，房屋销售价格将几乎维持不变，略微上涨约 0.4%。在市场政策管制下，同样在 17%的减排目标时，建筑业整体产量降低约 0.3%，其房屋价格也略升高约 0.3%。以上分析结果和美国国会预算办公室的结果类似(Dinan & Rogers, 2002)。该报告指出，全国范围内实施碳交易的情况下，降低美国碳排放总量的 15%将使经济总体的有效成本(国内生产总值 GDP 的百分数)增加超过 0.3%。

5.4　绿色化政策管制建议

在研究各种绿色化管制对企业造成影响的同时，也应该关注每种政策管制在建筑业应用的有效性。政策的有效性是指政策指定目标和实际完成效果的对比（UNEP，2007）。文献对于政策有效性的判断标准包括标杆法、门槛值、原则性、标准及政治指定目标等方面（Pintér et al.，2000）。在本研究中，碳排放政策的有效性是指对比建筑业的总体规定排放量和实际排放量的差别（图 5－14）。在每种减排政策下，指定的减排目标定义为 CERTs（Carbon Emission Reduction Target）。实际的减排量定义为 ACERs（Actual Carbon Emission Reductions）。

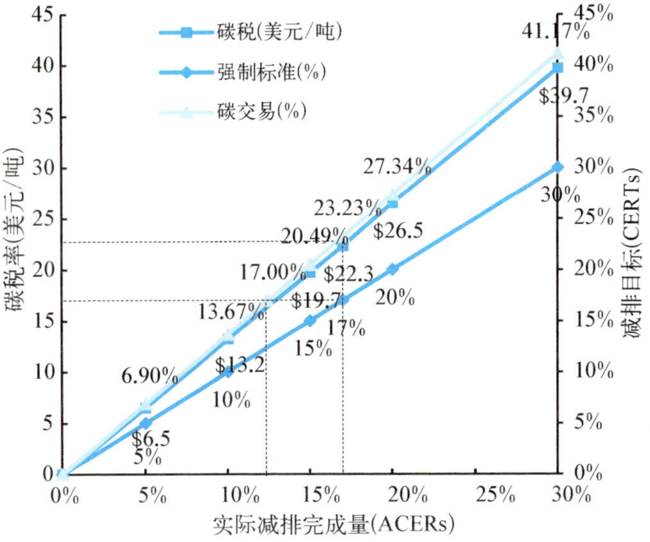

图 5－14　不同碳排放管制政策的有效性分析

1. 行政政策管制能有效、直接地达到减排目标；经济政策管制需要通过模型计算间接达到减排目标；市场政策管制很难达到减排目标

行政政策管制（强制标准）是对碳排放的上限进行数量控制的政策工具。在该政策下，这个限额是一个强条件、必须满足的数量。每个企业的排放量都应该比该限额少或至少相等。本研究发现，在强制标准政策下，建筑企业实际排放量（ACER）和减排目标（CERT）完全相同。例如，将减排目标设定为 17%时，实际减排量也为 17%（图 5－14），这是因为强制标准政策规定了总体排放数量，这使得实际排放量和减排目标趋同。因此，在政策的精确性角度来看，强制排放是一项短期内非常有效的政策工具，它能够迅速地、准确地降低碳排放产量以到达既定水平，但同时带来的缺点已在前文中阐明。

经济政策管制（碳税）是一种通过“价格”进行调控的手段。对预计减排目标，需要通过模型计算得出应征收碳税率。例如，为了达到减少 17%的减排目标，碳税率应该设置在 22.3 美元/吨的水平上。经济管制需要政府对价格进行预测和控制，它对市场特征明显、具有一定规律性的行业比较有效。因此，在达到相同排放目标精确水平下，经济手段比强制标准要求更高。

市场政策管制（碳交易）是对碳排放的上限进行数量控制的政策工具。而在碳交易政策下，这个限额是一个弱条件，因为企业的排放可以超过限额，再从交易市场上买回相应的超额碳指标量予以平衡。在碳交易政策作用下，企业可能排放比限额更多的量，再从市场上购回超额部分的排放量指标予以抵消。在规定减排目标（CERT）为 17％的情况下，企业的实际减排量（ACER）仅为 12.4％，而另外 4.6％的差额排量却可以从碳交易所得到平衡。如果企业能从碳交易市场上（可能是区域市场或者国际市场）以低廉的价格购买到碳排放指标（成本小于企业内部减排边际成本），那企业通过碳交易市场完成的减排比例将会大幅增加。但是，市场手段的结果同时也暗示了碳交易政策需要更复杂和成熟的理论和方法来指导和预测不确定的市场交易的行为及交易机制。

2. 对制定政策的建议

对碳管制政策的分析能帮助了解不同减排政策对建筑业企业行为的潜在影响。在综合考虑政策制定的复杂性和实施的不确定等因素后，本研究认为经济政策管制（碳税）更适用于在建筑业企业。碳税为企业的碳排放指定了一个“价格”，它允许企业通过不同的方式达到减排目标，例如可以消减产量、减低单位面积碳排放强度，或者支付碳排放的罚金等。在这可选方式前提下，企业便可以更灵活地选择相应策略，在最大程度保持他们的产量的同时，也满足减排目标。综上所述，经济政策管制有以下几个明显的优势：

① 更能刺激企业绿色化程度（LCT 投资比例）及绿色化环境绩效（单位面积碳排放强度）；

② 更能有效减少碳排放的同时，对企业的产量、价格、市场份额的影响较小；

③ 对大小两类企业的影响几乎相同，不会导致公平性分配问题；

④ 更能避免消费者受到碳排放成本上涨的影响，从而更好地保护消费者。

5.5 本章小结

本章在上章理论模型的基础上，通过美国独栋住宅细分建筑市场和承包商的实证分析，研究了不同碳管制政策将会对建筑业企业造成的影响，对企业绿色化程度、绿色化环境绩效、企业绿色化产能及市场份额、企业成本和利润以及绿色化对行业产量和价格的影响等。研究结果表明，经济政策管制手段能够有效地促进建筑业企业绿色化过程，同时也能最大程度保持现有企业产量水平，避免市场供求关系的大幅波动；研究还发现大型建筑业企业更容易、更倾向于走向绿色化；绿色化政策管制增加的成本由企业和消费者按比例共同承担。

第6章 建筑业企业绿色化超额价值及创造机制理论研究

在真实的市场环境中，建筑业企业在绿色化转型之前，往往对绿色化所能够带来的利益有所怀疑，其中最常被提及的问题是："绿色化能否真正带来价值？该价值是否能弥补其成本？"这个疑虑也成为绝大多数建筑业企业实施绿色化战略过程中所遇到的最大障碍。毕竟，建筑业企业发展的根本核心是经济利益及企业价值最大化的驱动，它需要持续不断的、快速周转的建设项目获得盈利。

本章围绕绿色化是否为建筑业企业带来价值增长这一核心问题，分别从企业财务利润、价值增长趋势，以及资本市场价值三个方面构建了企业绿色化综合绩效评价模型，并设计了相应的统计检验方法。接着，为了彻底探索绿色化所带来的超额绩效根源性，本章分别用 DuPont 分析法，将绿色企业的净资本回报率(ROE)分解成 5 个部分，以得到超额利润根源；另外，再从企业价值管理理论角度，构建基于企业经济增加量比例(EVA margin)的多元回归模型，探索企业长期超额价值创造机制。

6.1 企业绿色化综合绩效评价模型

建筑业企业长期以来被其自身的种种特殊性所束缚而导致始终徘徊在绿色化发展边缘而没有能积极地改变其商业策略(Myers，2005)。同时，其他行业的绿色化经验也不能为建筑业企业投资绿色起到直接的参考和帮助。因此，建筑业企业必须清楚地认识绿色化和企业价值(或企业绩效)之间的关系，从而作出更科学的绿色化转型决策。

6.1.1　概念模型及参数选择

根据第 3 章的系统性分析，建筑业企业的总体价值主要可由三个方面体现，分别是企业的财务利润、长期价值增长，以及资本市场价值。该分类的合理性在已有研究中也得到证实(黄卫伟、李春瑜，2005)。建筑业企业绿色化转型通过推动这三方面或者其中任意一个方面的增长从而带来企业总体价值的增值。本章通过企业综合绩效来描述企业价值增长相关表现。图 6-1 描述了企业绿色化转型和企业综合绩效之间的关系。其中，企业财务利润和价值增长体现了企业内部价值，它反映了企业经营、管理、投资、决策等行为的绩效。企业价值增长及资本市场价值两部分体现了企业战略价值，它反映了企业通过战略部署和战略转型之后创造的长期价值。对于企业三个方面的内容和指标体系设计，将在下面进行具体介绍。

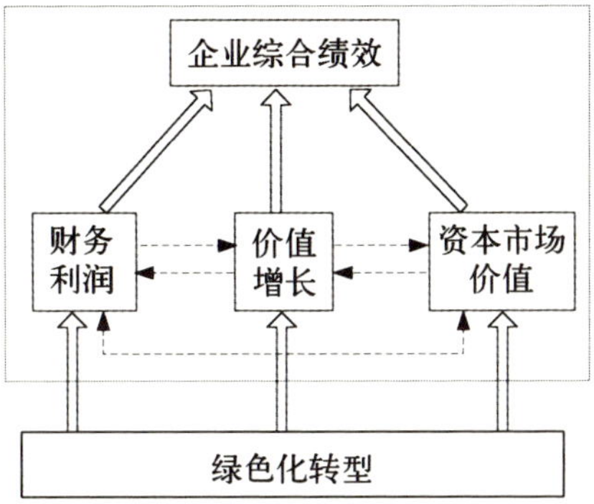

图 6-1　企业绿色化转型对企业综合绩效影响

总体来说，本研究通过实证分析的方法对建筑业企业绿色化转型带来的价值进行研究。实验针对绿色企业组和常规企业组(也称传统企业组)两类独立企业组别进行区别，再通过统计和计量经济学的方法测量各个绩效指标的区别，以此来证明绿色化转型的价值。具体而言，本研究步骤如下：

① 选取合适的绩效指标来评价包括企业财务利润、价值增长及资本市场价值在内的企业综合价值水平；

② 根据以上各类指标建立相关研究假设；

③ 选取常规建筑业企业和绿色建筑业企业进行绩效对比。先筛选出建筑业企业中具有有效研究数据的企业，再通过预先设定的绿色化定义筛选出绿色企业和常规企业；

④ 收集和整理数据，检查数据点的有效性、剔除异常值点、进行初始调试及最终的运算；

⑤ 针对统计结果进行分析，回答最初提出的假设。

本章将完成前 2 个步骤，后面 3 个步骤将在第 7 章继续完成。

6.1.2 企业财务利润分析与评估

本节主要介绍企业短期的财务绩效分析与评估指标。

财务绩效评价是以财务和会计基础指标为核心，围绕企业利润，以责任中心业绩评价、综合评分法和综合指数法为代表的评价模式；常见的财务评价指标包括企业偿债能力指标、盈利能力指标、运营能力指标、现金流量指标、增长能力指标等。

在建筑业研究中，为了衡量公司短期财务利润，已有研究使用不同的会计指标和财务标准比率，常用指标包括净资产收益率(ROE)、投资收益率(ROI)、资产回报率(ROA)，及投资资本回报率(ROIC)等。表 6－1 列举了已有文献用到的研究指标。

表 6－1　企业短期财务绩效指标及相关文献

作者和年代	使用指标
Balatbat et al.，2010	利润率 • 净资产回报率(ROE) • 资产回报率(ROA) • 投资资本回报率(ROIC) • 息税前利润率(EBIT) • 净利润率
Damodaran，2007	超额回报(excess returns) • 资本收益率(ROC) • 投资资本回报率(ROIC) • 净资产收益率(ROE)
Hart & Ahuja，1996	运营效率 • 销售回报率(ROS) • 资产回报率(ROA) 财务绩效 • 净资产回报率(ROE)
King & Lenox，2001	财务绩效 • 资产回报率(ROA) • 净资产回报率(ROE) • 投资回报率(ROI)

为同已有研究保持一致，并最大程度上反映建筑行业自身的特征，本研究选择两类最适用的指标来作测量公司短期财务利润表现：分别是净资产收益率

(Return on Equity，ROE)和资本回报率(Return on Capital，ROC)。这两个指标也分别涵盖了企业利润的不同方面。前者表示对股东的回报，后者表示对投资资产的回报。

1. 净资产收益率

净资产收益率(ROE)也称净资产收益率，它是判断公司投资盈利能力的重要指标。它通过测量公司股东每单位投入资产所产生的利润来判断公司的投资回报率。该指标常用来反映公司利用所得资金来产生盈利的投资效率，并常用同行业内不同公司进行比较。ROE 通过以下公式进行计算。其中，ROE 可以通过 DuPont 分解成 5 个不同部分进行进一步分析。DuPont 分析将在本章后续内容中进行介绍。

$$ROE = \frac{net\ profits}{equity} \tag{6-1}$$

2. 投资资本回报率

投资资本回报率(ROC)(以下简称为资本回报率)也是一项财务比率，它通过计算公司税后净营业利润(Net Operating Profit After Tax，NOPAT)比上所投资资本(invested capital)的账面价值(book value)。该比例反映了所投资资本所产生的回报，因此常被用来反映公司的盈利能力。资本回报率(ROC)的价值越高，说明该企业在基于相同投资资本上所赚取的利润也就越多。

$$\begin{aligned} ROC &= \frac{Net\ Operating\ Profit\ After\ Tax}{Invested\ capital} \\ &= \frac{EBIT - tax}{Invested\ capital} \end{aligned} \tag{6-2}$$

通过财务指标判断企业财务利润具有可比性强、客观性、较少数据调整工作量等优点。

除此之外，传统的财务度量指标存在三个方面问题：一是财务指标评价也很容易受到会计政策以及会计造假的影响；二是财务指标通常仅反映企业过去业务的结果，却很难对其根源原因或源驱动力进行解释；三是财务指标缺乏对企业价值创造的必然联系，从而可能导致企业在追求指标最大化的同时，偏离了企业最大化的根本目标(Kaplan et al.，1998)。因此，研究需要引入其他方面的判断指标。

6.1.3　企业价值增长分析与评估

随着越来越多的企业目标开始从利润最大化转变到价值最大化，基于价值管理的度量指标开始应运而生。企业价值可以通过多种方式进行度量，包括股东价值增量（Shareholder value added，SVA）、CFROI（cash flow return on investment）、CVA（cash value added）等，但其中影响最大、使用范围最广的即是经济价值增量（EVA）（黄卫伟、李春瑜，2005）。EVA 已经发展成为评价上市企业最重要的一个指标（evaDimensions，2010）。另外，Balatbat 等（2010）还针对建筑企业使用 NOPLAT 比率来判断其价值增长，该指标也体现了 EVA 中企业盈利的实质。另外，Clarkson 等（2011）还通过销售增长（revenue growth）来衡量企业价值投资增长和绿色化战略之间的关系。企业价值管理的观点认为，公司价值的最重要驱动因素有两点：第一是公司的投入资本回报率（ROIC）大于公司的加权平均资本成本（WACC），即经济利润的增加；第二个重要驱动因素则是公司的成长能力（科勒，2007）。因此，本研究使用两方面指标来测量公司的长期经济价值，一是选取经济价值增量（EVA）作为企业每年超额价值的描述，另一方面是选择销售收入（revenue growth）作为企业不断发展的递进增长率。

1. 经济价值增量

经济价值增量（EVA）是用来估计企业在偿还所有股东投资所需收益后的超额部分经济价值的指标。经济价值增量（EVA）通过计算所投资成本（K）和所投资资本收益率的乘积。而所投资资本收益率等于资本平均回报率（ROIC）和加权平均资本成本（Weighted Average Cost of Capital，WACC）之差额。为了减小由于企业不同大小规模所造成的影响，本研究将 EVA 进行标准化，使用经济价值增量比率（EVA margin）来比较不同企业之间的情况。经济价值增量比率（EVA margin）通过计算经济价值增量（EVA）和当年企业销售收入（Revenue）的比例来确定（evaDimensions，2010）。EVA 分析是论文的重点研究内容之一，EVA 的内涵和计算等内容将在本章 6.3 中具体展开。

$$EVA = (ROIC - WACC) * K \tag{6-3}$$

$$EVA\ margin = \left(\frac{EVA}{Revenue}\right) * 100\% \tag{6-4}$$

2. 销售增长率

销售收入增长率（revenue growth rate）是企业连续两年间总销售收入变化的比例。该比例常用来测量企业年均业务扩展的速度，并同时作为判断企业未来收益成长的重要指标。销售收入增长率越高，意味着公司的业务发展水平和未来长期价值呈上涨趋势。

$$Revenue\ growth = \left(\frac{Revenue_t - Revenue_{t-1}}{Revenue_{t-1}}\right) * 100\% \qquad (6-5)$$

6.1.4 企业资本市场价值分析与评估

企业在资本市场的表现对投资者极其重要。学者常使用公司在公开股票交易所上的价值和交易市场基本比率来判断公司的市场价值。资本市场评估是通过把上式企业的股价与各种财务分析工具联系起来，帮助对企业进行评估，并判断公司股价的真实价值。Peter Temple(2002)在揭示公司价值的 33 种评价指标和方法中，列举了基于市场的评价的 8 类指标，例如：市值(market capitalization)、企业价值(enterprise value)、市盈率(Price-Earnings ratio)、股息率(Dividend yield)、市盈率增长系数(PEG factor)、市销率(Price to Sales ratio)、企业价值收益比(EV/EBITDA)、股价/账面价值比(Price/Book value)。每个指标均从不同侧面反映了公司某个方面的绩效。对于建筑业而言，Balatbat 等(2010)通过市盈率(Price to earnings ratio)、每股收益(Earnings per share, EPS)市值和交易收益比值(Market capitalization to trading revenue ratio)、EBITDA 比率(Earnings before interest, taxes, depreciation and amortization margin)等方面指标来判断企业的市场估值和绩效。King 等(2001)通过 Tobin's Q 研究企业绿色化和市场绩效之间的关系。Jocobs 等(2008)通过企业的股价波动比例来判断企业绿色化环境绩效和企业市值之间的关系。Clarkson 等(2011)通过企业总价值和资产比率(Enterprise value to asset)来评价企业采取积极的绿色化战略之后的市场价值变化情况。Fernandez 等(2001)学者认为 EV/EBITDA 更适合建筑业特征，能够真实地反映建筑业企业的资本市场估值。

在已有文献基础上，本研究为了同时反映市场对企业价值的认可程度和公司的潜在发展趋势，使用了三个判断指标，分别是市盈率(P/E)、企业价值和企业税息折旧及摊销前利润的比率(EV/EBITDA)，以及托宾 Q 值(Tobin's Q)作为衡量资本市场评估的指标。

1. 市盈率

市盈率是用来判断股票价值最常用估值工具，并对企业总体价值提供了一个基本的判断。对于市盈率高的公司，投资者愿意为企业的每单位净收入付出更多的价格进行购买。这也说明市盈率高的公司更被投资者所看好，具备乐观的盈利前景。美国股票市场的市盈率平均值约为 15～20 倍之间。市盈率(P/E)通过公司现有股价(share price)和每股收益(Per Share Earnings, EPS)

的比率进行计算。

$$\frac{P}{E}=\frac{stock\ price}{Earnings\ Per\ Share\ (EPS)}=\frac{stock\ price}{\left(\frac{net\ income}{common\ shares}\right)} \tag{6-6}$$

其中，企业每股收益（也称每股利润）是企业某一时期净收益（net income）与股份总数（common shares）的比率。它也是测定股票投资价值的重要指标之一，反映了企业获利能力的重要指标。

2. 托宾 Q 值

托宾 Q 值（Tobin's Q）由诺贝尔经济学得主詹姆斯·托宾（James Tobin）在 1969 年发明。Q 值通过计算公司市场价值（Total Firm's Market Value, TFMV）和对其资产重置成本（Replacement Value of the Firm's Asset, RVFA）的比率来确定（Tobin, 1969）。托宾 Q 值常被基于价值面（Value-oriented）分析的投资者用作长期"买卖"股票判断的重要指标。

$$Tobin's\ Q=\frac{TFMV}{RVFA} \tag{6-7}$$

当 $Q=1$ 时，说明企业的市场价值真实地反映了企业注册资产状况；当 $Q>1$ 时，企业的市场价值大于企业注册资产，暗示企业股价被高估；当 $Q<1$ 时，说明企业资本并没有赚取相应利润，或者投资者并不看好该企业的未来市场价值。Milaljevic 等（2009）研究表明，1900—2009 年间美国上市企业的平均托宾 Q 值水平大概为 0.76，其中有 84 年间的市场平均 Q 值水平大于 1.0，另外 25 年间市场平均 Q 值水平小于 1.0。

3. EV/EBITDA 比率

EV/EBITDA 是建筑业企业价值研究中广泛使用的估值方法。EV/EBITDA 通过计算企业的总体价值（EV）和税息折旧及摊销前利润（EBITDA）的比例所得出。企业总体价值（EV）衡量的是投资者愿意付出的价格，而税息折旧及摊销前利润（EBITDA）代表了企业现金流的状况。这个估值比例将企业的整体价值和运营情况进行全盘考虑，同时也更正了由于不同企业税收和折旧政策不同带来的影响。

$$\frac{EV}{EBITDA}=\frac{enterprise\ value}{EBITDA} \tag{6-8}$$

股票市场上 EV/EBITDA 比值通常在 6～8 之间。EV/EBITDA 比值高的企业说明可能被高估值。由于 EV/EBITDA 比值不受企业资本结构的影响，从而比市盈率估值更为科学。

以上财务利润、价值增长和资本市场评价三个方面几乎涵盖了公司基于会计层面(accounting-based analysis)和基于市场层面(market-based analysis)的所有分析，并对公司的整个财务状况有十分全面地反映，能够反映出企业绿色化转型带来的各方面绩效水平。

6.1.5　研究相关假设

本章的目的是研究绿色建筑业企业和常规建筑业企业之间的综合绩效差别。根据以上各类指标，本书分别就常规建筑业企业和绿色建筑业企业提出以下假设：

(1) 绿色建筑企业在财务利润表现上优于常规企业，包括：

假设 1：绿色企业的净资产收益率显著大于常规企业的资产收益率。原假设 H_{10}：$ROE_{green} \leqslant ROE_{conventional}$；备择假设为 H_{1A}：$ROE_{green} > ROE_{conventional}$；

假设 2：绿色企业的资本回报率显著大于常规企业的资本回报率。原假设 H_{20}：$ROC_{green} \leqslant ROC_{conventional}$；备择假设为 H_{2A}：$ROC_{green} > ROC_{conventional}$。

(2) 绿色建筑企业的价值增长优于常规企业，包括：

假设 3：绿色企业的经济价值增量比率(EVA margin)显著大于常规企业的经济价值增量比率。原假设 H_{30}：$EVA\ margin_{green} \leqslant EVA\ margin_{conventional}$；备择假设为 H_{3A}：$EVA\ margin_{green} > EVA\ margin_{conventional}$；

假设 4：绿色企业的销售增长比率显著大于常规企业的销售增长比率。原假设 H_{40}：$Revenue\ growth_{green} \leqslant Revenue\ growth_{conventional}$；备择假设为 H_{4A}：$Revenue\ growth_{green} > Revenue\ growth_{conventional}$。

3) 绿色建筑企业的资本市场价值或估值优于常规企业，包括：

假设 5：绿色企业的市盈率(P/E)显著大于常规企业的市盈率。原假设 H_{50}：$P/E_{green} \leqslant P/E_{conventional}$；备选假设 H_{5A}：$P/E_{green} > P/E_{conventional}$；

假设 6：绿色企业的托宾 Q 值显著大于常规企业的托宾 Q 值。原假设 H_{60}：$Tobin's\ Q_{green} \leqslant Tobin's\ Q_{conventional}$；备选假设 H_{6A}：$Tobin's\ Q_{green} > Tobin's\ Q_{conventional}$；

假设 7：绿色企业的 EV/EBITDA 比率显著大于常规企业的 EV/EBITDA 比率。原假设 H_{70}：$EV/EBITDA_{green} \leqslant EV/EBITDA_{conventional}$；备选假设 H_{7A}：$EV/EBITDA_{green} > EV/EBITDA_{conventional}$。

6.2 基于 DuPont 分析的企业绿色化财务利润分解

在上述财务利润指标分析基础上，本研究通过杜邦分析(DuPont analysis)挖掘不同企业间财务指标表现差别的深层原因。杜邦分析最初于 1920 年美国杜邦公司发明。经过诸多行业的检验和改进，已发展成为一种普遍流行用于判别公司财务表现优劣根源的常用工具。该方法将净资产收益率(ROE)细分成 5 个组成部分(式 6 - 9)。每部分分解结构都代表了一项公司的财务指标。通过比较同一行业内不同竞争者公司间的杜邦分析(DuPont analysis)结果，即可判断不同公司财务表现最终优劣根源。杜邦分析的具体链接关系如图 6 - 2 所示。

$$ROE=\frac{Net\ profit}{Equity}=\left(\frac{Net\ profit}{EBT}\right)\times\left(\frac{EBT}{EBIT}\right)\times\left(\frac{EBIT}{Revenue}\right)\times\left(\frac{Revenue}{Assets}\right)\times\left(\frac{Assets}{Equity}\right) \quad (6-9)$$

其中，Net Profit 是企业净利润，EBT 是企业税前利润，EBIT 是企业息税前利润，Revenue 是企业总收益，Asset 是企业总资产。

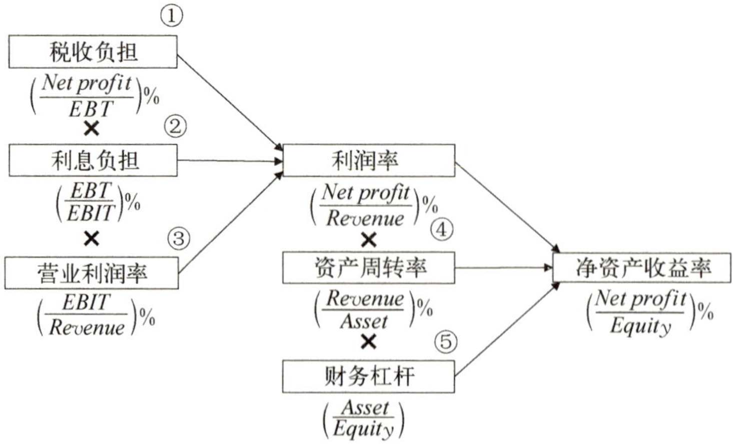

图 6 - 2 企业净资产收益的 DuPont 分析模型

(1) 公式(6 - 9)中部分①代表了公司的税务负担(tax burden)，税收负担是

通过计算企业净利润(net profit)占税前利润(EBT)的实际比率,即:

$$tax\ burden=\left(\frac{Net\ profit}{EBT}\right)\times 100\%=\left(\frac{EBT-Tax}{EBT}\right)\times 100\% \tag{6-10}$$

当该比率等于 100%时,则表示企业的税收负担为零,即理论上来说企业不需要缴纳税金;当该比率低于 100%时,企业就缴付税金,比率越低,税收负担越重;然而,当该比率高于 100%时,则表示企业从政府部门获取了相关税收优惠奖励或返税政策等,数值越高,得到的税收优惠则越多。

(2) 公式(6-9)中部分②代表了利息负担(interest burden),利息负担是用来测量公司融资效率的比例之一。它通过计算税前利润(Earning Before Tax, EBT①)和息税前的利润(EBIT)的比值进行判断,即:

$$Interest\ burden=\left(\frac{EBT}{EBIT}\right)\times 100\%=\left(\frac{EBIT-Interest}{EBIT}\right)\times 100\% \tag{6-11}$$

若该比值等于 100%,则说明理想情况下企业的利息负担为零;若企业举债产生的利息越多,则该值越小。

(3) 公式(6-9)中部分③代表了公司营业利润率(operating profit margin),营业利润率是测试企业利润率的指标之一。它通过计算息税前利润(EBIT)和企业总销售收入的比值(Total revenue),即:

$$Operation\ PM=\left(\frac{EBIT}{Revenue}\right)\times 100\% \tag{6-12}$$

该比例用来测量企业在整个商业运营中成本和费用控制情况。企业的营业利润率越高,企业运营效率和销售策略就越好,企业对价格的控制也越成功。

(4) 公式(6-9)中部分④代表了资产周转率(asset turnover),资产周转率是通过计算企业的总收入(Revenue)和总资产(Asset)的比例,即:

$$Asset\ turnover=\left(\frac{Revenue}{Asset}\right)*100\% \tag{6-13}$$

---

① 该处包涵了企业的非常规收入项(unusual items)的调整,包括极端项(extraordinary items),间断运营项(discontinued operations)以及会计准备调整项(adjustments due to a change in accounting methodology),更详细调整内容可参见: http://www.investopedia.com/terms/u/unusual-item.asp#ixzz1Xv8MexFt。

该比率常用来描述企业将其资产转化为最终收益的效率，体现了企业的资产管理质量状况。实际上，资产周转率（Asset turnover）代表了每一单位投资者总资产能够产生的利润。因此，该比例同时也表明了企业的价格战略及相关的利润率变动情况。拥有较高资产周转率（Asset turnover）的公司往往处于激烈的价值战环境中，因此利润率可能也较低。

（5）公式（6－9）中部分⑤代表了公司的财务杠杆（financial leverage）。财务杠杆是公司总资产（Asset）除以股东权益（Equity）得出的比例，即：

$$Leverage = \frac{Asset}{Equity} = 1 + \frac{Debt}{Equity} \tag{6-14}$$

因为公司总资产是股东权益和负债的总和，因此，财务杠杆反映了公司在融资过程中，债务和股权的分配比例。因此，高额的财务杠杆意味着公司债务融资的能力，而高债务融资同样也使公司面临更高的风险。因此，财务杠杆在体现企业融资能力的同时，也反映了企业的债务风险状况。通常建筑业企业健康的财务杠杆比例约为 2∶1。

根据上述 DuPont 分析的五个子部分，可对企业净资产收益（ROE）产生根源进行解析。若特别是当绿色企业比常规企业表现得更好时，可以通过以上分析得出该超额价值的根源。

6.3 基于 EVA 模型的企业绿色化超额价值创造机制

前面讨论和对比了绿色企业和常规企业之间综合绩效和价值。但是，在企业绿色化转型过程中，企业是如何将绿色化战略和行动逐步转化成最终的价值，以及这其中涉及的过程、影响因子、作用机理等方面的尚不清楚。本节研究就是要针对绿色化可能产生的超额价值，揭示其中隐含的绿色价值创造路径，为企业实施绿色化战略提供理论依据及管理过程中的关键点。为达到该目标，本节使用逐步回归模型（Stepwise regression），构建以 EVA 为核心的建筑业企业价值链的创造过程，定量地解释该过程中的影响因素和作用机理。本节研究思路和步骤如下，首先，解释 EVA 指标与企业价值及企业超额价值之间的关系；其次阐述 EVA 计算与相关理论支持；第三，建立 EVA 多元回归模型；第四，确定回归模型中的参数和变量。具体计算和讨论在第 7 章中介绍。

6.3.1　EVA 与企业价值及企业超额价值

EVA 最重要的一个特征即是直接反映了企业价值的创造。经典著作《EVA 与价值管理：实用指南》(*EVA and Value-Based Management: A Practical Guide to Implementation*)总结 EVA 对现代企业管理的意义归纳如下："EVA 是一项重要的创新，它使企业管理层能够更容易地接受现代财务理论及其管理内涵，也能帮助管理层更好地理解并实现财务目标。"(Young & O'byrne, 2001)本书将 EVA 的内涵和特点归纳成以下几个方面(黄卫伟、李春瑜，2005)(池国华，2008)：

① EVA 评估超额价值，而非一般价值。由于资本流动性，投资者会将资本不断转移到具有更高盈利能力的企业。为了维持企业发展，管理层必须不断让资本回报率高于股东可接受的正常利润水平。因此，EVA 度量的是超过正常利润水平之上的超额利润，而不是企业利润总额。这也是 EVA 最重要的一个特征，即衡量企业价值的创造。

② EVA 是会计收益和现金流折现模型的统一。公司财务报表和财务计算是 EVA 的基础，EVA 折现值与现金流折现值(DCF)均可以反映企业价值，EVA 实现了会计收益和现金流计算的统一。同时，EVA 衡量只对财务指标进行了适当调整，既保证了数据真实性，也减少了会计上利润操纵的可能性。

③ EVA 作为一个单一、协调的目标，使公司决策模式化、可控化，所有股东、决策者、管理者也可以通过同一个尺度来度量价值的增减，从而减少决策内部冲突的可能，使企业"价值最大化"成为企业利益相关者的共同目标。

基于以上三点原因，本书选取 EVA 作为衡量绿色企业是否产生超额价值的重要依据。下面给出了 EVA 体现了企业价值和企业超额价值的数学证明。

1. EVA 和企业净现值(NPV)关系

企业净现值(NPV)是最常见的测量企业价值的科学决策方式，也是公司理财学中投资分析的基石。NPV 反映了项目期望未来现金流的折现值与投资成本之间的差值，测量了项目的盈余价值，常用于评判预投资项目或者企业的投资方案。EVA 作为一种企业价值测量方式，也可以用来衡量企业价值。下面给出证明过程(Damodaran, 2011)。

企业价值的 NPV 表达式如下，其中，C_i 是第 i 期现金流量，C_0 为初始投资额，r 为折现率，n 为项目的生命期。

$$NPV=\sum_{i=0}^{n}\frac{C_i}{(1+r)^i}=\sum_{i=1}^{n}\frac{C_i}{(1+r)^i}-C_0 \tag{6-15}$$

对于建筑业企业而言，企业的收益等于每年的现金流（包括收益和折旧）折现及企业资产残值的折现总和，减去企业初始投资（Damodaran，1999）。表达如下式。其中，$EBIT_i$ 是第 i 期息税前利润（EBIT），t 为税率，$Depr_i$ 为第 i 期折旧，$WACC$ 为平均资本成本，I 为初始投资，SV_n 为第 n 期后的企业残值 。

$$NPV=\sum_{i=1}^{n}\frac{(EBIT_i(1-t)+Depr_i)}{(1+WACC)^i}+\frac{SV_n}{(1+WACC)^n}-I\quad i=1,\ 2,\ \cdots,\ n \tag{6-16}$$

由于资本具有流动性，可构造一个平均资本回报函数 I'作为可选投资。该投资的盈利正好为资本平均成本，而且在第 n 期时的残值正好等于初始投资 I'，因此其 $NPV=0$。

$$0=\sum_{i=1}^{n}\frac{WACC*I'}{(1+WACC)^i}+\frac{I'}{(1+WACC)^n}-I'\quad i=1,\ 2,\ \cdots,\ n \tag{6-17}$$

可解出该可选择投资 I'如下：

$$I'=\sum_{i=1}^{n}\frac{WACC*I'}{(1+WACC)^i}+\frac{I'}{(1+WACC)^n}\quad i=1,\ 2,\ \cdots,\ n \tag{6-18}$$

将 I'带回项目 NPV 公式（6－16），并替换 I。得到：

$$\begin{aligned}NPV=&\sum_{i=1}^{n}\frac{(EBIT_i(1-t)+Depr_i)}{(1+WACC)^i}+\frac{SV_n}{(1+WACC)^n}\\&-\sum_{i=1}^{n}\frac{WACC*I}{(1+WACC)^i}-\frac{I}{(1+WACC)^n}\end{aligned} \tag{6-19}$$

假设折旧的现金流完全成为公司资本。因此，折旧的现值等于初始投资折现到项目 n 期时的现值，即 $\sum_{i=1}^{n}\frac{Depr_i}{(1+WACC)^i}=\frac{I}{(1+WACC)^n}$。再假设项目最终残值为 0，有 $\frac{SV_n}{(1+WACC)^n}=0$。因此，上式（6－19）可以简化变成：

$$NPV = \sum_{i=1}^{n} \frac{EBIT_i(1-t)}{(1+WACC)^i} - \sum_{i=1}^{n} \frac{WACC * I}{(1+WACC)^i}$$
$$= \sum_{i=1}^{n} \frac{EBIT_i(1-t) - WACC * I}{(1+WACC)^i}$$
$$= \sum_{i=1}^{n} \frac{\left(\frac{EBIT_i(1-t)}{I} - WACC\right) * I}{(1+WACC)^i} \quad i = 1, 2, \cdots, n \tag{6-20}$$

根据资本回报率公式 $ROIC = EBIT * \left(\frac{1-t}{I}\right)$，以及 EVA 定义 $EVA = (ROIC - WACC) * I$ 带入上式求解，即得到：

$$NPV = \sum_{i=1}^{n} \frac{(ROC - WACC) * I}{(1+WACC)^i} = \sum_{i=1}^{n} \frac{EVA}{(1+WACC)^i} \quad i = 1, 2, \cdots, n \tag{6-21}$$

上式证明了 EVA 和 NPV 的关系，说明企业净现值等于企业未来各期 EVA 的折现值。EVA_i 和 NPV 之间为正相关，当每期都能较好完成 EVA_i 目标时，企业净现值为正，可以增加企业的 NPV；否则 EVA_i 的减少将带来企业 NPV 的降低。另外，上式还表达了一种重要观点，即是：流量（EVA）和存量（NPV）指标之间存在相关转化关系（符蓉等，2006）。Ehrbar 和 Stewart 认为，尽管 NPV 可以有效表达企业经济活动状态，但 NPV 是一个存量指标，很难和管理层业绩和薪酬挂钩。但 EVA 却是一个流量指标，可以灵活地计算任意时间段内企业的超额利润，更能反映公司随时间延续的绩效（Ehrbar & Stewart，1999）。

2. EVA 反映企业价值

下面再将 EVA 和折现现金流（DCF）模型联系起来共同解释企业价值。企业总价值可分成两部分：已有资产价值及未来期望增长的价值。

$$V_{firm} = V_{asset\ in\ place} + V_{future\ growth} \tag{6-22}$$

通过 DCF 模型，两部分价值可以用过净现值的形式进行表示如下。其中，V_{firm} 是企业价值，$I_{existing\ asset}$ 为已投入资金，$NPV_{asset\ in\ place}$ 为已有资产现值，$\sum_{i=1}^{n} NPV_i$ 为未来项目的现值，即有：

$$V_{firm} = (I_{existing\ asset} + NPV_{asset\ in\ place}) + \left(\sum_{i=1}^{n} NPV_{future\ projects,\ i}\right) \tag{6-23}$$

根据式(6－21)对EVA和NPV关系的分析，可将EVA代替NPV带入上式，得到：

$$V_{firm}=\left(I_{existing\ asset}+\sum_{i=1}^{\infty}\frac{EVA_{i,\ asset\ in\ place}}{(1+WACC_{asset\ in\ place})^{i}}\right)+\left(\sum_{i=1}^{\infty}\frac{EVA_{i,\ future\ project}}{(1+WACC_{future\ project})^{i}}\right) \tag{6-24}$$

因此，公司的价值表达成三个部分，分别是已有资产的投资、已有资产所带来的EVA折现值，以及未来投资带来的EVA的折现值(Damodaran, 1999)。再进一步推导，公司价值可以表达为初期账面投资加上企业现在和未来各期EVA折现值总和，得到：

$$V_{firm}=I_{existing\ asset}+\sum_{i=1}^{\infty}\frac{EVA_{i,\ asset\ in\ place\ and\ future\ growth}}{\Pi_{t=1,\ t'=1}^{t=i,\ t'=i}(1+WACC_{asset\ in\ place,\ t})(1+WACC_{asset\ in\ place,\ t'})} \tag{6-25}$$

上式说明，企业价值等于未来各期EVA折现值加期初账面投资。因此，EVA可以真实地、科学地反映企业价值。未来各期实现的EVA越多，企业价值就越大。

3. EVA反映企业超额价值

超额价值是相对正常价值而言。所谓正常价值(或正常利润)，指的是为使厂商继续从事某种生产经营活动所必需的最低限度利润水平，亦即总收益等于总成本时的利润水平。而超额价值(或超额利润)是指其他条件保持社会平均水平而获得超过市场平均正常利润的那部分利润。换句话说，企业的超额价值是指企业获得超过预期的价值。即从某度量时间点开始，企业未来实际价值与期望价值之间差额。如果在一个流动性市场，则体现成企业实际创造的真实价值(或利润)高于市场预期水平的部分。下面给出EVA表示的企业超额价值证明。

企业价值增值(ΔV)可表现为企业实际价值产出(V^R)与期望价值(V^0)之差，即：

$$\Delta V=V^R-V^0 \tag{6-26}$$

根据企业价值与自由现金流模型(FCF)之间的关系，以及带入上面推导

NPV 与 EVA 之间关系，企业期望价值(V^0)表达为(具体证明可参见(黄卫伟、李春瑜，2005))：

$$V^0=\sum_{i=1}^{\infty}\frac{FCF_i^0}{(1+c)^i}=I_0+\sum_{i=1}^{\infty}\frac{EVA_i^0}{(1+c)^i} \tag{6-27}$$

式中，I_0 为初始投资，FCF_i^0 是相对于起始点，第 i 期的自由现金流。EVA_i^0 是第 i 期 EVA 的预期价值。企业真实价值产出(V^R)为：

$$V^R=\sum_{i=1}^{\infty}\frac{FCF_i}{(1+c)^i}=I_0+\sum_{i=1}^{\infty}\frac{EVA_i}{(1+c)^i} \tag{6-28}$$

因此，企业超额价值(ΔV)为真实价值与期望价值之间差额：

$$\begin{aligned}\Delta V&=\sum_{i=1}^{\infty}\frac{FCF_i-FCF_i^0}{(1+c)^i}=\sum_{i=1}^{\infty}\frac{EVA_i}{(1+c)^i}-\sum_{i=1}^{\infty}\frac{EVA_i^0}{(1+c)^i}\\&=\sum_{i=1}^{\infty}\frac{EVA_i-EVA_i^0}{(1+c)^i}\end{aligned} \tag{6-29}$$

上式说明，企业超额价值的源泉是产生超额 EVA 价值，只有当 EVA 超过预期水平，企业才真正创造了超额价值。金融行业内通常使用连续两年的 EVA 数值增长的百分率作为衡量企业超额增重的重要因素，该比例也称为 EVA 动量(EVA Momentum)，它描述了企业的年均超额价值增长趋势。

综上所述，EVA 既可以用来度量企业价值，也可以用来衡量企业的超额价值。企业价值度量是超额价值度量的基础，由于存在价值度量，才能为超额超值确定预期利润和测量目标；而超额价值是价值度量依据，时间段内超额价值的变动和累计，确定了企业在某一时刻点的最终价值。

6.3.2　EVA 计算方法

1. EVA 计算方法

EVA 可任取以下两种方法之一进行计算。

第一种计算方法中，EVA 等于税后净营业利润(NOPAT)和企业总资本成本之差见式(6－30)。其中，NOPAT 也可按照式(6－31)计算，企业总资本成本等于是经调整后初期投资成本(K)和资本加权平均资本成本(WACC)的乘积。EVA 计算基于公司的财务和会计报告，以及通用会计准则(GAAP)，但需要做出更为精确的调整，且调整事项高达 164 项(黄卫伟、李春瑜，2005)。具体调整项目可参考相关教材，本书不一一列出，但就主要调整类型进行说明。例如，① 将传统 GAAP 以企业债权人角度转化为 EVA 以企业持续发展与价值的角度；② 消除盈余管理的漏洞，并减少管理层对短期调整倾向性；③ 消除传统会计计量的误差；④ 关注企业经济价值，而非账面价值。由于第一种方法需要处理大量的会计调整等财务数据，同时涉及公司具体的经营状况了解。因此，本书采取第二种 EVA 计算方法。

$$EVA = NOPAT - WACC \times K \tag{6-30}$$

$$NOPAT = 收入 - 成本 \pm EVA\ 调整项 - 税收 \tag{6-31}$$

第二种 EVA 计算方式如式(6－32)所示。其中，ROC 是企业资本收益率，$WACC$ 是资本加权平均成本(Weighted Average Cost of Capital)，K 为投资成本。在计算 EVA 时，还需要以下三个方面理论的支持(包括 WACC 计算、企业财务杠杆，以及资本定价模型)。

$$EVA = (ROC - WACC) \times K \tag{6-32}$$

2. 资本加权平均成本(WACC)计算

由于在企业实际资金使用过程中，企业通常是采用各种融资渠道和方式的组合，而不可能采用单一的融资方式。因此，企业的资金成本也就不是由单一成本决定，而需要计算综合资金成本。而加权平均资金成本 WACC 即提供了这种同时考虑股权融资和债务融资相结合的方式，以加权比例的形式，来确定最终的资金成本。WACC 计算如式(6－33)。式中，E 为股权资金，D 为债务资金，V 为股权和债务两者之和 $V=D+E$。因此，E/V 为权益所占权重，D/V 为债务所占权重。R_e 为股权融资成本，R_d 为债务融资成本。t 为公司综合税收比例。因为公司中利息是可以抵税的，所以公式中$(1-t)$表示税盾效应。

$$WACC = R_e \times (E/V) + R_d \times (1-t) \times (D/V) \tag{6-33}$$

3. 财务杠杆计算

上式中股权和债务的比例反映了企业的财务杠杆。财务杠杆是权衡企业的债务和权益之间比例，其实质是通过优化企业负债来调节企业权利资本收益的手段。企业财务杠杆的变化和企业价值有着十分密切的联系，企业的最优财务杠杆比例体现了资本结构的价值权衡(图 6－3)。合理的运用财务杠杆会给企业权益资本带来额外收益，即财务杠杆效益。另外，财务杠杆对计算企业平均加权成本(WACC)和税盾(tax shield)效应时起到重要作用。

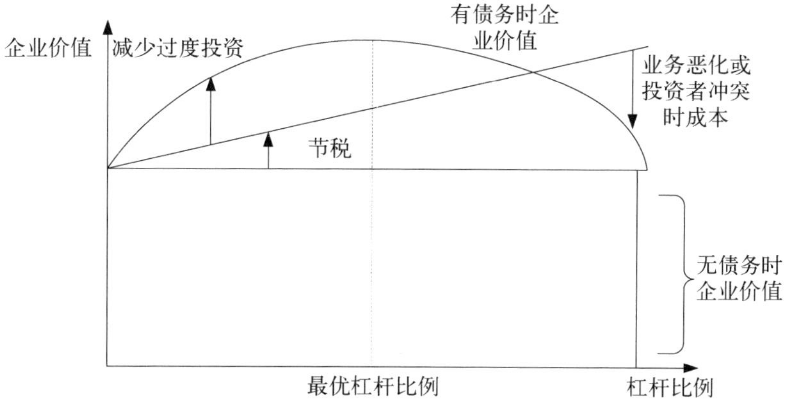

图 6-3　企业资本结构的价值权衡(科勒,2007)

4. 资本资产定价模型(CAPM)计算

针对 WACC 中股权融资成本(R_e)的计算,需要通过 CAPM 模型进行分析。CAPM 模型是理论上确定资产回报率的方法,它构成了现代金融市场价值理论、公司理财及投资决策的重要理论基础。CAMP 模型最早分别由 John Lintner, William Sharpe, Jack Treynor 和 Jan Mossin 等人在现代投资组合理论(Modern Portfolio Theory)和分散投资理论(Diversification)的基础上发展而来。CAPM 是关于单个资产或资产组合的期望收益与风险之间的均衡关系的模型,它将任意一个风险资产的价格划分为三类影响因素：无风险收益率、风险溢价价格以及风险的相关性。其目的在于帮助投资人确定资本资产的价格。CAPM 计算公式如下：

$$R_e = R_f + \beta \times (R_M - R_f) \tag{6-34}$$

其中,R_f 是无风险回报率,本书(第 7 章中)选取政府 10 年期国债作为标准,R_e 是资产的期望收益率,R_M 是(股票)市场的期望收益率,$R_M - R_f$ 表达的是(股票)市场的风险溢价(market risk premium, MRP)水平,β 是资产的 beta 系数。β 是用来测量单个资产收益变动与整体(股票)市场收益变动关联度的指标,反映了单个资产的系统风险。它可由下式计算：

$$\beta = \frac{Cov(r_i,\ r_m)}{\sigma_m^2} = \frac{E[(r_i - E(r_i)) \times (r_m - E(r_m))]}{E[\sigma_m - E(\sigma_m)]} \tag{6-35}$$

其中,$Cov(r_i,\ r_m)$是资产 i 和市场 m 之间的协方差,σ_m^2是市场的方差。当$\beta>1$时,表示该投资资本承担高于市场平均波动水平的波动敏感度;当 $\beta<1$ 时,表示该投资资本相对于市场平均波动水平不敏感。因此,CAPM 可以帮助投资者对

不同风险的资产做出评估和定价。

综合以上各方面后即可计算 EVA 数据，具体过程参见第 7 章。

6.3.3 模型构建及优化

1. 基本回归模型构建

本研究利用回归模型来构建绿色企业行为和最终企业价值之间的关系。自变量为反映企业各类经营活动的指标，因变量为企业的最终价值，由经济价值增加值比率(EVA margin)体现。初始回归模型如下：

$$EVA(\%) = \alpha + \sum_i (\beta \times F_i) + \epsilon \qquad (6-36)$$

式中，F_i 为企业的不同自变量。$EVA(\%)$为经济价值增加值比率(EVA margin)。α、β 分别为回归系数，ϵ 为误差项，服从正态分布 $\epsilon \sim (0,\ 1)$。该回归模型为筛选一般化模型，分别对绿色企业和常规企业普遍适用。

本研究为体现出企业绿色化所带来的超额绩效，需将绿色企业和常规企业进行比较。因此，特别设计了虚拟二元变量模型 I 以表示不同的企业类型，$I = 1$ 为绿色企业，$I = 0$ 为常规企业。通过这种方法，可将所有企业数据放入同一个回归模型中进行计算，从而可以比较出绿色化带给企业的超额价值。改进后的模型如下所示：

$$EVA(\%) = \alpha + \sum_i (\beta + \gamma \times I) \times F_i + \epsilon \qquad (6-37)$$

式中，α 是回归方程系数，β 是自变量 F_i 的斜率，γ 是虚拟变量 $I * F_i$ 的斜率，ϵ 是系统误差(假设服从正态分布 $\epsilon \sim (0,\ 1)$)。这里，I 是二元虚拟变量，用来区别绿色企业($I=0$)和常规企业($I=1$)。F_i 代表不同自变量指标。

将上式展开，即得出两类企业的回归方程：

$$\begin{cases} EVA(\%) = \alpha + \sum_i (\beta + \gamma) \times F_i + \epsilon,\ I = 1 \\ EVA(\%) = \alpha + \sum_i (\beta \times F_i) + \epsilon,\ I = 0 \end{cases} \qquad (6-38)$$

上式中，$I = 1$ 代表绿色企业回归方程，$I = 0$ 代表常规企业回归方程。

2. 参数初选

下面讨论回归方程中各个参数的选取。

(1) 因变量描述

EVA 是企业长期超额价值的体现，它反映了企业在偿还所有股东权益后所剩下的超额利润。同时，作为一个综合性的指标，EVA 较为真实地反映了企业经营状况和未来发展趋势，本研究将 EVA 作为一个重要的因变量指标。为了消除不同公司规模大小的影响，本章仍然延续使用 EVA 比率（EVA 占当年公司利润的百分比）进行分析计算。

（2）自变量的预选取

企业提高 EVA 价值的方法主要有两类，一是扩大投资额度；二是扩大企业收益率和资本成本率之差。对于建筑业企业而言，由于预期 EVA 取决于企业已有投资和固定收益，而实际 EVA 同时取决于已有投资项目盈利以及未来新项目的盈利水平。因此，企业提高 EVA 有以下 4 种方式：提升已有投资项目的 EVA 水平；清理实际 EVA 低于预期水平的项目；投资 EVA 水平大于 0 的新项目，增加实际 EVA 的绝对值；降低资本加权平均成本。为综合考察企业提升 EVA 能力，研究提出了包括财务、融资、运营、市场等各方面能力在内的 11 项指标，作为预选自变量参数（表 6－2）。

表 6－2　企业长期价值回归模型初选变量

企业能力	指　　标	意 义 及 计 算
盈利能力	F1：净资产收益率（ROE）	企业净利润占股东股权的比率
	F2：综合利润率（Profit margin）	净利润占总销售收入的百分比（包括运营业务和非运营业务总和）
	F3：运营利润率（Operating profit margin）	息税前利润占总销售收入的百分比
财务能力	F4：税收负担（Tax burden）	税收占净利润的比例
	F5：利息负担（Interest burden）	利息占净利润的比例
	F6：财务杠杆（Financial leverage）	企业总资产和股东股权的比例
运营能力	F7：资产周转率（Asset turnover）	总销售收入比总资产
资本市场价值	F8：市盈率（P/E）	企业股价和每股收益的比值
	F9：EV/EBITDA（EV/EBITDA）	企业总价值和息税折旧摊销前利润的比值
企业成长能力	F10：销售增长率（Revenue growth）	年均总销售收入增长率
成本控制能力	F11：加权平均资金成本（WACC）	股权融资成本和资本市场融资成本的加权平均值。该指标作为企业成本函数的综合指标，既反映了企业从股东方面融资的成本，也反映了从资本市场融资的成本

3. 参数优化及最终指标

针对上述11个评价指标，研究通过专家评价的方式进行筛选和优化，选取出最合理的指标进入回归方程。筛选采取专家评价的办法进行，过程如下图6-4所示。笔者分别邀请了包括论文导师在内的七位专家（分别来自同济大学、复旦大学、美国马里兰大学）进行一对一讨论。筛选过程中始终遵循以下四个原则，分别是：全面性、排他性、有效性、内生性。

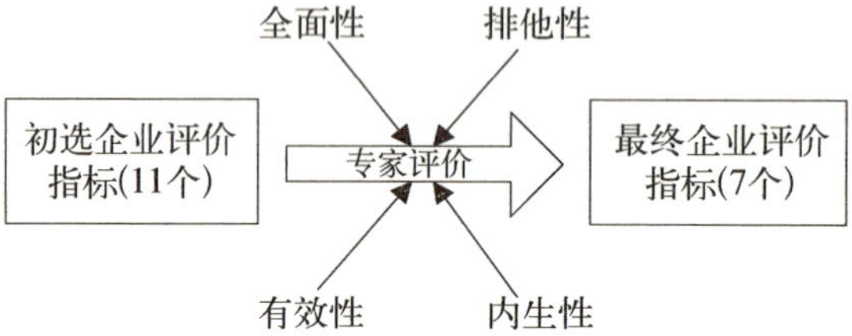

图6-4　企业财务指标优化过程

1）全面性表示选择的指标应尽量包括企业运营、融资、生产在内的各个环节绩效的测量。

2）排他性是指各个指标之间应尽量避免测量范围上的重复，和多重共线性的影响。

3）有效性表示选定的指标能否有效地、准确地测量企业相关方面的绩效表现，并能合理解释最终结果。

4）内生性表示选择的指标尽可能从最根本的、最底层的方面去诠释企业该方面的绩效，而尽量避免中介变量。

作者在综合专家意见后，对预选取的自变量做出以下总结：

F1净资产收益率已经包含在了企业加权平均资金成本（WACC）的计算过程中（WACC同时包括了股权和债务类的资本收益要求），故不再作为单独的自变量。

F2综合利润率中包含了运营利润率、税收负担和利润负担多重变量，产生较强的共线性，也不予单独考虑为自变量。

F3—F7都满足上述提出的四项筛选原则，保留为自变量。

F8—F9为企业在资本市场上的表现，最终反映在企业的资本市场融资成本中，而该两项已经在企业加权平均资金成本（WACC）中得到体现，故也不予单独考虑。

F10销售收入年均增长率实际反映的是企业销售收入的情况，该项已经包含在 F7 资产周转率中（销售收入作为资产周转率的计算分子），为剔除共线性，也不予考虑。

F11 加权平均资金成本（WACC）作为企业的综合成本控制能力指标，予以保留。企业通过降低资金成本，同时也控制了企业风险，从而提高企业价值。

经过专家讨论和筛选后，剩下的 6 项自变量指标，分别为 F3：运营利润率（Operating profit margin）、F4：税收负担（Tax burden）、F5：利息负担（Interest burden）、F6：财务杠杆（Financial leverage）、F7：资产周转率（Asset turnover）、F11：加权平均资金成本（WACC），它们作为企业运营的核心指标，充分代表了企业的各方面的能力水平，作为最终自变量进入回归模型。

4. 最终回归模型

经过优化处理后，企业超额价值回归最终模型表达为：

$$
\begin{aligned}
EVA\ margin(\%) = \alpha + [(&\beta_3 \times F_3 + \gamma_3 \times I \times F_3) + (\beta_4 \times F_4 + \gamma_4 \times I \times F_4) \\
&+ (\beta_5 \times F_5 + \gamma_5 \times I \times F_5) + (\beta_6 \times F_6 + \gamma_6 \times I \times F_6) \\
&+ (\beta_7 \times F_7 + \gamma_7 \times I \times F_7) + (\beta_{11} \times F_{11} + \gamma_{11} \times I \times F_{11})] + \epsilon
\end{aligned}
\tag{6-39}
$$

其中，绿色企业时，$I = 1$；常规企业时，$I = 0$。上式表示企业的经济价值增量比率（EVA margin）可以通过 6 项自变量指标进行表达。对于绿色企业和常规企业不同的系数如表 6-3 所示。在第 7 章中，将通过建筑业企业实证数据对上式求解并分析结果。

表 6-3　企业长期价值回归模型最终变量及符号

变　量	指标名称	指标代号	变量代号	绿色虚拟变量	绿色企业系数	常规企业系数
因变量	EVA 比率	EVA_margin	F8	—	—	—
自变量	运营利润率	Oper_pro_mar	F3	$F3 \times I$	$\beta_3 + \gamma_3$	β_3
	税率负担	tax_burden	F4	$F4 \times I$	$\beta_4 + \gamma_4$	β_4
	利息负担	interest_burden	F5	$F5 \times I$	$\beta_5 + \gamma_5$	β_5
	财务杠杆	tax_burden	F6	$F6 \times I$	$\beta_6 + \gamma_6$	β_6
	资产周转率	asset_turnover	F7	$F7 \times I$	$\beta_7 + \gamma_7$	β_7
	加权平均成本	WACC	F11	$F11 \times I$	$\beta_{11} + \gamma_{11}$	β_{11}

6.4 本章小结

本章讨论了两个主要问题并设计了研究模型框架,为下一章实证分析奠定基础。第一个问题是比较绿色企业和常规企业的综合价值,研究设计了包括三个方面(财务利润、价值增长、资本市场价值)和7个指标(净资产收益率、资本回报率、经济价值增量、销售收入增长率、市盈率、托宾 Q 值、EV/EBITDA 比率)的综合绩效评价体系,对比绿色企业和常规企业的综合绩效差异。

第二个问题是找出绿色企业产生超额价值的根源和发生机制。针对短期净资产的超额利润,论文通过 DuPont 分析法进行分解,通过5个子要素找出最终根源;针对企业基于 EVA 的超额价值增长,首先分析了 EVA 与企业超额价值的关系,再建立以 EVA 为因变量的多元回归模型,并通过专家评价方法对模型中的自变量进行选取和优化,并最终确定了回归模型,为下一章实证奠定基础。

第7章 建筑业企业绿色化超额价值及创造机制实证研究

7.1 实证研究准备工作

7.1.1 研究对象界定

本研究对象是建筑业中的绿色企业和常规企业。为了达到该目标，研究按照以下过程进行筛选(图 7-1)。步骤一、二、三是确定所有入选企业；步骤四是筛选绿色企业，并将绿色企业和常规企业进行分组。

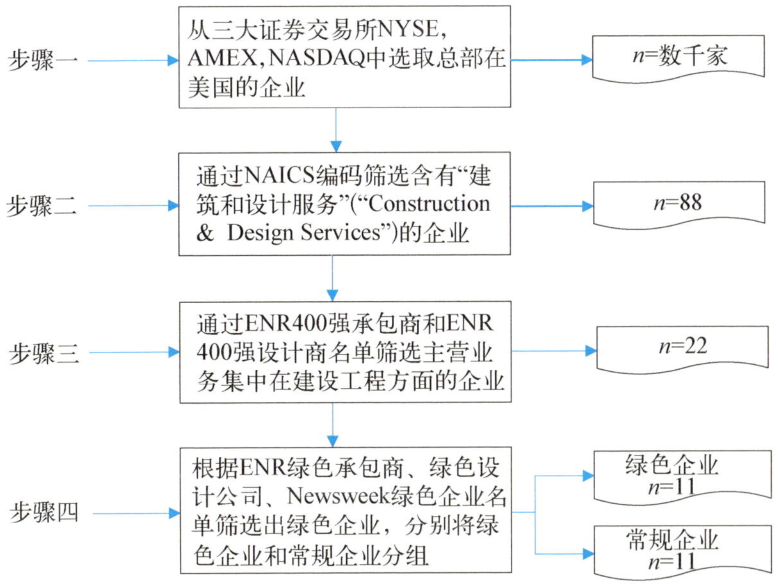

图 7-1 绿色企业界定过程

1. 明确研究主体

本研究对象集中在 2007 年至 2009 年之间所有美国建筑工程公司的财务数据。为了获得每个公司进行统计分析所需的充分数据点，本研究仅考虑公司总部在美国，且仅在美国主流股票交易所上市的企业。样本总体包括在纽约证交所(New York Stock Exchange)、美国股票交易所(American Stock Exchange)，以及纳斯达克股票交易所(NASDAQ Stock Market)上市的企业。为了进一步精确研究范围，本研究使用北美公司类型区别代码(North American Industry Classification System)中属于建设及设计服务类(Construction & Design Services)的企业进行过滤(表 7-1)(NAICS, 2011)。之后，再根据企业的营业范围和性质，参照 ENR400 强的承包商和前 400 强设计公司名单进行筛选。最终只有 22 家企业入围。特别需要说明的是，由于建筑业企业为了保护其招投标活动的私密性，常常选择采用私人合伙制或者有限责任制公司，而很少选择上市公司发行。因此，这也从客观上限制了研究的样本数量，这也是目前绿色化实证研究中最常碰到的问题。

表 7-1 北美公司类型区别代码(NAICS)编号具体

一级目录	Construction
二级目录	Construction & Design Services
三级目录	Architectural & Engineering Services (exactly names) Commercial & Heavy Construction Manufactured Buildings (该项不予计算) Residential Construction Specialty Contracting
具体编号	23611, 236115, 236116, 236117, 236118, 236210, 236220, 237110, 237120, 237130, 237210, 237310, 237990, 238110, 238120, 238130, 238140, 238150, 238160, 238170, 238190, 238210, 238220, 238290, 238310, 238320, 238330, 238340, 238350, 238390, 238910, 238990, 54131, 541310, 541320, 54133, 541330, 541340, 541350, 541360, 541370, 541410, 541420, 541611, 54162, 54169, 56121, 561210, 56291

2. 绿色企业界定

本研究中的绿色企业已在第 2 章进行界定，企业不仅包括建造绿色项目，还包括企业商业运营、管理、文化、营销等相关方面的活动，例如，尝到回收利用政策、绿色供应链协议、使用可再生能源和鼓励公共交通等方面。研究证明企业各个层面的绿色化都能不同程度地提高股东价值(Hart et al.，2003)。为了区分绿色企业和常规企业，本研究参照了三项绿色企业认证排名，分别是工程新闻纪录(Engineering News-Record，ENR)2007—2009 年前 100 名绿色承包商排名、2008—2009 年 ENR 前 100 名绿色建筑设计公司排名(ENR，2011)和美国新闻周刊 2010 年美国绿色企业排名(Newsweek Green US Companies Rankings)(Newsweek，2010)。尽管还有一些对绿色企业的评价，例如道琼斯可持续性指数公司名单(DJSI)、可持续报道标准(Sustainability Reporting Guideline，SRG)公司名单等，但这些名单中很少有建筑业企业上榜，因此未纳入本研究绿色企业的界定范围。

(1) ENR 绿色企业排名

对于 ENR 排名，第 2 章已经做过介绍，这里不再赘述。最终绿色企业名单中，有 3 家绿色企业来自 ENR 前 100 名绿色承包商名单，有 4 家绿色企业来自 ENR 前 100 名绿色建筑设计公司名单。

(2) 美国新闻周刊评价

美国新闻周刊绿色公司评价(Newsweek's Green Rankings)是对全球和全美的大型公司进行绿色绩效评价，并根据企业一系列绿色绩效分值进行年度排名。该评分标准由美国新闻周刊和两个合作伙伴 Trucost 及 Sustainalytics 公司共同研究推出。该排名每年选取全球 500 家最具有绿色价值的公司和全美国前 500 家最绿色价值的公司。该评价方法采取"绿色分数(GREEN SCORE)"的打分制评价方法，总分为 100 分，其中分成环境影响分值(权重 45%)、环境管理分值(权重 45%)、环境信息披露分值(权重 10%)。在 2011 年最新全美前 500 家最具绿色价值公司的平均分为 83 分。环境影响分值主要靠 Trucost 公司的数据库中超过 700 项指标的定量分析评价，指标包括温室气体排放、水资源使用、固体废料、引起酸雨和浓雾的气体排放等；环境管理分值主要依靠 Sustainalytics 的全球平台(Sustainalytics' Global Platform)中记录的公司管理环境问题所涉及的政策、项目、目标、认证等方面；环境信息披露分值是 2011 年新增判断标准，主要通过公司对其环境绩效的信息披露和资料公开情况做出评价。由于该排放中数据由专业公司负责收集和管理，数据量大且权威可靠。在 2010 年美国商业周刊美国前 100 名绿色价值公司中，和建筑业相关的公司属于 General Industrials，该类共有 31 家公司，其中建筑业相关公司共有 7 家(具体名单参见附录 B)(Newsweek，2010)。在 7 家公司中，由于 Foster Wheeler 公司总部在瑞士，超出了本研究限定美国境内的范围，所以去除 Foster Wheeler。剩下6家公司作为绿色类建筑企业入选，作为本实证研究的重要依据。图7-2给出了2011年绿色企业评价结果的简单展示。

Showing results **1 to 25** of **500**
U.S. Companies - Green Rankings 2011

PAGE: 1 of 20 GO ◀ Next ▶

RANK	COMPANY	COUNTRY	INDUSTRY SECTOR	GREEN SCORE	ENVTL. IMPACT	ENVTL. MGMT.	DISCLOSURE
1	IBM	United States	Information Technology & Services	82.5	78.8	86.2	83
2	Hewlett-Packard	United States	Technology Equipment	75.8	66.7	87.6	63.7
3	Sprint Nextel	United States	Telecommunications	75.6	71.5	81.5	68

图7-2 美国新闻周刊绿色企业排名(Newsweek, 2010)

3. 最终研究名单

在筛选完所有满足条件合格的企业之后，共有11个绿色企业被选做绿色组，另外11个常规企业被选入常规组。企业名单及其简要介绍参见表7-2。其中，绿色企业组别在2009年的总收入为840亿美元，常规组的总体收入为110亿美元。这也符合第4、5章研究中得出的大型企业更容易转向绿色化的结论。

表7-2 本实证研究中选取的绿色企业和常规企业

编号	绿色企业	交易市场及代码	入选理由	营业范围	营业收入
1	KBR, Inc.	[NYSE: KBR]	ENR-GC Newsweek	工程和建设	12 060
2	Tutor Perini Corporation	[NYSE: TPC]	ENR-GC	土木和建筑施工	5 152
3	Primoris Services Corporation	[NASDAQ (GM): PRIM]	ENR-GC	建设和基础设施	467
4	URS Corporation	[NYSE: URS]	ENR-GD	工程、建筑和技术服务	9 249
5	AECOM Technology Corporation	[NYSE: ACM]	ENR-GD	专业工程技术和管理服务	6 119
6	Tetra Tech, Inc.	[NASDAQ (GS): TTEK]	ENR-GD	环境、工程及咨询	1 386
7	Fluor Corporation	[NYSE: FLR]	ENR-GD Newsweek	工程、采购、建造、维护及项目管理	21 990

续　表

编号	绿 色 企 业	交易市场及代码	入选理由	营业范围	营业收入
8	Jacobs Engineering Group Inc.	[NYSE：JEC]	Newsweek	技术、专业及建造服务	11 467
9	Mcdermott International，Inc.	[NYSE：MDR]	Newsweek	工程和建造	3 282
10	EMCOR Group，Inc.	[NYSE：EME]	Newsweek	建造、基础设施和其他各类设施服务	5 548
11	The Shaw Group Inc.	[NYSE：SHAW]	Newsweek	工程、采购和施工	7 280
				小计：	84 000
编号	常 规 企 业	交易市场及代码	入选理由	营业范围	营业收入
1	Granite Construction Incorporated	[NYSE：GVA]	ENR-C	重工业土木施工和材料	1 963
2	Pike Electric Corporation	[NYSE：PIKE]	ENR-C	工程、建筑和维护	613
3	Hill International，Inc.	[NYSE：HIL]	ENR-C	项目管理和施工	422
4	TRC Companies，Inc.	[NYSE：TRR]	ENR-C	工程、咨询及建设管理	255
5	Layne Christensen Company	[NASDAQ（GS）：LAYN]	ENR-C	基础设施服务	866
6	Matrix Service Company	[NASDAQ（GS）：MTRX]	ENR-C	工程、制造、建造、维修和养护	690
7	Sterling Construction Company，Inc.	[NASDAQ（GS）：STRL]	ENR-C	重工业项目建造	391
8	Orion Marine Group，Inc.	[NYSE：ORN]	ENR-C	土木建造	293
9	Great Lakes Dredge & Dock Corporation	[NASDAQ（GS）：GLDD]	ENR-C	专业建造	622
10	Willbros Group Inc.	(NYSE：WG)	ENR-C	项目管理、工程、采购及维护	1 260
11	Quanta Services，Inc.	[NYSE：PWR]	ENR-C	专业基础设施施工	3 318
				小计：	10 693

注：ENR-GC 表示 ENR 前 100 家绿色承包商名单(2007—2010)；ENR-GD 表示前 100 家绿色设计公司名单（2008—2010)；Newsweek 表示 2010 年 Newsweek 前 500 家美国绿色公司名单；ENR-C 表示 ENR 前 400 家承包商；营业收入为企业 2009 年数据，数据来源于谷歌(Google)财务数据库，单位为百万美元。

7.1.2 数据收集和处理

1. 选用数据库

为了得到有效、正确的数据点，本研究所有数据均来自公司公开发布的财务报表、年报和各类公开财务报告。另外，在研究过程中，作者还通过马里兰大学图书馆正规版权用户的途径使用了各类专业财经数据库用于数据的采集和处理，包括 Hoover's 数据库和 Capital IQ 数据库。研究还是用其他免费数据库，包括美国证券交易委员会（US Securities and Exchange Commission, SEC），以及谷歌财经数据库（Google Finance）和雅虎财经数据库（Yahoo Finance）等。

2. 企业综合绩效数据采集

对于第 6 章中提出的 7 个表示企业综合绩效的指标，其计算数据选取采用表 7－3 中定义：

表 7－3　企业综合绩效评价指标计算及数据来源

指　标	数据来源或计算
ROE	通过 $ROE = \frac{net\ profits}{equity}$ 计算，数据来源于企业年报（10 K）及 Capital IQ 数据库
ROC	源于 Capital IQ 数据库
EVA margin	参见 EVA 计算部分
Revenue growth	源于 Capital IQ 数据库
P/E	源于 Capital IQ 数据库
Tobin's Q	通过 $Tobin's\ Q = \frac{Total\ firm's\ market\ value}{the\ replacement\ value\ of\ the\ firm's\ asset}$ 计算，数据源于企业年报（10 K）及 Capital IQ 数据库
EV/EBITDA	源于 Capital IQ 数据库

3. DuPont 分析数据采集

对于 DuPont 分析中各参数的选取和计算，选取采用表 7－4 中的定义：

表 7－4　企业净资产收益率(ROE)计算参数及数据来源

指　　标	数　据　来　源　或　计　算
Net Profit	企业损益表，数据来源于企业年报(10 K)及 Capital IQ 数据库
EBT	企业损益表，数据来源于企业年报(10 K)及 Capital IQ 数据库
EBIT	企业损益表，数据来源于企业年报(10 K)及 Capital IQ 数据库
Sale	企业损益表，数据来源于企业年报(10 K)及 Capital IQ 数据库
Assets	企业资产负债表，数据来源于企业年报(10 K)及 Capital IQ 数据库
Equity	企业资产负债表，数据来源于企业年报(10 K)及 Capital IQ 数据库

4. EVA 回归分析数据采集

EVA 计算过程中的参数和数据归纳如表 7－5 和表 7－6 所示。在按照以上规则获取 2007—2009 年所有原始数据后，研究对每一项指标进行计算并得到数值，并进行下一步的有效性检验。

表 7－5　企业 EVA 计算参数及数据来源

变 量 及 含 义	数　据　来　源
总收益	Capital IQ 数据库
ROIC，资本回报率	Capital IQ 数据库
K，投资资本	Capital IQ 数据库
WACC，资本平均成本	通过计算，$WACC = R_e(E/V) + R_d(1-t)(D/V)$
R_f，无风险收益	美国财政 10 年债券(平均日息)(来源：美国联邦储备局 St. Louise 数据中心)
R_M，股票市场收益	
$R_M - R_f$，风险溢价	纽约大学 Aamodaran 教授提供数据(来源 Http://Pages. Stern. Nyu. Edu/～Adamodar/)
β，企业相对于股票市场的敏感性	Capital IQ 数据库
E，企业总股权资产	Capital IQ 数据库
D，企业总债务资产	Capital IQ 数据库
$V = E + D$，企业总价值	Capital IQ 数据库
t，公司税率	Capital IQ 数据库

续 表

变量及含义	数据来源
σ,每日股票价格 log 收益的年均波动幅度(volatility)	$\sigma=\sqrt{\frac{\sum_{i=1}^{N}(x_i-\bar{x})^2}{N-1}}\sqrt{T}$, where $x_i=\log\left(\frac{P_i}{P_{i-1}}\right)$ 通过 Yahoo 财经网站数据进行计算:假设每年交易日 256 天(T=256),每个波幅周期为 20 天(N=20)。若股票在当年休市或没有交易,那只有交易日期的数据才被列入计算公式
R_e,股权成本	通过计算 $R_e=R_f+\beta*(R_M-R_f)$
R_d,债务成本	通过计算 $R_d=R_f+$"default spread","default spread"是默认价差
"默认价差(Default spread)"	通过对股票价格波动标准差的线性插值计算(表函数见表 7-6)

表 7-6 企业债务成本中"默认价差(Default spread)"表函数

股价波动标准差(σ)		默认价差
0	0.2	0.50%
0.2	0.25	1.00%
0.25	0.3	1.50%
0.3	0.4	2.00%
0.4	0.5	2.50%
0.5	0.6	3.00%
0.6	10	4.00%

5. 数据有效性检验

有效性检验是去除数据中异值点的过程。异值点(也称离群值)是指相对比一组数据中的其他数据的极限值。异值点的存在可能影响统计分析的精确性。因此,本研究采用 SPSS 中的箱形图(Boxplot)的方法来移除计算过程中的异值点和特殊极端情况,以此确保最终结果计算的可靠性。研究通过判断任何 3 倍大于剩下所有值的四分位数间距(IQR, Interquartile Range)作为标准进行剔除。IQR 可通过下式计算:

$$IQR=Q_3-Q_1 \tag{7-1}$$

其中,Q_1 是累计分布函数(CDF)小于 25%比例的数值点;Q_3 是累计分布函数

(CDF)小于 75%比例的数值点。在核查完数据有效性之后，开始进行统计分析。

7.1.3　统计分析方法

1. T 检验

为了检验绿色企业和常规企业组别的差异，本研究使用两个独立组别的 t 检验(t-test)(也称为学生检验 student test)来比较绿色组和常规组之间各项财务指标的均值情况。由于公司样本量较少，本研究将三年(2007—2009)数据进行合并分析，使每一个组别中有 33 个数据点(共 11 个公司，每个公司有 3 个数据点)。合并可能会增加数据自相关性影响的潜在风险，但是经过后面对最终结果的检验，排除了该潜在风险，并证明合并是可行的。根据中心极限定理(Central Limit Theorem)，超过 20 个样本点的数据即可满足正态分布假设的要求。另外，由于每组观测样本量相同，即都为 11 个或 33 个观测点，这也满足了统计分析中方差齐性(Homogeneity of Variance)的要求。从而使得统计分析的结果更稳定，减少了可能犯一类错误(Type I error)和二类错误(Type II error)的概率。本研究 t 检验(t-test)的具体算法可参考以下公式，更多内容也可参考相关教材，例如(Hinkle et al.，2003)。

$$t=\frac{\bar{X}_1-\bar{X}_2}{\sigma_{1-2}}=\frac{\bar{X}_1-\bar{X}_2}{\sqrt{\left(\frac{S_1^2}{n_1}+\frac{S_2^2}{n_2}\right)}} \tag{7-2}$$

式中，$\bar{X}_1$，$\bar{X}_2$ 分别是不同组别的估计均值；σ_{1-2}是组别差异的标准差；S_1^2，S_2^2 分别是不同组别的估计方差；n_1，n_2 是不同组别的样本数。

2. 小样本非参检验

在进行年度比较时，由于每组统计数据仅有 11 个数据点，需要使用小样本非参数检验来增强数据的可信度。对于非参数检验，论文采用 Mann-Whitney 检验(也称 Mann-Whitney-Wilcoxon(MWW) 或 Wilcoxon rank-sum 检验)。Mann-Whitney 检验最初由 Frank Wilcoxon 于 1945 年发现(Wilcoxon，1945)，已发展成为广泛使用的针对小样本数据或不满足正态分布数据的非参数检验。该方法主要通过混合排列并加总组别中的观察值，并按照下列公式计算 U 值。其中，n_1，n_2 是两组数据的样本大小，R_i 是排序。将 U 值与临界值 Ua 比较之后，做出假设判断。

$$U=n_1n_2+\frac{n_2(n_2+1)}{2}-\sum_{i=n_i+1}^{n_2}R_i \tag{7-3}$$

另外，针对每组样本中只有 11 个小样本的问题，研究还采用以下两类方法增加数据检验的有效性。

(1) Fisher's 精确检验(Fisher's Exact test)

Fisher's 精确检验是专门针对小样本的检验方法。它的核心是通过检验数据的精确分布(exact distribution)来计算不同假设的显著性程度，而抛弃了传统的渐进性方法(asymptotic method)计算(Mehta & Patel, 2010)。使用这种精确检验来计算两个独立样本之间的非参数检验(例如上述的 Mann-Whitney 检验)已在统计学上得到充分的证明并适用于各领域的研究(Sprent & Smeeton, 2007)。

(2) Monte-Carlo 模拟

Monte-Carlo 模拟是一种重复取样的方法，它基于已有数据的特性随机产生大量样本，以增强统计分析的精确结果。本研究中 Monte-Carlo 模拟由电脑程序自动完成。研究中，Monte-Carlo 模拟参数为 99%的置信区间条件下模拟一万次(M=10 000)。理论上，Monte-Carlo 模拟的次数越多，结果越精确。在无穷大时的模拟结果应该无限接近于 Fisher's 精确检验的结果。

3. 统计方法的实现

在所有数据收集准备完毕后，并确定使用的统计方法后，本研究使用专业的统计分析计量软件 SPSS(17.0)进行相关运算。

7.2 企业绿色化综合绩效评价实证结果讨论

根据 2007—2009 年间绿色企业和常规企业的 7 项综合绩效指标进行统计分析。本研究若无特殊说明外，检验结果的显著性水平均采用表 7-7 所示的三类判断标准。汇总结果参见附录 C1—C3 所示，原始数据参照附录 C10。下面分别就企业短期财务、价值增长和资本市场表现三个方面进行分析。

表 7-7 统计检验显著性判断标准

显著性水平	判断参数
非常显著**	$0<p<0.01$
显 著*	$0.01<p<0.05$
不显著	$p>0.05$

7.2.1　短期财务表现

短期财务表现包括净资产收益率(ROE)和资产回报率(ROC)两个方面。总体上,绿色企业两方面指标都显著地优于常规企业。统计分析结果如表 7－8—表 7－9 和图 7－3 所示。非参数检验结果及分年度的具体数据请参见附录 C4—C8。

表 7－8　企业短期财务绩效基本统计量

	类　型	N	Mean	Std. Deviation	Std. Error Mean
ROE	green	33	0.174	0.155	0.027
	conventional	31	0.082	0.067	0.012
ROC	green	32	0.134	0.069	0.012
	conventional	29	0.088	0.048	0.009

表 7－9　企业短期财务绩效 t 检验

		Levene's Test for Equality of Variances		t-test for Equality of Means			
		F	Sig.	t	df	Sig. (2-tailed)	Mean Difference
ROE	Equal variances assumed	6.167	.016	3.052	62.000	.003	.092
	Equal variances not assumed	—	—	3.119	44.115	.003	.092
ROC	Equal variances assumed	2.569	.114	3.026	59.000	.004	.047
	Equal variances not assumed	—	—	3.077	55.683	.003	.047

1. 绿色企业的净资产收益率(ROE)显著提高

如表 7－8、表 7－9 中统计分析结果所示,绿色企业在短期财务表现的两个指标上都明显地高于常规企业。2007—2009 年中,所有企业的 ROE 均值为 13.0%。在显著性水平为 0.002 的条件下(P value=0.002),绿色企业的平均 ROE 为 17.4%,明显高于常规企业的 ROE 均值 8.2%。绿色企业具有更高的 ROE 说明在基于同样数量的股权条件下,绿色企业能够为公司股权带来超过 112.2%的回报。具体看来(图 7－4),每年的股权益率(ROE)的表现也有所不

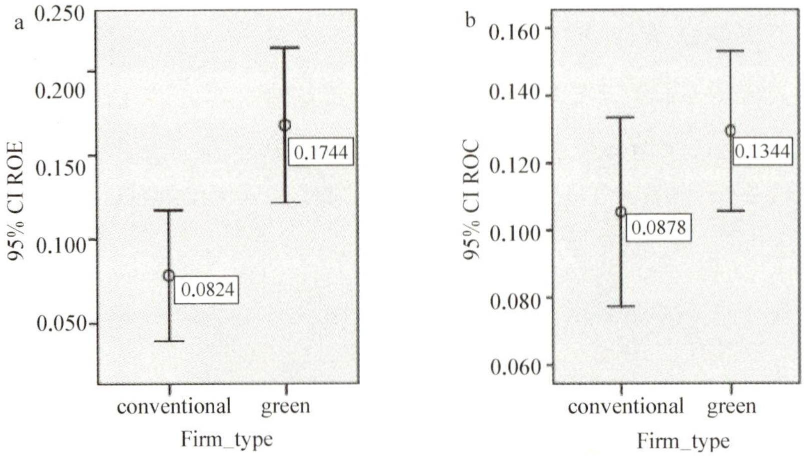

图 7－3　绿色企业和常规企业短期财务绩效均值及置信区间对比

(a) ROE；(b) ROC

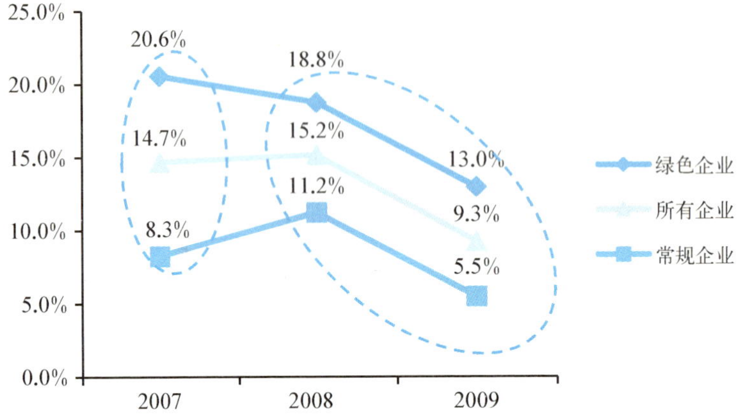

图 7－4　绿色企业和常规企业净资产收益率对比(2007—2009)

同，这是因为受到宏观经济环境和整体市场表现的影响。在 2007 年，绿色企业的净资产收益率(ROE)(20.6%)几乎为常规企业(8.3%)的两倍以上。在经济危机发生的 2007 年后，两组公司的净资产收益率都大大降低。但是，在 2008 年，绿色企业仍然以 18.8%比 11.3%的优势领先于常规企业；2009 年，绿色企业为 13.0%而常规企业仅有 5.5%。这些比例说明，尽管同时都受到金融危机的影响，绿色企业的短期财务表现仍然优于常规企业，可能的原因来源于绿色创新等方面(McGraw-Hill，2009)。但是，在金融危机之后，绿色企业的净资产收益率相对于之前的水平下降了 36.6%，而常规企业仅下降了 33.7%，这也暴露了绿色企业在经济危机显露出的高风险和不确定性。

2. 绿色企业的资本回报率(ROC)显著提高

资本回报率测量了经税收调整后的投资成本回报率。它常用来表明企业运作资本的效率以及判断企业投资控制的有效性。统计结果表明,在显著性水平为 0.002 的条件下(P value=0.002),绿色企业的 ROC 均值为 13.4%,明显高于常规企业 ROC 均值 8.8%的水平。换句话说,对每一美元的投资资本,绿色企业所产生的利润要比常规企业超出 52.3%。绿色企业的高资本回报率(ROC)也证实了绿色化的投资策略将会带来比其他类似投资更多的收益。

7.2.2 长期价值增长

企业长期价值增长体现在包括企业经济价值增量比率(EVA margin)和长期利润增长率(revenue growth)在内的两个方面。总的来说,绿色企业显著地比常规企业创造了超额的长期价值,其检验结果如表 7-10—表 7-11 和图 7-5 所示。非参数检验结果和每年的具体情况请参见附录 C4—C8。

表 7-10 企业长期价值增长基本统计量

	Firm_type	N	Mean	Std. Deviation	Std. Error Mean
EVA_margin	green	33	0.351	2.593	0.451
	conventional	31	−1.432	2.123	0.381
Revenue growth	green	30	0.124	0.160	0.029
	conventional	28	0.064	0.180	0.034

表 7-11 企业长期价值增长 t 检验结果

		Levene's Test for Equality of Variances		t-test for Equality of Means			
		F	Sig.	t	df	Sig. (2-tailed)	Mean Difference
EVA_margin	Equal variances assumed	0.019	0.891	2.998	62	0.004	1.783
	Equal variances not assumed	—	—	3.017	61	0.004	1.783
Revenue growth	Equal variances assumed	0.276	0.601	1.341	56	0.185	0.060
	Equal variances not assumed	—	—	1.335	54	0.187	0.060

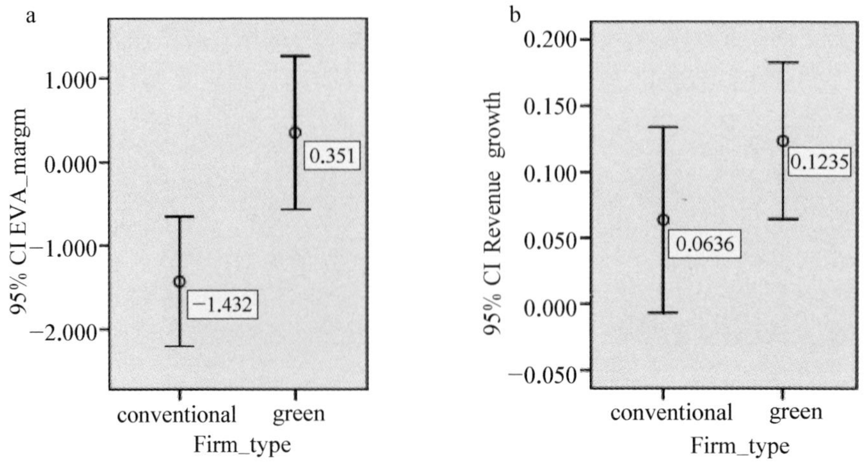

图 7-5 绿色企业和常规企业长期价值增长均值及置信区间对比

(a) EVA 比率;(b) 销售增长比率

1. 绿色企业的经济价值增量(EVA)比率显著提高

如第 6 章所说,经济价值增量(EVA)是公司赚取超额价值量的指标。该方法认为企业只有在赚取超过股东所需利润之后,才开始创造新的价值。近年来经济萧条的环境下,建筑业企业都在拼命削减使用资金并同时提高运营效率,运用 EVA 超额价值概念进行分析对企业显得更为重要。统计分析结果表明(表 7-10 和表 7-11),在显著性水平为 0.002 时(P value=0.002),绿色企业的 EVA 比率(EVA margin)为 0.35%,明显高于常规企业-1.43%的水平。该数据表明,绿色企业在赚取足够支付所有投资资金和股东权益的利润后,还仍然实现了企业的超额经济利润,而且比常规企业价值增量高出 124.5%。这可以说明企业绿色化的商业战略通过一系列的运营效率和资产管理,实现了更强的赢利能力和高效的生产能力。但同时也必须认识到,绿色建筑业的赢利水平还是和标准普尔 500 指数(S&P 500)的公司近 5 年平均 EVA 增长率 2.3%有一定差距(evaDimensions, 2010)。然而,对常规企业而言,-1.43%的 EVA 比率(EVA margin)意味着企业在偿付完所有投资成本之后,实际损失了约其年利润1.43%的价值。统计结果再次说明 EVA 是一种重要的分析工具,它能够帮助企业更好地测量和判断其商业发展和超额绩效表现,并能促进企业的三项 *P* 指标重要能力的提高:价格(price)、产品(product)和过程(process)(evaDimensions, 2010)。

2. 绿色企业销售增长比率增加，但由于受到市场波动影响，显著程度不高

从统计分析上看(表 7 - 10 和表 7 - 11)，尽管两组企业的均值相差较大，但在双尾显著性判断下(p=0.09)，对绿色企业(12.4%)和常规企业(6.4%)三年来的销售增长率(Revenue growth rate)并无明显的区别。不明显的主要原因是因为两组企业的内部数据由于受经济危机的影响而产生了组别内部的较大波动。例如，如下图 7 - 6 所示，在 2007 年，绿色企业(19.4%)对比常规企业(13.9%)；2008 年，绿色企业(24.0%)对比常规企业(15.0%)；2009 年，绿色企业(−3.6%)对比常规企业(−8.2%)。从数据中明显看出，2009 年数据变化波动较大。为了去除这种偶然性事件对数据造成的影响，本研究在仅考虑前两年(2007—2008)的情况下重新对数据进行了分析。新结果表明绿色企业的销售成长率(21.6%)明显高于常规企业 14.5%的水平(此时单尾显著性水平 p value=0.043)。此时，便可较明显地推断绿色企业在销售收入增长方面具备更强的能力。已有研究也证实了该推断。在工程新闻纪录(ENR)记录的 2007—2008 年两年中，排名前 100 的绿色承包商的绿色项目收入猛增了 67%，从前一年的 3.99 亿美元增加到 6.66 亿美元(表 7 - 12)(ENR，2009)。但在 2009 年由于经济危机的影响，两组企业的销售收入增长都放缓。其中绿色企业相对 2007 年降低了 118.6%，而常规企业相对 2007 年则降低了 158.9%。这也说明绿色企业在面对金融危机动荡的同时，其销售增长率比常规企业较为稳定，显示出了一定的“鲁棒性”。

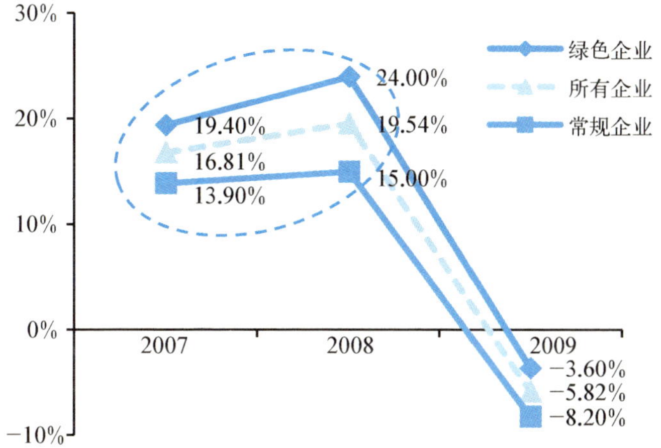

图 7 - 6　绿色企业和常规企业销售增长率对比(2007—2009)

表 7-12 工程新闻纪录(ENR)中绿色企业承接绿色项目收入及比例

指　　标	2007 年	2008 年
平均绿色项目收入(百万美元)	399.0	666.4
绿色项目占所有项目收入的比率	22.27%	29.80%

注：根据 2007—2008 年度 ENR 前 100 家绿色承包商数据计算。

7.2.3 资本市场价值

通过包括市盈率(P/E)，托宾 Q 值(Tobin's Q)、企业价值(EV)和税息折旧及摊销前利润比值(EV/EBITDA)在内的不同资本市场指标的统计分析。总体上，在现阶段，绿色化尚未给企业带来任何资本市场融资和价值方面的优势。其统计分析结果如表 7-13、表 7-14、图 7-7 所示。另外，非参数统计分析也说明两组企业之间无显著性差别，非参数分析结果及每年详细数据请参见附录 C4—C8。

表 7-13 企业资本市场绩效基本统计量

	Firm_type	N	Mean	Std. Deviation	Std. Error Mean
P/E	green	30	16.478	9.544	1.743
	conventional	27	18.607	8.536	1.643
Tobin's Q	green	32	.995	.709	.125
	conventional	32	1.013	.605	.107
EV/EBITDA	green	31	7.792	5.019	.901
	conventional	29	8.082	5.203	.966

1. *市盈率*

市盈率(P/E)作为最常用的企业在资本市场估值方法得到了极其广泛的应用。统计分析结果显示，在 2007—2009 年中(表 7-13、表 7-14)，绿色企业市盈率(P/E)为 16.5，常规企业市盈率(P/E)为 18.6，两者的显著性水平为0.381，因此并无显著差别，不能拒绝原假设。

2. *托宾 Q 值*

托宾 Q 值(Tobin's Q)描述了资本市场中股票过高或者过低估值的情况。如表 7-13 和表 7-14 的统计分析结果也表明绿色企业(0.995)和常规企业(1.103)之间并无显著差别(显著性水平 $p=0.914$)，不能拒绝原假设。

表 7 - 14　企业资本市场绩效 t 检验结果

		Levene's Test for Equality of Variances		t-test for Equality of Means			
		F	Sig.	t	df	Sig. (2-tailed)	Mean Difference
P/E	Equal variances assumed	.267	.607	−.884	55	.381	−2.129
	Equal variances not assumed	—	—	−.889	54.999	.378	−2.129
Tobin's Q	Equal variances assumed	.625	.432	−.108	62	.914	−.018
	Equal variances not assumed	—	—	−.108	60.487	.914	−.018
EV/EBITDA	Equal variances assumed	.281	.598	−.220	58	.827	−.290
	Equal variances not assumed	—	—	−.219	57.383	.827	−.290

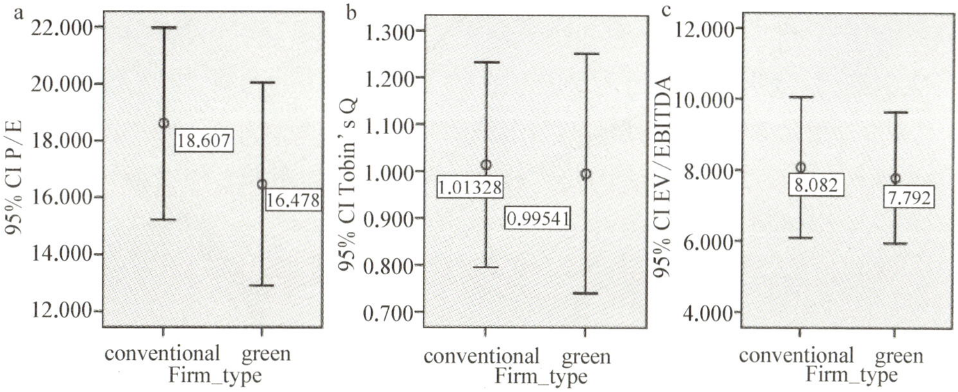

图 7 - 7　绿色企业和常规企业资本市场价值均值及置信区间对比

(a) 市盈率;(b) 托宾 Q 值;(c) EV/EBITDA 比率

3. EV/EBITDA 比率

企业价值(EV)和税息折旧及摊销前利润比值(EV/EBITDA)也是另一个判断企业资本市场价值高低程度的重要指标。同样,统计分析结果(表7 - 13、表7 - 14)暗示绿色企业(7.79)和常规企业(8.08)之间并无明显区别(显著性水平 $p=0.827$),不能拒绝原假设。

以上一系列统计分析结果表明绿色化并没能改变建筑业企业的资本市场价值。可能的原因有以下几个方面：

首先，资本市场投资者对绿色化公司仍然保持观望态度，绿色企业的价值尚未得到潜在投资者的认可；第二，正如前面分析中指出，可能由于绿色企业目前显示的高风险、市场前景不确定等特点，导致其投资者对其估价走低；第三，正如前面分析所述，现阶段绿色企业以大型企业居多。而大型企业由于其成长性受到一定局限，其资本市场估值常低于小型企业。因此，也有可能是市场已经认识到了绿色化价值，但由于两者之间客观的差异，目前还没有明显的显著性区别；第四，研究由于受到客观数据的局限，仅对近 3 年数据进行分析，有可能时间较短，绿色化尚未被资本市场充分认识；第五，研究中假设的资本市场为完全有效市场，但实际中，由于受客观原因的影响，该假设并不一定时时刻刻都准确，也就不一定能够有效地反映市场真实状况。但是，研究也认为，随着绿色化逐渐演变成主流商业模式，在未来几年的资本市场上将很快发生变化，出现新的结果。

7.2.4 综合绩效评价小结

综上所述，上面对本书 6.1 节中提到的企业绿色化综合绩效评价模型进行了实证研究。主要研究结论归纳如下：

1）绿色企业在财务利润表现显著优于常规企业，包括：

绿色企业的净资产收益率(ROE)显著大于常规企业的资产收益率（17.4%>8.2%，$p=0.002$）。因此拒绝原假设，选择备择假设。

绿色企业的资本回报率(ROC)显著大于常规企业的资本回报率（13.4%>8.8%，$p=0.002$）。因此拒绝原假设，选择备择假设。

2）绿色企业的价值增长显著优于常规企业，包括：

绿色企业的经济价值增量比率(EVA margin)显著大于常规企业的经济价值增量比率（0.35%>−1.43%，$p=0.002$）。因此拒绝原假设，选择备择假设。

绿色企业的销售增长比率大于常规企业的销售增长比率（12.4%>6.4%，$p=0.09$），但由于受到经济波动的影响，显著水平不高。

3）绿色企业和常规企业的资本市场价值没有显著性差别，包括：

绿色企业的市盈率(P/E)、托宾 Q 值、EV/EBITDA 比率都不能满足假设检验的需要，从而不能拒绝原假设。

7.3　基于 DuPont 分析的企业绿色化超额价值结果讨论

为了彻底绿色化转型对企业财务利润带来的优势，本研究通过 6.2 节中所述的 DuPont 分析将净资产收益率（ROE）分解为五个部分。最终实证结果如表 7－15、表 7－16、表 7－17 所示，原始数据参照附录 C11。下面分别讨论各统计结果。

7.3.1　资产管理能力

表 7－15、表 7－16 中的统计结果显示：绿色企业的三年平均资产周转率（Asset turnover）为 1.87，明显高于常规企业 1.25 的水平（显著性水平低于 0.000，p value≤0.000）。这说明，基于同样数量的企业资产，绿色企业比常规企业多创造了约 33％的销售收入，也说明绿色企业具有更高的资产管理质量和水平。其原因可能是绿色企业由于其产品的差异性和市场受喜欢程度，特别是绿色化作为一种差异性战略，为企业赢得了更多的项目机会或更高的市场份额；另外，绿色产品也可能依靠这种独特性战略赚取更高昂的租金或收取超额的产品溢价。该原因也符合第 3 章中对绿色企业差异性和优势分析结果。因此，绿色化企业资产管理水平显著地高于常规企业，并且创造了更高的营业收入。

表 7－15　企业 DuPont 分析基本统计量

	Firm_type	N	Mean	Std. Deviation	Std. Error Mean
Tax_ burden	green	31	.653	.109	.020
	conventional	31	.652	.155	.028
Interest_ burden	green	32	1.002	.265	.047
	conventional	31	.852	.412	.074
Operating_ PM	green	33	.053	.022	.004
	conventional	30	.065	.028	.005
Asset_ turnover	green	33	1.870	.650	.113
	conventional	32	1.251	.469	.083
Leverage	green	33	2.695	.877	.153
	conventional	30	1.900	.445	.081

表 7 - 16　企业 DuPont 分析 t 检验结果

		Levene's Test for Equality of Variances		t-test for Equality of Means			
		F	Sig.	t	df	Sig. (2-tailed)	Mean Difference
Tax_ burden	Equal variances assumed	. 442	. 509	. 009	60	. 993	. 000
	Equal variances not assumed	—	—	. 009	53. 943	. 993	. 000
Interest_ burden	Equal variances assumed	7. 258	. 009	1. 723	61	. 090	. 150
	Equal variances not assumed	—	—	1. 711	50. 971	. 093	. 150
Operating_ PM	Equal variances assumed	1. 195	. 279	−1. 904	61	. 062	−. 012
	Equal variances not assumed	—	—	−1. 881	54. 384	. 065	−. 012
Asset_ turnover	Equal variances assumed	5. 335	. 024	4. 392	63	. 000	. 619
	Equal variances not assumed	—	—	4. 414	58. 255	. 000	. 619
Leverage	Equal variances assumed	12. 228	. 001	4. 467	61	. 000	. 795
	Equal variances not assumed	—	—	4. 597	48. 399	. 000	. 795

表 7 - 17　企业 DuPont 分析分年度统计结果

年份	Firm_type		Tax_ burden	Interest_ burden	Operating_ PM	Asset_ turnover	Leverage
2007	conventional	Mean	0. 693	0. 791	0. 070	1. 108	2. 012
		N	10	10	10	10	10
		Std. Deviation	0. 181	0. 483	0. 029	0. 298	0. 455
	green	Mean	0. 707	1. 034	0. 049	1. 892	2. 906
		N	10	11	11	11	11
		Std. Deviation	0. 132	0. 352	0. 029	0. 686	1. 054

续　表

年份	Firm_type		Tax_ burden	Interest_ burden	Operating_ PM	Asset_ turnover	Leverage
2007	Total	Mean	0.700	0.918	0.059	1.518	2.480
		N	20	21	21	21	21
		Std. Deviation	0.154	0.427	0.030	0.661	0.926
2008	conventional	Mean	0.652	0.979	0.069	1.462	1.925
		N	11	11	10	11	10
		Std. Deviation	0.131	0.338	0.020	0.625	0.451
	green	Mean	0.635	1.004	0.053	1.986	2.780
		N	10	10	11	11	11
		Std. Deviation	0.097	0.196	0.017	0.685	0.814
	Total	Mean	0.644	0.991	0.061	1.724	2.373
		N	21	21	21	22	21
		Std. Deviation	0.114	0.273	0.020	0.694	0.784
2009	conventional	Mean	0.612	0.772	0.056	1.170	1.762
		N	10	10	10	11	10
		Std. Deviation	0.155	0.419	0.035	0.366	0.438
	green	Mean	0.620	0.967	0.056	1.733	2.397
		N	11	11	11	11	11
		Std. Deviation	0.084	0.240	0.020	0.612	0.730
	Total	Mean	0.616	0.874	0.056	1.451	2.095
		N	21	21	21	22	21
		Std. Deviation	0.120	0.343	0.027	0.570	0.677

7.3.2　资产结构水平

在2007—2009年间，显著性水平小于0.001的情况(P value=0.000)，绿色企业的三年期平均财务杠杆率高达2.7∶1，而常规企业的杠杆率仅为1.9∶1(表7-15、表7-16)。该结果表明在基于同样的股权数量上，绿色企业能够吸引更多的投资资金(债务)来放大其运营效率，扩大企业业务量，产生放量的规模效应。建筑业在现实中需要大量投资资本、设备、劳动力和管理费用的特殊行业，而这种规模化的成本效应对建筑业企业的经营扩展显得十分重要。债务增大的优势是可以减少税收收入，从而提供公司价值。同时，债务还有助于对绿色企业管理者的投资行为进行约束，限制管理者的过度投资，让公司呈现价值增长理性管理。但是，债务比例上升也会带来一些弊端，例如成本上升，或导致债权人、股东和管理者三者之间的利益冲突而导致更多的价值损失(Ross, 2001)等。在2007—2009年三年时间中，绿色和常规两类企业由于整体经济滑坡和高借款利息的影响，杠杆率下滑了约10%～20%的水平(图7-8)。但是，绿色企业在各个年份中的杠杆率仍然明显高于常规企业。

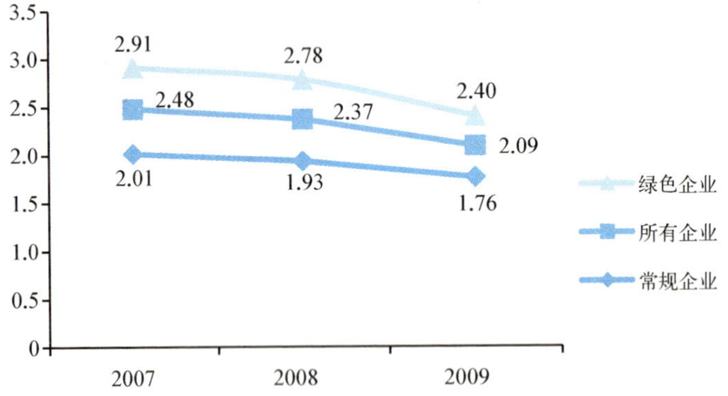

图7-8 绿色企业和常规企业财务杠杆水平对比(2007—2009)

7.3.3 债务融资能力

在2007—2009年中，在单尾显著性水平为0.045的情况下，绿色企业的利息负担表现(100.2%)明显优于常规企业(85.2%)(表7-15、表7-16)。该结果也表明绿色企业拥有更成熟的债务融资能力，能够节省企业的债务利息成本。在某些情况下，绿色化还有可能通过各种无形资产所引起的各种潜在优势(例如企业的绿色声誉等)为企业产生额外的非主营业务收入，致使该比例大于100%。

7.3.4 营业盈利能力

在2007—2009年中，统计结果表明绿色企业在运营利润率上有一定的劣势。如表7-15、表7-16所示，绿色企业平均营业利润率为5.3%，比常规企业的6.5%低近两成的比例(单尾显著性水平0.03)。该统计结果出乎实验意料。导致该差异的原因有很多方面，最主要可能是因为绿色化转型成本负担过重。

但有趣的是，两个组别的不同差异在近三年中逐渐缩小。在2007年，传统公司以7.0%的营业利润率领先于绿色企业的4.9%；在2008年，传统公司的领先优势降到了6.9%比5.3%；在2009年，两个组别之间已经几乎相等，同为5.6%（表7-17）。造成这种缩小差距的原因可能是：1）消费者愿意为绿色产品支付更多的超额价格；2）整个绿色产品市场需求增加，而最终导致了绿色企业的收益增加。例如在第2章中讨论得出，近期整体市场经济的滑坡并未对绿色建筑带来很大的影响。在2007—2009年期间，绿色建筑的供应量大幅上升的同时，绿色建筑的租金和入住率也比相类似的常规形态物业有很大的提高（Eichholtz et al.，2010a）。已有研究对比试验证明，对于两栋完全相同的商业办公楼，有能源之星（Energy Star）认证和LEED认证的办公楼的实际租金要比普通办公楼高6%，实际销售价格要高13%（Eichholtz et al.，2010b）。

因此，研究认为企业绿色化转型的确在短期内增加了企业的产品成本负担并同时降低了企业初始阶段的营业利润率，但是这种成本的负面效应影响逐渐变缓，并在2～3年的时间周期内被企业逐步消化，影响逐渐减小。

7.3.5 税收负担水平

在2007—2009年中，绿色企业和常规企业的税收负担都约为65%（表7-15、表7-16）。该数值说明现阶段绿色化并未给企业财务带来任何明显的、额外的政府税收优惠及税收扶持政策。

综上所述，绿色企业的高净资产收益率（ROE）主要来自三个方面（单尾显著性水平在0.05，P value=0.05），分别是有效的资产周转率（asset turnover）、高额的财务杠杆效益（financial leverage），以及较低的利息负担（interest burden）。在剩下的另外两个指标当中，税收负担（tax burden）的单尾和双尾的显著性水平均远大于0.05，因此绿色组和常规组之间的差异不显著。而运营利润率方面，常规企业在单尾显著性水平为0.05的水平上反而高于绿色企业，这可能反映了绿色企业在短期运营成本方面显示出的劣势。

7.4 基于EVA模型的企业绿色化超额价值创造机制结果讨论

7.4.1 模型解析步骤及方法

根据第6章建立的EVA多元回归模型及以上对两组企业指标的计算，具备了回归模型分析的基础。为了提升回归方程的整体显著性程度，本研究使用逐步回归的方法对 EVA 模型进行计算。

逐步回归是通过设定一系列事先确定的参数，按照一定规律对多元回归方程进行数次迭代，并最终得出显著性最高的回归方程。该方法的根本思想就是将对整个回归方程有显著影响的自变量筛选出，并剔除掉无显著影响的自变量。回归方程包含的自变量越多，回归平方和越大(R^2)，剩余的平方和越小，因而预测值的误差也较小，模拟的效果就愈好。

研究中具体回归步骤和原则如下所示：

① 首先要建立因变量与自变量之间的总回归方程；

② 按相关系数的大小次序将自变量逐个引入方程；

③ 对已在模型中的变量进行统计检验，效应显著的自变量留在回归方程内，对于低于标准的变量要逐一剔除。变量遴选标准为 F 概率值(probability of F)，若 F 概率值小于 0.05 则该变量予以保留在回归方程，若 F 概率值大于 0.10 则剔除该变量；

④ 循环第二、三步骤遴选下一个自变量；

⑤ 直至整个回归方程中不再引入和剔除自变量为止，从而得到最优回归方程。最优回归方程的回归平方和应是所有自变量可能组合情况中的最高值。

研究具体通过 SPSS 17.0 软件对数据进行运算。按照第 6 章中的回归模型，将数据带入软件后进行计算。

$$\begin{aligned} EVA\ margin(\%) = \alpha + [&(\beta_3 F_3 + \gamma_3 IF_3) + (\beta_4 F_4 + \gamma_4 IF_4) \\ &+ (\beta_5 F_5 + \gamma_5 IF_5) + (\beta_6 F_6 + \gamma_6 IF_6) \\ &+ (\beta_7 F_7 + \gamma_7 IF_7) + (\beta_{11} F_{11} + \gamma_{11} IF_{11})] + \epsilon \end{aligned} \quad (7-4)$$

具体 Syntax 运算命令为图 7－9 所示(注：该图只是部分命令，其中进入和剔除值分别是 0.01 和 0.05 时的情况)。

```
"REGRESSION
  /DESCRIPTIVES MEAN STDDEV CORR SIG N
  /STATISTICS COEFF OUTS CI(95) BCOV R ANOVA COLLIN TOL
  /CRITERIA = PIN(.01) POUT(.05)
  /NOORIGIN
  /DEPENDENT EVA_margin
  /METHOD = STEPWISE Oper_pro_mar tax_burden Interest_burden Leverage Asset_
turnover WACC Oper_PM_Dummy Tax_Dummy Interest_Dummy Lever
  age_Dummy Asset_turn_Dummy WACC_Dummy
  /SCATTERPLOT = (*ZPRED, *ZRESID)
  /RESIDUALS DURBIN HIST(ZRESID) NORM(ZRESID)."
```

图 7－9　EVA 逐步回归模型在 SPSS 软件中的 syntax 运行命令

7.4.2　模型计算结果及检验

以下分别讨论 EVA 回归方程的各类检验及最终回归方程结果。原始 EVA 数据参照附录 C12。

1. 回归方程变量总览

回归方程中所有变量的基本信息如表 7-18 所示。回归模型共有 58 个观测点，保证了样本的充分性及结果的合理性。

表 7-18　企业 EVA 回归方程变量总览

Variables	Mean	Std. Deviation	N
EVA_margin	−0.001	0.022	58
Oper_pro_mar	0.062	0.024	58
tax_burden	0.647	0.099	58
Interest_burden	0.969	0.268	58
Leverage	2.318	0.823	58
Asset_turnover	1.617	0.648	58
WACC	0.099	0.017	58
Oper_PM_Dummy	0.029	0.032	58
Tax_Dummy	0.349	0.338	58
Interest_Dummy	0.549	0.543	58
Leverage_Dummy	1.432	1.498	58
Asset_turn_Dummy	1.006	1.064	58
WACC_Dummy	0.054	0.053	58

2. 系数相关性检验

相关系数是描述两个变量之间线性关系程度的数量指标。本研究用 Pearson 相关系数进行描述，Pearson 相关系数可通过下式计算：

$$\rho_{x,y}=\frac{cov(x,\ y)}{\sigma_x\sigma_y}=\frac{E[(x-\mu_x)(y-\mu_y)]}{\sigma_x\sigma_y} \qquad (7-5)$$

本回归中各个变量之间的相关系数及显著性参见附录 C9 所示。可发现 EVA 比率和所选取的自变量有很强的相关性，而且显著程度很高。充分说明了变量选取的科学性和可解释性。

3. 逐步回归过程及方差分析检验

研究经过 5 步迭代最终得到总回归方程，逐步回归过程及最优回归方程的总体结果如表 7－19 所示。迭代步骤及变量的进入和剔除过程参见表 7－20。最终回归方程的 $R=0.820$，R 平方和为 $R^2=0.672$，调整后的 $R^2=0.640$。R^2 是回归的拟合优度，R^2 越大，说明回归与样本观察之拟合越好。该研究从数值上说明回归方程能解释 64％的观测值变化，符合统计学既定规律，满足回归方程的要求。

表 7－19　企业回归方程迭代步骤及结果

Model	R	R Square	Adjusted R Square	Std. Error of the Estimate
1	.550	.302	.290	0.019
2	.638	.406	.385	0.018
3	.706	.498	.470	0.016
4	.799	.639	.612	0.014
5	.820	.672	.640	0.013

表 7－20　逐步回归方程中自变量进入和推出迭代过程

Model	Variables Entered	Variables Removed	Method	Predictors
1	Oper_PM_Dummy	.	Stepwise (Criteria: Probability-of-F-to-enter≤.050, Probability-of-F-to-remove≥.100).	(Constant), Oper_PM_Dummy
2	Oper_pro_mar	.	Stepwise (Criteria: Probability-of-F-to-enter≤.050, Probability-of-F-to-remove≥.100).	(Constant), Oper_PM_Dummy, Oper_pro_mar
3	Asset_turnover	.	Stepwise (Criteria: Probability-of-F-to-enter≤.050, Probability-of-F-to-remove≥.100).	(Constant), Oper_PM_Dummy, Oper_pro_mar, Asset_turnover
4	WACC	.	Stepwise (Criteria: Probability-of-F-to-enter≤.050, Probability-of-F-to-remove≥.100).	(Constant), Oper_PM_Dummy, Oper_pro_mar, Asset_turnover, WACC
5	Interest_burden	.	Stepwise (Criteria: Probability-of-F-to-enter≤.050, Probability-of-F-to-remove≥.100).	(Constant), Oper_PM_Dummy, Oper_pro_mar, Asset_turnover, WACC, Interest_burden

另外，研究还使用 ANOVA 方差分析，通过 F 检验判断整个回归方程的可解释变量。方差分析的结果如表 7－21 所示。方差分析也是判断回归方程拟合优度的检验，F 和 R^2 之间呈正比，R^2 越大，F 值也越大，回归方程的拟合性也越高。F 和 R^2 之间存在如下关系：

$$F=\frac{n-k-1}{k}*\frac{R^2}{1-R^2} \tag{7-6}$$

表 7－21　回归方程方差分析结果

Model	Sum of Squares	df	Mean Square	F	Sig.
Regression	.019	5	.004	21.268	.000[e]
Residual	.009	52	.000	—	—
Total	.029	57	—	—	—

回归方程在给定显著性水平为 *Sig.* =0.000 的基础上，回归方程的 F=21.268，再次从统计学上严格证明了回归方程的拟合优度。

4. 异方差性检验和残差分析

回归方程的异方差是指总体回归函数中的随机误差项具有不同的方差。即在回归模型中，对于不同的观测值 x_i 随机项 u_i 的方差不相同。异方差性会导致回归模型中假设的最小二乘法(ordinary least squares, OLS)估计参数 $\hat{\beta}$ 可能出现错误的估计(于俊年，2007)。本书采用残差图法对异方差性进行检验。研究先通过 OLS 方法对原模型解析，求出预测值 $\hat{y}(x_i)$ 和残差平方 ϵ_i^2，再以 ϵ_i^2 为纵坐标，$\hat{y}$ 为横坐标，绘制残差图($\hat{y}(x_i)$, ϵ_i^2)。本研究调用 SPSS 中 plot 模块，指令 X 轴为 * ZPRED(regression standardized predicted value)，指令 Y 轴为 * ZRESID(regression standardized residual)，并同时选调用 Histogram 和 Normal probability 画图指令，回归模型的残差图如下所示。图 7－10 中各点显示均布在(0, 0)周围，并无出现明显趋势，说明 ϵ_i^2 不随 $\hat{y}$ 系统变化，故可排除异方差性对回归方程的影响。

另外，根据标准化残差直方图，及标准化残差 $P-P$ 图(图 7－11、图 7－12)也可以发现，回归模型的残差基本符合标准正态分布，$P-P$ 图中被检验的数据点基本分布在代理理论分布的 45 度对角线上，再次证明观测数据符合回归模型的假设条件及分布标准。

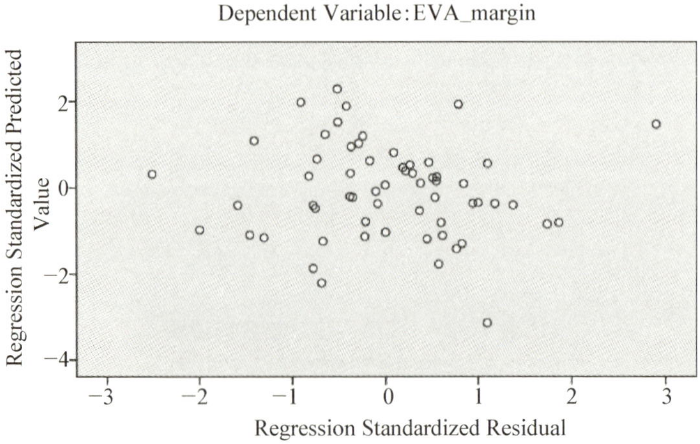

图 7－10　回归模型残差散点图

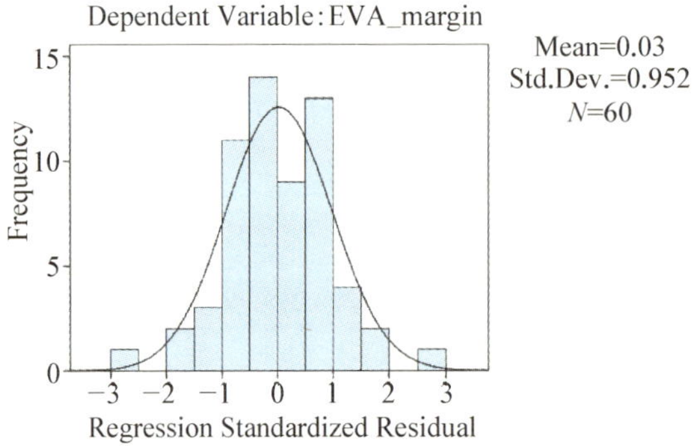

图 7－11　回归标准化残差直方图

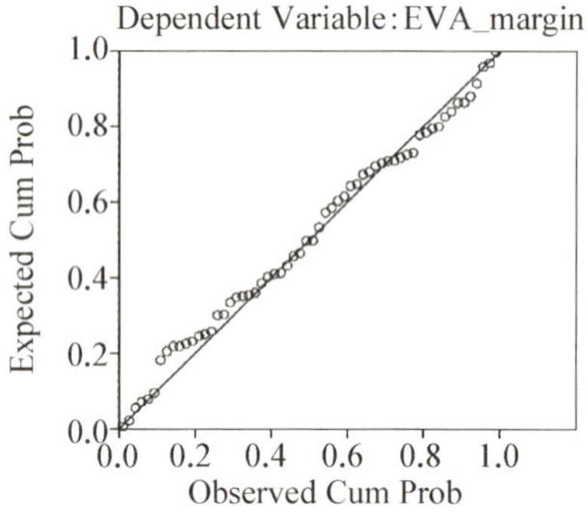

图 7－12　回归标准化残差正态 *p*－*p* 图

5. 自相关性检验

自相关性是指回归方程的误差项的期望值之间存在相关关系。若 ϵ_i 为随机项 u_t 误差，则 $COV(\epsilon_i, \epsilon_t)=E(\epsilon_i, \epsilon_t)\neq 0$，$i\neq t$，$i$，$t=1, 2, \cdots, n$。在回归分析，误差项的自相关性经常存在，而且随机误差项之间存在一阶自相关性或一阶自回归形式，即随机误差项只与它的前一期值相关。这是回归方程中的一些非重要的因素被遗留到了误差项中。自相关性不会影响 OLS 估计量的线性和无偏性，但有可能会对回归方程的参数估计造成不利影响，例如使估计量失去最佳性、方差过于偏大，以及回归模型整体预测功能失效等。本书将 Durbin-Watson 检验（也称 DW 检验）作为判断回归模型一阶自相关性的方法。DW 值由下式计算：

$$DW = \frac{\sum_{i=2}^{n}(\varepsilon_i - \varepsilon_{i-1})^2}{\sum_{i=2}^{n}\varepsilon_i^2} \tag{7-7}$$

$DW = 2$ 时表明随机项没有自相关。$DW = 0$ 时表明随机项有很强正自相关，$DW = 4$ 时表明随机项有很强负自相关。研究通过 SPSS 中 Durbin-Watson 检验，得到本回归方程的 $DW = 2.382$。可认为回归方程的自相关性较弱（弱负相关性），基本可以忽略方程的一阶自相关性影响。

6. 多重共线性检验

多重共线性是指回归模型中的自变量（解释变量）之间由于存在除回归方程之外的其他线性关系，而使模型估计失真的情况。由于变量本身的固有性质，解释变量之间常常存在一定程度上的多重共线性。多重共线性可能对回归方程造成负面影响，例如使参数估计有效性降低、参数估计值的方差增大、参数的置信区间明显增大、可能丢失重要的解释变量等。本研究使用膨胀因子检测法（Variance inflation factor，VIF）对多重共线性进行判断。VIF 可由下式计算，其中，R_i^2 是回归方程中的判定系数（coefficient of determination）。当 $R_i^2 = 0$ 时，$VIF_i = 1$。Robert O'Brien 建议 $VIF_i > 5$ 时多重共线性较高（O'Brien，2007）。

$$VIF_i = \frac{1}{1 - R_i^2} \tag{7-8}$$

研究在 SPSS 中调用计算 VIF 值，结果如表 7-22 所示。所有最终变量的 VIF 值都小于 5。因此，可判断回归方程的多重共线性较弱，可不用考虑。

表 7-22　回归方程系数 VIF 检测结果

Model	Collinearity Statistics	
	Tolerance	VIF
(Constant)	—	—
Oper_PM_Dummy	0.884	1.131
Oper_pro_mar	0.851	1.174
Asset_turnover	0.662	1.511
WACC	0.797	1.254
Interest_burden	0.924	1.082

以上各部分的检验说明，该 EVA 回归模型满足多元线性回归的各项假设

条件，可以排除异方差性、自相关性及多重共线性等不利影响。

7. 最终回归方程

最终回归方程中，共有 5 个自变量参数被选入，分别是绿色运营利润率虚拟变量、绿色运营利润率、资产周转率及加权平均资金成本及利息成本。自变量系数如表 7-23 所示。对于线性回归，研究使用 t 检验判断自变量的显著程度。在显著性水平为 *Sig.* =0.05 的标准上，所有参数的 t 检验均满足要求，再次说明了回归方程整体的显著性。表 7-24 最后两列还给出了自变量系数在 95%的置信区间内的变化范围。

表 7-23 回归方程系数 t 检验结果

Model	Unstandardized Coefficients		Standardized Coefficients	t	Sig.	95.0% Confidence Interval for B	
	B	Std. Error	Beta			Lower Bound	Upper Bound
(Constant)	−0.022	0.013	—	−1.686	0.098	−0.048	0.004
Oper_PM_Dummy	0.265	0.06	0.373	4.412	0.000	0.145	0.386
Oper_pro_mar	0.422	0.079	0.458	5.324	0.000	0.263	0.581
Asset_turnover	0.018	0.003	0.511	5.234	0.000	0.011	0.024
WACC	−0.572	0.115	−0.444	−4.993	0.000	−0.803	−0.342
Interest_burden	0.016	0.007	0.188	2.271	0.027	0.002	0.030

综上所述，得出最终 EVA 回归方程如下：

$$EVA(\%) = -0.022 + (0.422 + 0.265I)Op_{PM} + 0.018Asset - 0.259wacc + 0.16Interest \quad (R = 0.820,\ R^2 = 0.672) \tag{7-9}$$

上述方程可以分解成绿色企业和常规企业的情况，对于绿色企业（$I=1$）：

$$EVA(\%) = -0.022 + 0.687Op_{PM} + 0.018Asset - 0.259wacc + 0.16Interest \tag{7-10}$$

常规企业（$I=0$）：

$$EVA(\%) = -0.022 + 0.422Op_{PM} + 0.018Asset - 0.259wacc + 0.16Interest \tag{7-11}$$

对上述 EVA 回归方程结果展开讨论。

7.4.3　超额价值创造路径分析

总的来说，绿色化带来的增值作用体现在两个方面。一方面是模型自变量的系数，该系数体现了绿色化在转化为公司 EVA 过程中的转化效率或转化作用效果，如图 7－13 中左边箭头所示；另一方面是自变量本身的数值的区别，这是因为绿色企业和常规企业组别之间绩效均值的差异，如图 7－13 中中间方框所示。如本章 7.2—7.3 节所述，该差异体现了企业在不同的经营管理、外界环境和风险综合作用影响下产生的自身绩效区别。综合以上两个方面，图 7－13 中右边箭头表示企业在同时考虑企业价值转换效率和自身绩效差异后的绿色化转型超额价值创造系数。

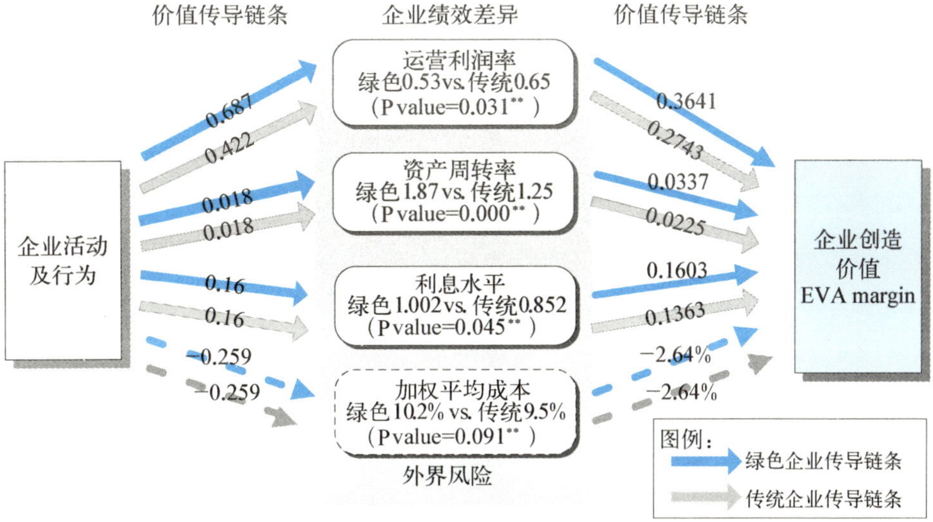

图 7－13　企业绿色化超额价值链传导机制

如图 7－13 所示，企业绿色化创造的超额价值受四个方面的影响，分别是：运营利润率和、资产周转率、利息水平及加权平均资金成本的影响。绿色企业在不同价值传导路径上均发挥不同作用，其综合价值传导系数区别于常规企业的价值传导水平。以下分别就这几个方面的影响作出讨论。

1. 价值创造链一：高效营业利润率

运营利润率作为企业运营阶段的能力指标，综合体现了企业经营管理水平、资源利用效率、投资战略部署、资金运转效率等多方面的真实情况。对于绿色企业而言，运营利润率的初始转化效率为 0.687（显著性水平 *Sig.* ＝0.000）

(表 7－23),该值的意义体现为:① 运营利润率对企业 EVA 有正相关性的影响,运营利润率上升,企业相对收入增加,因此企业的经济价值增量 EVA 也增加;② 运营利润率对 EVA 的影响程度显著,若运营利润率增加 1 个单位,企业 EVA 增加 0.891 个单位。这表明需要提供企业 EVA,关注和提高企业运营利润率是一个非常重要的方向;③ 该影响显著水平较高(*Sig.* =0.000),显著性水平小于一般判断标准值 0.05,说明该影响关系可信度也较高,转化链条真实可靠。另一方面,常规企业的运营利润率的初始传导效率为 0.422(显著性水平 *Sig.* =0.000),该数值仅为绿色企业的三分之二。由此可见,即使对同一数值水平的运营利润率,绿色企业由于其传导效率较高,更大的带动其企业 EVA 的增长。

除传导效率外,绿色企业和常规企业两个组别之间的运营利润率自身绩效也存在一定差别。如本章 7.3 计算结果所示,绿色企业的运营利润率为 0.53,而常规企业的运营利润率为 0.65。从数值上看,常规企业略微高于绿色企业。但该值仅表现了绝对数量上的区别,还需要将该值连同整个传导链条一起考虑才能决定绿色化的传导过程。在同时考虑传导效应和平均绩效差别之后,运营利润率对绿色企业的综合传导因素为 0.364,运营利润率对常规企业的综合传导因素为 0.274。该结果表示,对于绿色企业,每增加一个单位的运营利润率,可以带动增加 0.364 个单位的 EVA;而对于常规企业,增加一个单位的运营利润率仅增加 0.274 个单位的 EVA。明显看出,绿色企业在该链条上的最终价值创造传导效率比常规企业高出 33%,显示了其强劲的拉动能力,能极大地增强企业的价值创造。

2. 价值创造链二:快速资产周转率

资产周转率是衡量企业资产管理效率的重要财务比率,它通过测量企业销售收入与总资产之比,来考虑经营期间全部资产从投入到产出的平均流转速度,从而反映了企业资产管理质量和利用效率。该比率越高,就体现了企业销售能力越强、市场占有率高、价格定位更精确,以及资产的利用效率越优。

对绿色企业和常规企业而言,资产周转率的初始传导效率均为 0.018(*Sig.* =0.000)(表 7－23)。该传导效率说明,针对每 1 个单位的资产周转率的增长,企业 EVA 即正向增长 0.018。尽管从数值上看,该传导比例相对较小,但仍然说明资产周转率对企业 EVA 有正向的贡献。而且由于该传导效率的显著性水平(*Sig.* =0.000)远远低于统计学要求水平,说明该传导关系非常的稳定。在参考本章 7.3 节统计分析结果，发现绿色企业的资产周转率为 1.87，而常规企业的资产周转率为 1.25($Sig.=0.000$)，存在显著性差别。因此，在综合考虑传导效率和本身绩效差别之后，推导出绿色企业在资产周转率这条价值链上的综合传导效率为 0.034，比常规企业的综合传导效率 0.023 高出近 33%。也就是说，增长的资产周转率是企业绿色化过程中形成的另一条价值创造链，而该链条比常规企业价值链的效率提高了 33%。

3. 价值创造链三：低廉的借债成本

利息水平体现了企业的资本结构和融资特性，特别是企业举债情况。在本研究中，由于定义利息负担为 $Interest\ burden=\left(\frac{EBIT-Interest}{EBIT}\right)\times 100\%$ 进行判断。因此，当没有利息时，该比值为 100%；但利息越高，该比值数值越低。在回归方程中，初始的价值创造传导系数为 0.16(如表 7－23)，说明企业在无举债情况下更能促进价值创造。而绿色企业和常规企业组别之间的自身利息绩效水平分别为 1.002 及 0.852，差异性显著性水平为 0.045(参见 7.3 节讨论)。因此，绿色企业的综合价值创造链条转换系数为 0.160，而常规企业的综合转换系数为 0.136。意味着绿色企业所付利息水平每减少一个单位，则可以多增加 17.6%的价值创造水平。这也说明了针对建筑企业而言，低利息负担的融资结构更有利于其价值创造。该结论符合正好解释了早期研究发现，Eyiah & Cook (2003)发现，建筑业由于需要大量资金来支持其业务运营，其负债水平也明显高于其他行业。因此，合理控制企业举债水平，降低利息成本，从而具有低廉的融资成本优势，是绿色企业增加价值创造的另一条重要链条。

4. WACC 价值路径讨论

WACC 是确定企业进行投资所要求收益率的重要判断指标。在回归方程得出的初始价值转换系数中，WACC 的转换值为－0.259，说明企业平均成本每增加一个单位，企业所创造价值量则会减少 0.259 个单位。这与实际情况相吻合。在考察绿色企业和常规企业的 WACC 绩效水平，通过统计计算，结果如下表 7－24 及表 7－25 所示。

表 7－24　企业加权平均资本成本(WACC)基本统计量

	green_type	N	Mean	Std. Deviation	Std. Error Mean
WACC	1	33	0.102	0.021	0.004
	0	33	0.096	0.017	0.003

表 7-25 企业加权平均资本成本(WACC)t 检验结果

		Levene's Test for Equality of Variances		t-test for Equality of Means			
		F	Sig.	t	df	Sig. (2-tailed)	Mean Difference
WACC	Equal variances assumed	1.028	0.315	1.350	64	0.182	0.006
	Equal variances not assumed	—	—	1.350	62.149	0.182	0.006

统计结果表明,绿色企业加权平均资本成本的均值为 $WACC_{green}=0.102$,常规企业加权平均资本成本均值 $WACC_{conventional}=0.096$,单尾显著性水平为 0.09,大于显著性检验值 0.05 的水平,因此,不能拒绝原假设。从而判断两组企业之间没有显著差别。因此,由于两组企业最终传导系数相同(均为−2.64%),因此绿色企业和常规企业的综合价值创造效率并无显著性差别(图 7-13 中用虚线表示)。

综上所述,绿色企业对常规企业在三个方面产生了超额价值(分别是高额运营利润、快速资产周转、低廉借债成本),并最终使绿色企业获得了超过于常规企业的长期价值增长。

7.5 企业绿色化管理及实施建议

以上绿色企业超额价值评价和路径分析能够对建筑业企业绿色化转型提供各方面的建议。下面分别从对企业绿色化的投资管理过程、价值创造过程、战略转型及其他方面分别进行讨论。

1. 对企业绿色化投资管理的影响

绿色企业行为模拟路径为图 7-14 所示。其中,建筑业企业分为融资结构、生产运营、产品市场以及内部收益四个部分。在融资结构中,企业分别从债务和股权两方面融资,构造合理的资本结构。如本章 7.2—7.3 节讨论,绿色企业的债务融资比例较高,但所付支付利息成本却较低,企业的低融资成本优势得到了充分体现。同时低举债也让企业可以更灵活地根据市场情况进行决策,增加了企业对价值投资的机会。

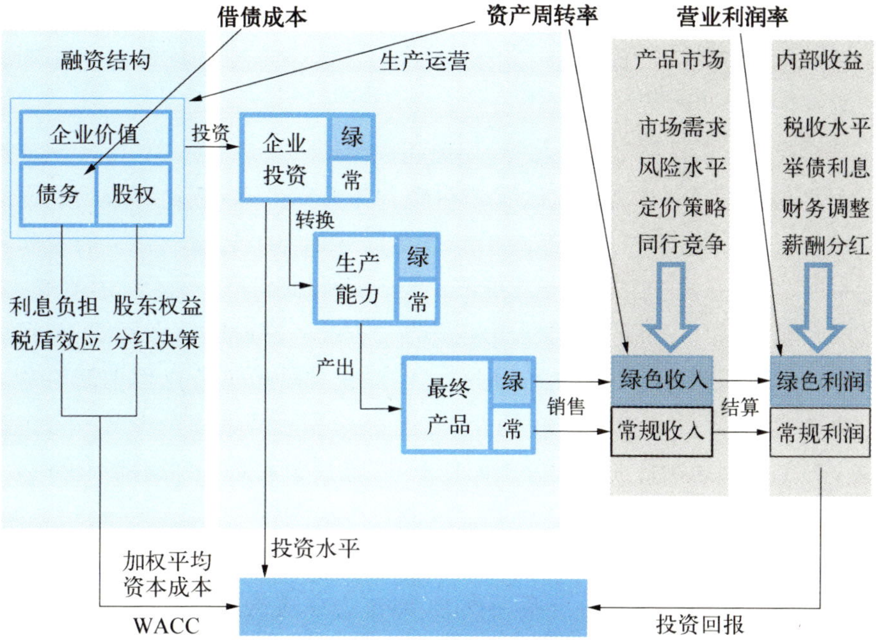

图 7-14　绿色企业超额价值创造路径

在生产运营阶段，企业将部分资产用于投资，部分资金流入到与绿色相关的投资中，例如对绿色新技术的研发、新产品的适用、新员工培训、新市场调查等。通过一段时间后，企业逐渐具备了生产能力，包括绿色方面的生产能力，例如建造绿色建筑以及施工过程中对污染和垃圾的有效控制等。企业最终生产成果也包括绿色产品和常规产品两类（通常为建设项目或相关服务），两类产品同时进入市场销售。市场上，产品受到诸多复杂因素和不同风险的影响，例如市场产品需求环境、产品定价策略、消费者喜好和接受程度、政府管制和调控等，以及绿色产品细分市场之间竞争，以及绿色产品和常规产品之间竞争等。在成功交易后，企业得到最终包括绿色和常规两部分组成收益。将收益和企业资产相比较后发现，绿色企业（产品）的资产周转率高于常规企业（产品），这种放大效应的优势积累到了企业长期价值创造过程中。

企业收入在去除税收、利息和进行财务调整之后，得到了企业的最终利润。利润占收入的比例体现为企业的运营利润率。绿色企业（产品）的运营利润率高于常规企业（产品），说明了其运营管理，以及成本方面的综合优势。特别强调的是，绿色产品的运营利润率会以超过传统产品 30%的转化效率积累到企业的价值创造中去，成为绿色企业价值创造的重要源泉。

2. 对企业绿色化价值创造能力建议

本研究通过 EVA 比率的实证分析，对建筑业企业绿色化转型的实际经营管理也有一定启发。

(1) 明确企业绿色化管理目标，创造超额价值

企业在实施绿色化之前应该首先明确自身目标，即绿色化的目的是为了企业更好地创造价值，而不仅仅是为了绿色化而绿色化。然而创造价值又和赚取利润不同，差别有两个方面：一是价值不但基于利润，还结合了时间要素，要综合考虑企业长、中、短期的各类利润和发展。若仅考虑近期财务利润，则很可能错失企业创造长期价值的机会；二是在企业绿色化价值创造过程中需要考虑所有的资金成本，而且资金成本的实际回报率必须高于其平均资本成本。企业只有在不断创造和超越行业平均资本回报率，才能使企业真正创造超额价值，也才能体现绿色化转型的真正目的。

(2) 理顺绿色化企业管理和治理机制，为股东创造财富

绿色化尽管已经不是一个新兴概念，但作为在建筑业企业的应用还处在探索阶段。站在价值管理的角度，建立 EVA 为价值管理基础的分析可以对企业绩效评估、资源调配、市场拓展等各方面目标进行协调，让企业的管理和治理围绕价值最大化统一目标进行。同时，建立一套完整的企业绿色化转型反馈、激励及约束机制，使企业的绿色化投资取得与其承担风险相对应的投资回报。本章以 EVA 超额价值为核心的分析正是体现了以投资回报为基础、以赚取公司价值最大化为目标的企业绿色化转型管理理念，有助于培养企业绿色化长远发展战略。

(3) 突出和完善企业内部绿色化管理重点

以超额价值为基础的建筑业企业管理和价值创造应该发展成企业价值管理体系，该体系以绿色化超额价值创造为核心，包括企业战略、管理、流程、人力资源、绩效评价等在内的各方面的系统，系统之间各个子部分紧密相连。以绿色化和超额价值为核心的企业价值管理还应综合考虑企业短期财务利润和长期价值增长潜力之间的结合关系，科学合理地拟合企业、股东和员工的价值最大化目标，向企业绿色化转型战略目标迈进。积极调整企业绿色化过程中的融资结构、资产管理能力、运营管理和盈利能力等方面，通过激励和约束机制，调动了企业员工积极性，培养了企业以绿色化价值创造核心的企业文化，企业管理重点应有所倾斜和着重，突出绿色化管理过程中的重点环节，逐步建立由超额价值创造为核心的建筑业企业绿色化新型管理模式。

3. 对企业绿色化战略转型的建议

绿色化转型是建筑业企业战略中的重要方面，本书结合绿色化、企业价值管

理和价值创造及企业战略等方面，在 ImplementingValueBased 等机构研究成果的基础上，提出了绿色化战略转型视角下的企业价值管理和价值创造的步骤，如图 7-15 所示。企业在经历绿色化的战略转型后，首先会直接波及其财务状况和指标，这时需要结合企业历史财务数据共同分析企业未来发展形势及经济分析，对企业未来价值作出合理估值并对各种可能状况下的备选方案进行敏感性分析，通过企业财务、价值和市场指标三个方面测量绩效及其对企业员工的影响，根据目标和现实之间的反馈，及时修正企业绿色化战略，并再次进入下一个循环。必须清醒地认识到，绿色化作为企业的战略转型，其影响和企业价值管理紧密联系，企业创造的超额价值最终确定了其战略转型的成败。

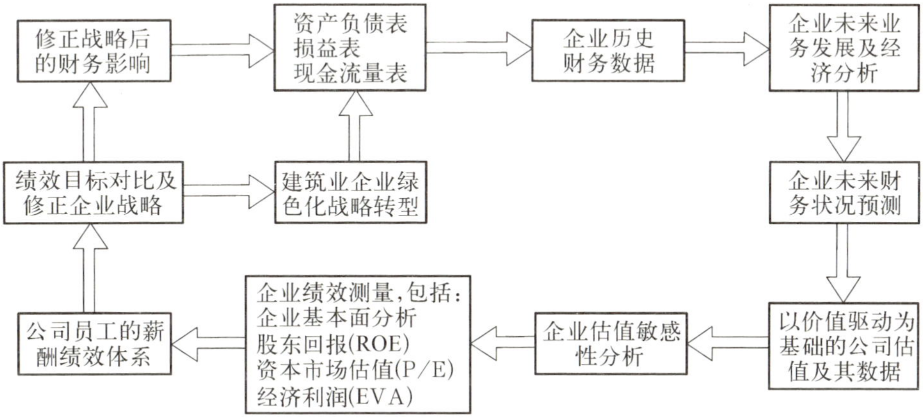

图 7-15　企业绿色化转型对企业价值的战略管理层面影响

4. 绿色化转型所面临的挑战

但是，绿色化在带给企业投资者和自身价值增加的同时，也面临着以下五项可能存在的潜在挑战：

第一，绿色化在初始阶段无疑将增加企业的运营成本，加重企业的成本负担。如此高额的前期成本负担甚至会在开始几年中降低企业的运营利润率(如 7.3 节所述)。因此，企业如何在最短时间内面对这种成本压力并迅速调整战略以适应和降低成本负担成为企业选择绿色化的第一个挑战。

第二，绿色企业在吸引更多债务资本驱动其业务运营的同时(如 7.3 节所述)，也面临着更高的财务和金融风险。特别是经历过金融危机之后的宏观经济环境中，企业应更谨慎地面对不确定条件下的各类风险，做好预警机制，并配备有效的、全面的财务风险管理体系以预防和减少可能发生的风险。

第三，研究表明绿色企业并没有从政府部门接受大量奖励和税收优惠政策从而优化其财务表现(如 7.3 节所述),这方面和一般常识有所区别。同样情况也发生在公开交易资本市场,绿色企业也并没有在资本市场得到更多的认可(如 7.2 节所述),导致其融资成本和常规企业相比相差无几。因此,绿色企业应通过各种创新的途径找到新型融资渠道以保持在高竞争建筑市场下的存活。

第四,绿色企业在经济环境不稳定时期显现出较高的波动性,例如净资产收益率(如 7.3 节所述)。该现象说明绿色企业可能隐含了一些间接存在的风险因素,它们可能会由于外因的改变而诱发产生更大的风险。这些高风险波动性也可能成为绿色企业在资本市场被忽视的原因之一。

第五,绿色企业尽管在企业内容的短期和长期财务表现上显示出了比常规企业更为强劲的增长势头,但在资本市场上并未得到投资者的认可(如 7.2 节所述)。因此,如何让资本市场认识到绿色化带来的真实经济效益成为企业加速扩展绿色化战略过程中的重要一环。通过得到资本市场和所有潜在投资者的认可后,全体绿色企业和整条绿色化产业链将会迎来更健康和可持续性的长远发展。

7.6 本章小结

本章用实证的方法解答以下两个方面问题:

(1) 绿色化在建筑业企业内部得到了超额价值回报,但尚未得到资本市场的认可

本章通过统计分析得出结论:绿色化在企业财务利润和长期价值增长方面得到了相应的超额回报,但在资本市场上却并未得到投资者的认可。短期来看,绿色化使得建筑业企业在得到资本收益(ROC)的同时,也为公司的股东创造了更多的价值(净资产收益率,ROE)。长期来看,绿色化行为为建筑业企业创造了两方面的巨额价值:一是赢得了更多的超额经济利润(经济价值增量 EVA),二是带来了更强劲的销售收入增长(Revenue growth rate)势头。这两方面优势确保绿色企业可以获得持续不断的更多的经济价值增量并且一直领先于常规企业。同时,研究还发现在面对不确定的经济波动的环境下,绿色企业的销售增长更为稳定,抗波动能力比常规企业更强。在资本市场上,包括市盈率(P/E),托宾 Q 值和 EV/EBITDA 在内的三个估值指标都未能反映出绿色化企业的特殊性。意味着绿色企业在目前资本市场上没有体现出任何比常规企业更强的融资优势,也就是说潜在投资者尚未将绿色化看作一项特殊价值。

(2) 发现绿色企业的超额价值源泉及其创造机制

绿色企业的短期超额财务绩效(净资产收益率,ROE)的根源来自三个方面,分别是高财务杠杆,能够融到更多资金扩大其规模效应;高资产周转率,能够赢得更多项目机会并赚取绿色化溢价;以及低利息成本,能够保持其低借债成本优势。

绿色企业长期价值增长(EVA 比率)来自三个方面路径,分别是运营利润差异、资产周转差异及债务融资成本差异。运营利润传递差异是因为绿色企业拥有更高的利润转换效率;后两者差异的原因是因为在相同转换效率的基础上,绿色企业自身具有更高的数值水平。

总的来说,本章研究从实证角度证明了企业绿色战略转型可以增强其财务和价值绩效表现,科学、客观地为建筑业管理者提供企业绿色化决策支持和战略部署建议。

第8章 结语

1. 主要结论

本书针对建筑业企业绿色化问题，以系统性观点出发，通过系统动力学的方法和思路，建立了建筑业企业绿色化转型研究的框架和思路，囊括了包括外部政策管制、干预措施、市场环境、竞争结构范式、竞争程度，以及企业内部包括自身利润、财务绩效、超额价值、文化、声誉、人力资源等在内的一系列系统性模型，为后续研究工作的展开奠定了基础。

从企业外部管制角度出发，本书建立了建筑业企业针对外部政策管制的博弈均衡模型。并针对以目前国内外形势最为关心的企业的碳排放管制问题为例，构造了包括行政政策管制（强制碳排放标准）、经济政策管制（碳排放税收）及市场政策管制（碳排放交易）在内的三类博弈模型，通过拉格朗日乘子和 KKT 条件讨论了模型的可解性和均衡解。在该模型基础上，论文通过住宅市场中其承包商的真实数据为基础进行了实证研究，通过 NCP 讨论和 GAMS 软件计算结果，并得出了以下主要结论：① 大型建筑业企业比小型企业更倾向于走向绿色化；② 绿色化将提升企业成本，但该成本由企业和最终消费者共同承担；③ 绿色化管制越严格，企业绿色化程度将呈指数级别快速增加；④ 经济政策管制比行政、市场政策管制更适合于建筑业的绿色化调控和管理。

从企业内部价值角度出发，本书围绕“绿色化能否带来价值增长”这一核心问题，分别从企业财务利润（包括净资产回报率和投资资本回报率）、长期价值增长（包括经济价值增量和销售收入增长率）、资本市场价值（包括市盈率、托宾 Q 值和 EV/EBITDA 比率）三个方面构建综合评价指标并设计了统计检验方法，以检验绿色企业和常规企业的绩效差异。本书通过上市企业的实证数据对构建的指标进行了检验，发现绿色企业在短期财务绩效和长期价值增长方面获得了超额价值（净资产利润率超出 111.7%，资本回报率超出 52.3%，EVA 比率超出 124.5%),但尚未在资本市场显现出估值优势和评价认可。为进一步解释超额绩效产生根源,论文使用 DuPont 分析法对净资产回报率进行五项式分解,发现绿色企业具有高财务杠杆、高资产周转率、低利息成本三个方面优势。论文再通过以 EVA 视角下的回归模型,发现了绿色化转型三条超额价值创造路径,分别是运营利润传递路径、资产管理差异路径、借债融资成本路径。

2. 学术创新点

本书研究反映了全球气候变化和绿色化发展的客观背景,也符合我国十二五期间节能减排、低碳环保的建设目标。本书属于交叉学科范畴,研究领域属于建筑业,研究对象集中在企业层面,研究关键点是绿色化理念,研究的核心方法是产业组织理论和企业价值管理理论,研究过程中使用了大量正式数据、参考了上百篇英文最新文献。本书的学术创新点体现在以下方面:

一是本书指出现有建筑业绿色化重视项目层面,而忽视企业层面,并以此为出发点研究建筑业企业绿色化转型问题。界定和梳理了企业绿色化相关概念,通过系统动力学模型分析了企业绿色化转型过程中的内、外部影响因素,讨论了企业行为的决策和约束条件,拓展了绿色化理论在建筑业背景中的研究视角,为后续研究奠定基础工作。

二是现阶段建筑业绿色化问题研究还大都停留在概念和评价方法方面。本书结合建筑业特征,在已有理论基础上同时建立了建筑业企业在三类不同绿色化政策管制下的博弈模型,通过建筑业企业真实数据进行实证分析,为企业提供应对绿色化政策管制的决策模型和量化分析工具,深化了定量和实证方面的研究。

三是构建了包括企业财务利润、价值增长及资本市场价值三个方面在内的建筑业企业综合绩效评价指标体系,通过建筑业企业实证分析,证明了绿色企业的超额绩效表现。

四是基于价值管理理论(VBM)和经济价值增量(EVA)原理,建立了建筑业企业绿色化超额价值增长的回归模型,并通过建筑业企业实证分析,找到了企业绿色化所形成的三条价值创造路径,补充和完善企业绿色化管理理论。

3. 实践启示

本书对建筑业实践的启示包括以下几个方面:

① 本书研究建筑业企业受到外部绿色化政策管制约束下的行为,为企业应对外界绿色化政策和市场整体形势的变动提供了依据和计算模型。模型根据在不同绿色化政策,对企业的绿色化程度、绿色化环境绩效、产量、价格、收益和利润等因素的变动做出了相关预测,为企业宏观层面的决策提供决策支持,使企业

能够更好、更快地适应政策和市场变化，制定科学的决策。

② 本书在基于价值分析的基础上，对企业绿色化转型的财务利润、长期价值增长，以及资本市场价值做出了预测和研究，有助于帮助建筑业企业抓住管理重点，制定相应措施，以企业价值和绩效作为绿色化标杆和评价标准。另外，研究提出的超额价值创造路径，有利于企业对价值创造的关键环节进行重点关注，通过绿色化转型，找出绿色化价值创造路径和根源，扩大绿色化带来的经济利润和价值增长效应。

③ 本书对国内建筑业市场和企业提供崭新的绿色化思考视角和整套解决方案。目前情况下，国内建筑业对碳排放管理和绿色化战略转型都还处于初级阶段。但是，绿色化是未来建筑业不可避免的趋势，既是机遇也是挑战，面对这种大型绿色转型契机，我国建筑业企业主体必须主动思考企业绿色化转型问题，将企业的内外部因素相结合，根据企业自身的特点，共同制定绿色化的管理决策和管理重点，为企业带来长期的价值增长。本书实证部分对国外最新真实数据的分析讨论，能够提供最真实、最可靠的参考资料。

4. 总体分析不足与展望

企业绿色化研究是一项系统性工程，需耗费大量的数据、调研、行业数据、企业内部资料。特别是绿色化还处在初级转型阶段，实践中的绿色企业的样本量非常低，企业内部运营管理和融资数据很难取得。在中国，几乎还没有对绿色建筑业企业进行资质认定或者评价的权威部分或团体。因此，没能系统性地建立并完成一个兼具时间、空间、政策、市场、价值、绩效在内的企业绿色化综合性模型实属遗憾。尽管如此，本书还是尽可能地提供了一个可供分析的框架和结构，并选取了内、外部最主要的两个方面，进行了深入的研究，为下一步研究打下了基础。同时，将该模型继续研究和扩展下去，也是作者的未来的科研目标。

本书研究范畴局限在建筑业企业建造、运营管理过程中，而没有考虑企业所在上下游供应链对绿色化产生的巨大影响。例如现实中业主对承包商的绿色化要求会影响承包商的绿色化行为，但该影响尚未在模型中体现。因此，下一步研究要拓展研究边界，尽量将建筑业上下游产业链及其业务统一纳入绿色化模型。

本书在对建筑业企业绿色化实证分析过程中，由于现实中客观存在的绿色企业数据量偏少，造成了论文统计分析时样本量偏小，也仅使用静态模型。但现实中，绿色化更是一个长期的过程，企业需要相当长一段时间来适应和变化。相信随着时间的变化，绿色企业样本量会逐渐增多。在大样本的基础上，研究应考虑建立时间序列的企业绿色化模型动态模型。

参考文献

[1] Acquaye A A, Duffy A P. Input-output analysis of Irish construction sector greenhouse gas emissions [J]. Building and Environment, 2010, 45: 784 - 791.

[2] Adetunji I, Price A, Fleming P, et al. Sustainability and the UK construction industry-a review [J]. Engineering Sustainability, 2003, 156: 185 - 199.

[3] Adetunji I, et al. Sustainability and the UK construction industry-a review [J]. Engineering Sustainability, 2003, 156(4): 185 - 199.

[4] Agyekum-Mensah G, Knight A & Coffey C. Redefining sustainability in the built environment through project management [C]. ASC-CMRS Proceeding, Wuhan, China, 2011.

[5] Ahn Y H, et al. The systematic course development process: Building a course in sustainable construction for students in the USA [J]. Journal of Green Building, 2009, 4(1): 169 - 182.

[6] Aiello S. Addressing financial objections to sustainable design and construction[J]. Journal of Green Building, 2010, 5(4): 67 - 77.

[7] Aiello S. Addressing financial objections to sustainable design and construction[J]. Journal of Green Building, 2010, 5(4): 67 - 77.

[8] AIRE (Arlington Initiative to Reduce Emissions). ROI: energy efficiencies yield big paybacks. Updated June 2007.

[9] Alnaser N W, et al. Architectural, Construction and environmental matters of bahrain's international formula 1 circuit [J]. Building and Environment, 2007, 42(4): 1783 - 1794.

[10] Alnaser N W, Flanagan R & Alnaser W E. Model for calculating the sustainable building index (SBI) in the kingdom of Bahrain[J]. Energy and Buildings, 2008, 40(11): 2037 - 2043.

[11] Amey L R. The efficiency of business enterprises [M]. London: Gallen and

Unwin，1969.

[12] Amey L R，Egginton Don A. Management accounting：a conceptual approach[M]. London：Longman Publishing Group，1973.

[13] Anning H. Case Study：Bond university mirvac school of sustainable development building，Gold Coast，Australia [J]. Journal of Green Building，2009，4(4)：39－54.

[14] ARB. Climate change scoping plan：A framework for change. 2008；the California Air Resources Board for the State of California，December 2008.

[15] Ashrae. Ashrae Green Guide：The Design，Construction，and Operation of sustainable buildings [J]. Architectural Record，2007，195(3)：172.

[16] Ashuri B & Lu J. Time series analysis of ENR construction cost index[J]. Journal of Construction Engineering and Management，2010，136(11)：1227.

[17] Aswath Damodaran. Economic Value Added (EVA). [EB/OL]. [2011]. http://w4.stern.nyu.edu/～adamodar/New_Home_Page/lectures/eva.html.

[18] Azhar S，et al. Building information modeling for sustainable design and LEED® rating analysis[J]. Automation in Construction，2011，20(2)：217－224.

[19] Azhar S，et al. Building information modeling for sustainable design and LEED® rating analysis[J]. Automation In Construction，2011，20(2)：217－224. Available At：Http://Linkinghub. Elsevier. Com/Retrieve/Pii/S0926580510001482 [Accessed July 28，2011].

[20] Bacidore J M，Boquist J A，Milbourn T T，et al. The search for the best financial performance measure[J]. Financial Analysts Journal，1997：11－20.

[21] Bae J W & Kim Y W. Sustainable value on construction projects and lean construction [J]. Journal Of Green Building，2008，3(1)：156－167.

[22] Balatbat M C A，Lin C，Carmichael D G. Comparative performance of publicly listed construction companies：Australian evidence [J]. Construction Management and Economics，2010，28 (9)：919－932.

[23] Bartlett E & Howard N. Informing the decision makers on the cost and value of green building [J]. Building Research And Information，2000，28(5－6)：315－324.

[24] Benjaafar S，Li Y，Daskin M. Carbon footprint and the management of supply Chains：Insights from simple models [J]. IEEE Transactions on Automation Science and Engineering，2013，10(1)：99－116.

[25] Berry M，Stephens J & Cross D. Performance of 100% fly ash concrete with recycled glass aggregate [J]. Aci Materials Journal，2011，108(4)：378－384.

[26] Berthelot C，et al. Mechanistic laboratory evaluation and field construction of recycled concrete materials for use in road substructures [J]. Transportation Research Record，

2010，(2167)：41－52.

[27] Berthelot C，et al. Integrated mechanistic-based framework for sustainable "green street" rehabilitation of urban low-volume roads [J]. Transportation Research Record，2011，(2205)：103－110.

[28] Biddle G C，Bowen R M，Wallace J S. Does EVA® beat earnings? Evidence on associations with stock returns and firm values [J]. Journal of Accounting and Economics，1997，24 (3)：301－336.

[29] Blacconiere W G，Patten D M. Environmental disclosures，regulatory costs，and changes in firm value [J]. Journal of Accounting and Economics，1994，18：357－377.

[30] Blome C，Henke M，Luibl S，et al. Green and sustainable procurement today - a perspective on leading European companies [C]. Wiesbaden，2009.

[31] Boake T M. The leap to zero carbon and zero emissions：understanding how to go beyond existing sustainable design protocols[J]. Journal Of Green Building，2008，3(4)：64－77.

[32] Bordenaro M. Fleet management software evolves[J]. Construction Equipment，2006，109：50.

[33] Bossink B A G. Interdependent sustainable innovation processes and systems in dutch residential building [J]. Journal Of Green Building，2008，3(1)：139－155.

[34] Bowen H R. Social responsibilities of the businessman [M]. University of Iowa Press 1953.

[35] Boyce J K，Riddle M. Cap and dividend：How to curb global warming while protecting the incomes of american families [J]. Amherst，Massachusetts：Political Economy Research Institute，University of Massachusetts，Amherst，2007.

[36] BrainNet，Green and sustainable procurement：drivers and approaches，2009.

[37] Bray J & Mccurry N. Unintended Consequences：How the use of leed can inadvertently fail to benefit the environment[J]. Journal Of Green Building，2006，1(4)：152－165.

[38] Brewer P C，Chandra G，Hock C A. Economic value added (EVA)：Its uses and limitations [J]. SAM Advanced Management Journal，1999，64：4－11.

[39] Bryner G C. Blue skies，green politics：The clean air act of 1990 and its implementation [M]. 1993.

[40] BuildCarbonNeutral. Construction Carbon Calculator. [EB/OL]. [2010]. http://buildcarbonneutral.org/.

[41] Campbell A. A multi-criteria approach for rating roadway sustainability [C]//Masters Abstracts International 2009，148(02) 162.

[42] Munro DA. Caring for the earth: a strategy for sustainable living [M]. Holdgate, MW Prescott-Allen, R, 1991.

[43] Carrera-Gomez G, et al. The ecological footprint of ports — a sustainability indicator [J]. In Inland Waterways, Ports, And Shipping, 2006: 71 - 75.

[44] Castro-Lacouture D, et al. Optimization model for the selection of materials using a leed-based green building rating system in colombia[J]. Building and Environment, 2009, 44(6): 1162 - 1170.

[45] Castro-Lacouture D, Ospina-Alvarado A M, Roper K O. Aec plus P plus F integration with green project delivery and lean focus [J]. Journal Of Green Building, 2008, 3(4): 154 - 169.

[46] Chambers M, Muecke M. Biobased products and the leed (r) rating system[J]. Journal of Green Building, 2010, 5(4): 91 - 107.

[47] Chen L, Qiao Z. Empirical Study of Integrated EVA performance measurement in China [J]. Canadian Social Science, 2008, 4 (2): 41 - 48.

[48] Chen L, Qiao Z. Measuring Human Capital with Activity Based-costing and Economic Value Added [J]. International Journal of Business and Management, 2009, 3 (7): 55.

[49] Chen S, Dodd J L. Operating income, residual income and EVA™: Which metric is more value relevant? [J]. Journal of Managerial Issues, 2001: 65 - 86.

[50] Cheng C, Pouffary S, Svenningsen N, et al. The Kyoto Protocol, the Clean Development Mechanism, and the Building and Construction Sector [J]. A Report for UNEP Sustainable Buildings & Construction Initiative, 2008: 90.

[51] Cheremushkin S. What's Wrong with the Economic Value Added? [J]. SSRN working paper, 2008.

[52] Chinowsky P S, Meredith J E. Strategic management in construction [J]. Journal of Construction Engineering and Management, 2000, 126: 1.

[53] Chitewere T. Constructing a green lifestyle: Consumption and environmentalism in an ecovillage[D]. New York: State University of New York, 2006.

[54] Chow W K & Gao Y. Thermal stresses on window glasses upon heating [J]. Construction and Building Materials, 2008, 22(11): 2157 - 2164.

[55] Churchill C J & Baetz B W. Development of decision support system for sustainable community design [J]. Journal of Urban Planning and Development-Asce, 1999, 125(1): 17 - 35.

[56] Clarkson P M, Li Y, Richardson G D, et al. Does it really pay to be green? Determinants and consequences of proactive environmental strategies[J]. Journal of Accounting and Public Policy, 2011, 30 (2): 122 - 144.

[57] Cohen M A, Fenn S A, Konar S. Environmental and financial performance: Are they related? [M]. Investor Responsibiling Research Center, 1995.

[58] Collet F, et al. Study of thermal behaviour of clay wall facing south [J]. Building And Environment, 2006, 41(3): 307 - 315.

[59] Confederation of International Contractors' Associations (CICA). [EB/OL]. http://www.cicanet.com/.

[60] Curwell S, et al. The green building challenge in the UK[J]. Building Research and Information, 1999, 27(4 - 5): 286 - 293.

[61] Da Silva L. A review of LEED credits in Canadian building projects to optimize benefits and lower costs [C]//Master Abstracts International. 2008: 219.

[62] Dahlsrud A. How corporate social responsibility is defined: an Analysis of 37 Definitions [J]. Corporate Social Responsibility and Environmental Management, 2008, 13(November 2006): 1 - 13.

[63] Dalton D. Sustainable landscape construction: A guide to green building outdoors [J]. landscape architecture, 2001, 91(1): 82 - 83.

[64] Damodaran A. Value creation and enhancement: back to the future [J]. NYU Working Paper No FIN - 99 - 018, 1999.

[65] Damodaran A. Return on Capital (ROC), Return on Invested Capital (ROIC) and Return on Equity (ROE): Measurement and Implications [J]. Stern School of Business, 2007.

[66] Das S. Development of a database methodology for compliance with regionally available materials standards of LEED(TM) Green Building Rating System[D]. Michigan: Michigan State University, 2005.

[67] David Ford. The dynamics of project management: an investigation of the impacts of project process and coordination on performance [D]. Boston: MIT, 1995: 8.

[68] Kreps M D, Milgrom P, Roberts J, et al. Rational cooperation in the finitely repeated prisoners' dilemma[J]. Journal of Economic Theory, 1982, 27: 245 - 252.

[69] Deane M. The builder's role in delivering sustainable tall buildings [J]. The structural design of tall and special buildings, 2008, 17(5): 869 - 880. Available At: Http://Doi. Wiley. Com/10. 1002/Tal. 470 [Accessed October 18, 2011].

[70] Dinan T M, Rogers D L. Distributional effects of carbon allowance trading: how government decisions determine winners and losers[J]. National Tax Journal, 2002, 55: 199 - 222.

[71] Ding G K C. Sustainable construction — The role of environmental assessment tools [J]. Journal of Environmental Management, 2008, 86 (3): 451 - 464.

[72] Ding G K C. Developing a multicriteria approach for the measurement of sustainable performance [J]. Building Research And Information, 2005, 33(1): 3 - 16.

[73] DJSI. Dow Jones sustainability indexes [EB/OL]. [2011]. www. sustainability-index. com.

[74] DOE. 2004 Buildings Energy Databook [Z]. US Department of Energy (ROE), Office of Energy Efficiency and Renewable Energy, 2005.

[75] Dolan P, Sturm B & Wollmuth C. prairie crossing charter school: comfort as a principal component of high performance school design [J]. Journal Of Green Building, 2006, 1(3): 17 - 25.

[76] Dowell G, Hart S, Yeung B. Do corporate global environmental standards create or destroy market value? [J] Management Science, 2000, 46: 1059 - 1074.

[77] Duckles B. The green building industry in California: From ideals to buildings[D]. Tucson: The University of Arizona, 2009: 292.

[78] Durmisevic E. Transformable building structures: Design for disassembly as a way to introduce sustainable engineering to building design and construction [J]. Architecture, 2006: 305.

[79] Dutta S, Reichelstein S. Asset valuation and performance measurement in a dynamic agency setting[J]. Review of Accounting Studies, 1999, 4 (3): 235 - 258.

[80] Dutta S, Reichelstein S. Performance measurement in multi-period agencies [J]. Journal of Institutional and Theoretical Economics (JITE), 1999: 158 - 175.

[81] Ehrbar A, Stewart III G B. The EVA revolution[J]. Journal of Applied Corporate Finance, 1999, 12 (2): 18 - 31.

[82] Eichholtz P, Kok N, Quigley J M. Doing well by doing good? Green Office Buildings [J]. American Economic Review, 2010, 100 (5): 2494 - 2511.

[83] Eichholtz P, Kok N, Quigley J M. The economics of green building[J]. Working papers, BPHUP working paper # W10 - 003, 2010.

[84] El Feky U. Toward applicable green architecture: An approach to colonize the desert in Egypt[D]. Eindhoven: Technische Universiteit Eindhoven, 2006.

[85] Elsaid A, et al. Mechanical properties of kenaf fiber reinforced concrete [J]. Construction And Building Materials, 2011, 25(4): 1991 - 2001.

[86] Emrath P. Breaking down house price and construction costs [J]. National Association of Home Builders (NAHB) 2010.

[87] ENCORD. Construction CO_2 Measurement Protocol [J]. Stuttgart, Germany: European Network of Construction Companies for Research and Development (ENCORD), 2010.

[88] ENR. Engineering News-Record [EB/OL]. [2011]. http://enr. construction. com/toplists/.

[89] Esin T. A study regarding the environmental impact analysis of the building materials production process (in Turkey) [J]. Building and Environment, 2007, 42: 3860-3871.

[90] Esty D C, Porter M E. Industrial ecology and competitiveness [J]. Journal of Industrial Ecology, 1998, 2: 35-43.

[91] Esty D C, Winston A S. Green to gold [M]. Yale University Press USA, 2006.

[92] Esty D C and Winston A. Green to gold [M]. Wiley, 2009.

[93] evaDimensions. EVA Momentum Ranking [EB/OL]. [2010-07-06] http://evadimensions. com/wp-content/rankings/ForbesRankingApril2011SP500. pdf (For S & P 500, trailing four quarter results as of December 15, 2010. Values in millions).

[94] Eyiah A K, Cook P. Financing small and medium-scale contractors in developing countries: a Ghana case study [J]. Construction Management & Economics, 2003, 21(4): 357-367.

[95] Fee S T. Sustainable construction practices: Contractors' perceptions of awareness and participation [D]. Terre Haute: Indiana state University, 2005.

[96] Fernandez P. Valuation using multiples: How do analysts reach their conclusions? [J]. SSRN eLibrary, working paper, 2001.

[97] Fernandez P. Valuation using multiples: How do analysts reach their conclusions? [J]. IESE Business School, 2001.

[98] Ferraro R. Materials for sustainable constructions [D]. Miami: University of Miami, 2009.

[99] Filbeck G, Gorman R F. The relationship between the environmental and financial performance of public utilities [J]. Environmental and Resource Economics, 2004, 29: 137-157.

[100] Fluor. Sustainability at Fluor: A dedication to stakeholder alignment [Z]. Sustainability report, 2009.

[101] Fowler K M, Rauch E M. Assessing green building performance: A post occupancy evaluation of 12 GSA buildings [J]. Pacific Northwest National Laboratory, 2009.

[102] Frank H. Maier. New product diffusion models in innovation management — a system dynamics perspective [J]. System Dynamics Review, 1998, 4(4): 285-308.

[103] Frayne C. Green water technologies and resource management for water system heat-transfer applications in the built environment [J]. Journal Of Green Building, 2010, 5(1): 56-67.

[104] Frey H C, Rasdorf W, Lewis P. Comprehensive field study of fuel use and emissions of nonroad diesel construction equipment [J]. Transportation Research Record: Journal of the Transportation Research Board, 2158: 69 - 76.

[105] Friedman M. The social responsibility of business is to increase its profits [R]. The New York Times Magazine. 1970 - 09 - 13.

[106] Gabriel S A, Kiet S, Zhuang J. A mixed complementarity-based equilibrium model of natural gas markets [J]. Operations Research, 2005, 53: 799 - 818.

[107] Gailey T. The decision making process of campus administrators in building LEED residence halls[D]. Los Angeles: University of South Carolina, 2010: 95.

[108] Garnaut R. The Garnaut climate change review: final report [M]. Cambridge: Cambridge University Press, 2008.

[109] Geevarughese A. Impact of LEED-certified green housing on asthma in urban NYC [D]. New York: Mount Sinai School of New York University, 2010: 51.

[110] Girmscheid G, Lunze D. Construction Kit For Energetically Optimized Buildings [J]. Bauingenieur, 2009, 84: 330 - 348.

[111] Google. [EB/OL]. http://books. google. com/ngrams.

[112] Gorgolewski M. The implications of reuse and recycling for the design of steel buildings [J]. Canadian Journal Of Civil Engineering, 2006, 33(4): 489 - 496.

[113] Goulder L H, Parry I W H. Instrument choice in environmental policy [J]. Review of Environmental Economics and Policy, 2008, 2: 152.

[114] Goulder L H. Carbon tax design and US industry performance [J]. Tax Policy and the Economy, 1992: 6.

[115] Goulder L H. Mitigating the adverse impacts of CO_2 abatement policies on energy-intensive industries [M]. Resources for the Future, 2002.

[116] Grigoletti G, Sattler M A, Morello A. Analysis of the thermal behaviour of a low cost, single-family, more sustainable house in Porto Alegre, Brazil[J]. Energy And Buildings, 2008, 40(10): 1961 - 1971.

[117] Grubb M, Brewer T L, Sato M, et al. Climate Policy and industrial competitiveness: Ten insights from Europe on the EU emissions trading system [C]. The German Marshall Fund of the United States-Climate & Energy Paper Series, 2009.

[118] Chicago Booth School of Business GSB. GSB Chicago, summer 1998 [EB/OL]. [2011 - 06 - 02]. http://www. chicagobooth. edu/magazine/summer98/index. html. , GSB).

[119] Guy R W & Tinari P. Sustainable technologies for overview of prototype green-built house design [J]. Journal Of Green Building, 2006, 1(2): 18 - 31.

[120] Hahn R W. Greenhouse gas auctions and taxes: some political economy considerations [J]. Review of Environmental Economics and Policy, 2009, 3: 167.

[121] Hakkinen T, Belloni K. Barriers and drivers for sustainable building[J]. Building Research and Information, 2011, 39(3): 239 - 255.

[122] Hanle L J. CO_2 Emissions Profile of the US Cement Industry [C]. 13th International Emission Inventory Conference "Working for Clean Air in Clearwater". Clearwater, FL2004. 14.

[123] Harrigan M. Defining the role of a green building consultant, 2004: 151.

[124] Harris R, Kelly O & Dickson M. Downland gridshell — an innovation in timber design[C]. Proceedings Of The Institution Of Civil Engineers-Civil Engineering, 2003, 156(1): 26 - 33.

[125] Hart S L, Ahuja G. Does it pay to be green? An empirical examination of the relationship between emission reduction and firm performance [J]. Business strategy and the Environment, 1996, 5: 30 - 37.

[126] Hart S L, Milstein M B, Caggiano J. Creating Sustainable Value [and Executive Commentary][J]. The Academy of Management Executive (1993 - 2005), 2003: 56 - 69.

[127] Hart S L. Beyond greening: strategies for a sustainable world [J]. Harvard Business Review, 1997, 75: 66 - 77.

[128] Hart S L, Ahuja G. Does it pay to be green? An empirical examination of the relationship between emission reduction and firm performance[J]. Business strategy and the Environment, 1996, 5(1): 30 - 37.

[129] Hendrickson C, Horvath A, Joshi S, et al. Economic input-output models for environmental life-cycle assessment [J]. Environmental Science & Technology, 1998, 32: 184.

[130] Hendrickson C, Horvath A. Resource use and environmental emissions of US construction sectors [J]. Journal of Construction Engineering and Management, 2000, 126: 38 - 44.

[131] Hinkle D E, Wiersma W, Jurs S G. Applied Statistics for the behavioral sciences (Fifth edtion)[M]. Boston, MA: Houghton Mifflin Company, 2003.

[132] Ho M S, Morgenstern R, Shih J-S. Impact of carbon price policies on US industry, 2008; Rources For The Future, RFF DP 08 - 37. Washington DC, USA.

[133] Hooper P A. The construction specification institute's sustainable reporting data format: greenformat [J]. Journal Of Green Building, 2007, 2(2): 3 - 13.

[134] Horiguchi T, Fujita R & Shimura K. Applicability of controlled low-strength

materials with incinerated sewage sludge ash and crushed-stone powder[J]. Journal of Materials In Civil Engineering, 2011, 23(6): 767 - 771.
[135] Horman M J, et al. Delivering green buildings: process improvements for sustainable construction [J]. Journal of Green Building, 2006, 1(1): 123 - 140.
[136] Horvath A. Construction materials and the environment [J]. Annual Review of Environment and Resources, 2004, 29: 181.
[137] Horvath A & Hendrickson C. Comparison of environmental implications of asphalt and steel-reinforced concrete pavements[J]. In environmental and social effects of transportation, 1998: 105 - 113.
[138] Horvath A. Estimation of environmental implications of construction materials and designs using life cycle assessment techniques, 1997: 379.
[139] Huff W. Obstacles and rewards of enterprise sustainability and the need for a director of sustainability[J]. Journal of Green Building, 2007, 2(2): 62 - 69.
[140] IEA. International Energy Agency (IEA). Energy Policies of IEA Countries: Sweden 2008 Review[J]. 2008: 150.
[141] IGCC. International green construction code [J]. international code council, INC., 2010.
[142] Intergovernmental Panel on Climate Change (IPCC). Fourth Assessment Report: Climate Change 2007 (AR4)[M]. Cambridge: Cambridge University Press, 2007.
[143] IPCC. IPCC Fourth Assessment Report: Climate Change 2007[J]. IPCC, 2007.
[144] IUCN. Caring for the Earth: a strategy for sustainable living, International Union for Conservation of Nature (IUCN)[M]. Gland: World Wide Fund for Nature (WWF), 1991.
[145] J. H. M. de Jonge Management & Advies. [EB/OL]. [2011]. http://www.valuebasedmanagement.net/.
[146] Jacobs B W, Singhal V R, Subramanian R. An Empirical Investigation of Environmental Performance and the Market Value of the Firm[J]. Working paper, 2008, Georgia Institute of Technology.
[147] Jensen J O & Gram-Hanssen K. Ecological modernization of sustainable buildings: A danish perspective [J]. Building Research and Information, 2008, 36(2): 146 - 158.
[148] Johansson B. Climate policy instruments and industry — effects and potential responses in the Swedish context [J]. Energy Policy, 2006, 34: 2344 - 2360.
[149] Johnson M, Harfoot M, Musser C, et al. Cap and Share: policy options for reducing greenhouse gas emissions and possible macroeconomic effects in Ireland, 2008.
[150] Kaatz E, Root D, Bowen P. Broadening project participation through a modified

building sustainability assessment[J]. Building Research and Information, 2005, 33(5): 441 - 454.

[151] Kaplan R S, Atkinson A A. Advanced management accounting[M]. New Jersey Prentice Hall, 1998.

[152] Kaplan, Robert S, Anthony A A. Advanced management accounting[M]. 3rd ed. Upper Saddle River, N. J.: Prentice Hall, 1998.

[153] Kats G. The Costs and Financial Benefits of Green Buildings[Z]. A Report to California's Sustainable Building Task Force, 2003.

[154] Kats G, Alevantis L, Berman A, et al. The costs and financial benefits of green buildings[Z]. A Report to California's Sustainable Building Task Force. USA, 2003.

[155] Keeton J M. The road to platinum using the Usgbc's Leed-Eb (R) green building rating system to retrofit the us environmental protection agency's region 10 park place office building[J]. Journal of Green Building, 2010, 5(2): 55 - 75.

[156] Keysar E, Pearce A R. Decision support tools for green building: facilitating selection among new adopters on public sector projects[J]. Journal of Green Building, 2007, 2(3): 153 - 171.

[157] King A A, Lenox M J. Does it really pay to be green? An empirical study of firm environmental and financial performance[J]. Journal of Industrial Ecology, 2001, 5: 105 - 116.

[158] King A A, Lenox M J. Does it really pay to be green? an empirical study of firm environmental and financial performance[J]. Journal of Industrial Ecology, 2001, 5(1): 105 - 116.

[159] Koeppel S, Vorsatz D. Assessment of policy instruments for reducing greenhouse gas emissions from buildings[Z]. United Nations Environment Programme, Sustainable Buildings and Construction Initiative, 2007.

[160] Kohler N & Lutzkendorf T. Integrated Life-Cycle Analysis[J]. Building Research And Information, 2002, 30(5): 338 - 348.

[161] Korjenic A, et al. Development and performance evaluation of natural thermal-insulation materials composed of renewable resources[J]. Energy And Buildings, 2011, 43(9): 2518 - 2523.

[162] Korkmaz S, Riley D, Horman M. Piloting evaluation metrics for sustainable high-performance building project delivery[J]. Journal of Construction Engineering And Management-Asce, 2010, 136(8): 877 - 885.

[163] Kosheleva E, Elliott J. Green building in the russian context: an investigation into the establishment of a leed (R)-based green building rating system in the russian

federation[J]. Journal of Green Building, 2006, 1(3): 105 - 123.

[164] Kuik O, Mulder M. Emissions trading and competitiveness: pros and cons of relative and absolute schemes[J]. Energy policy, 2004, 32: 737 - 745.

[165] Kumar R, Sachdeva S, Kaushik S C. Dynamic earth-contact building: A sustainable low-energy technology[J]. Building and Environment, 2007, 42(6): 2450 - 2460.

[166] La Roche P. Calculating green house gas emissions for buildings: analysis of the performance of several carbon counting tools in different climates [J]. Informes De La Construccion, 2010, 61(517): 61 - 74.

[167] Lapinski A R, Horman M J, Riley D R. Lean processes for sustainable project delivery[J]. Journal of Construction Engineering and Management, 2006, 132(10): 1083.

[168] Larsson N. Regionalism and sustainable development: genesis of Sb04[J]. Building Research and Information, 2005, 33(5): 397 - 404.

[169] Lash J, Wellington F. Competitive advantage on a warming planet[J]. Harvard Business Review, 2007, 85(3): 94.

[170] Lasky M J. The economic costs of reducing emissions of greenhouse gases: A survey of economic models [Z]. Congressional Budget Office, 2003.

[171] Le A D T, et al. Transient hygrothermal behaviour of a hemp concrete building envelope [J]. Energy And Buildings, 2010, 42(10): 1797 - 1806.

[172] Lepech M. A paradigm for integrated structures and materials design for sustainable transportation infrastructure [D]. Michigan: University of Michigan, 2006.

[173] Lieberman M B, Montgomery D B. First mover advantages [J]. Strategic Management Journal, 1988, 9(S1): 41 - 58.

[174] Live comfortably-save natural resources. Built for the future: The ISOVER Multi-Comfort House. ISOVER, 2007.

[175] Lo S M, Zhao C M, Cheng W Y. Perceptions of building professionals on sustainable development: A comparative study between hong kong and shenyang [J]. Energy and Buildings, 2006, 38(11, Si): 1327 - 1334.

[176] Loban T, Ones T D. Valuation issues in a greening world[J]. Journal of Green Building, 2008, 3(3): 42 - 56.

[177] Lowe R. Defining and meeting the carbon constraints of the 21st century [J]. Building Research & Information, 2000, 28: 159 - 175.

[178] Luetzkendorf T, Lorenz D P. Using an integrated performance approach in building assessment tools[J]. Building Research and Information, 2006, 34(4): 334 - 356.

[179] Luo Y. Decision support for prefabrication strategy selection on building systems

[D]. Penn: University of Pennsylvania, 2008.

[180] Lyneis J M, Cooper K G, Els S A. Strategic management of complex projects: a case study using system dynamics [J]. System Dynamics Review, 2001, 17 (3): 237 - 260.

[181] Macdougall C. Natural building materials in mainstream construction: lessons from the U K Journal Of Green Building, 2008, 3(3): 3 - 14.

[182] Mago S. Impact of LEED - NC projects on constructors and construction management practices [D]. Michign: Michigan State University, 2007.

[183] Mah D. Framework for rating the sustainability of the residential construction Practice[D]. Edmonton: University of Alberta, 2011.

[184] Mahns E. Green job training, creation, and politics [D]. New York: State University of New York Empire State College, 2010.

[185] Martin J, Petty J, Rich S. An analysis of EVA and other measures of firm performance based on residual income[J]. Hankamer School of Business Working Paper, 2003.

[186] Matthiessen L F, Morris P. Cost of green revisited: Reexamining the feasibility and cost impact of sustainable design in the light of increased market adoption [M]. Davis Langdon, 2007.

[187] McGraw- Hill. Green Building SmartMarket Report 2006 [M]. McGraw-Hill Construction, 2006.

[188] McGraw-Hill. 2009 Greening of Coporate America: The pathway to sustainability-from strategy to action[M]. McGraw-Hill Construction, 2009.

[189] McGraw-Hill. McGraw-Hill construction's green outlook 2011: Green trends driving growth report [EB/OL]. [2011 - 06 - 02]. http://constructioncom/AboutUs/2010/1112prasp 2011.

[190] Meltz R. Federal agency actions following the supreme court's climate change decision: A chronology [Z]. Congressional Research Service 2010.

[191] Mercer T, Tuan N B, Radford A. What is affordable green housing? analysis of a competition[J]. Journal of Green Building, 2007, 2(1): 130 - 142.

[192] Meyer C. The greening of the concrete industry [J]. cement & Concrete Composites, 2009, 31(8, Si): 601 - 605.

[193] Milaljevic J. Equities and Tobin's Q, 1900 - 2009: Evaluating the market outlook in the context of a century of history. The Manual of Ideas, Report data [EB/OL]. [2009 - 09 - 21]. www. manualofideas. com/qlast.

[194] Milani B. Building materials in a green economy: Community-based strategies for

dematerialization, 2005: 318.

[195] Miller N, Spivey J, Florance A. Does green pay off? [J]. Journal of Real Estate Portfolio Management, 2008, 14(4): 385 - 400.

[196] Mogge Jr. J W. Breaking through the first cost barriers of sustainable planning, design, and construction [D]. Atlanta: Georgia Institute of Technology, 2004.

[197] Mohammed A, Nehdi M, Adawi A. Recycling waste latex paint in concrete with added value [J]. Aci Materials Journal, 2008, 105(4): 367 - 374.

[198] Montgomery County. Expedited Bill 29 - 10, Taxes-Excise Tax-Carbon Dioxide Emissions [Z]. The County Council for Montgomery County, Maryland, 2010.

[199] Muench S T, Anderson J L, Soederlund M. Greenroads: A sustainability performance metric for roadways [J]. Journal of Green Building, 2010, 5 (2): 114 - 128.

[200] Myers D. A review of construction companies' attitudes to sustainability [J]. Construction Management and Economics, 2005, 23(8): 781 - 785.

[201] Myfootprint, [EB/OL]. [2010]. http://www.myfootprint.org/.

[202] NAICS. North American Industry Classification System. [EB/OL]. [2011]. http://www.census.gov/eos/www/naics/.

[203] Nash J. Equilibrium points in n-person games [C]. Proceedings of the National Academy of Sciences of the United States of America 36 (1): 48 - 49, doi: 10.1073/pnas.36.1.48, 1950.

[204] Nelms C E, Russell A D, Lence B J. Assessing the performance of sustainable technologies: a framework and its application [J]. Building Research And Information, 2007, 35(3): 237 - 251.

[205] Newsweek. NEWSWEEK green rankings [EB/OL]. [2010]. http://www.thedailybeast.com/topics/green-rankings.html.

[206] O'brien R M. A caution regarding rules of thumb for variance inflation factors[J]. Quality & Quantity, 2007, 41 (5): 673 - 690.

[207] O'toole K, et al. Hunzinger construction company LEED Ci remodel: Green through the eyes of the general contractor [J]. Journal Of Green Building, 2006, 1(4): 48 - 57.

[208] Oetinger J. Green schools: Constructing and renovating school facilities with the concept of sustainability [D]. St. Charles: Linden wood University, 2010.

[209] Orlitzky M, Schmidt F L, Rynes S L. Corporate social and financial performance: a meta-analysis [J]. Organization Studies, 2003, 24: 403 - 441.

[210] Ortiz O, Castells F, Sonnemann G. Sustainability in the construction industry: A

review of recent developments based on LCA [J]. Construction and Building Materials, 2009, 23(1): 28 - 39.

[211] Paul Emrath. Special Studies. Economics and housing policy, national association of home builders. [EB/OL]. [2010 - 03 - 05]. http://www.nahb.org/generic.aspx?genericContentID=134543.

[212] Pavlovski A, et al. Solar architecture and energy engineering[J]. Journal of Green Building, 2010, 5(2): 32 - 40.

[213] Peter Temple. Magic numbers: The 33 key ratios that every investor should know [M]. John Wiley & Sons, 2001.

[214] Pintér L, Zahedi K, Cressman D R. Capacity building for integrated environmental assessment and reporting: Training manual (2nd Ed.)[J]. International Institute for Sustainable Development and United Nations Environment Programme, 2000.

[215] Pollin R, Garrett-Peltier H, Heintz J, et al. Green Recovery: A Program to Create Good Jobs and Start Building a Low-Carbon Economy [Z]. Center for American Progress and Political Economy Research Institute at the University of Massachusetts, 2008.

[216] Ponssard J P, Larmande F. EVA Compensation Schemes and Controllability Issues: An Empirical Investigation [J]. SSRN working paper, 2006.

[217] Porter M E, Kramer M R. Creating shared value: How to reinvent capitalism — and unleash a wave of innovation and growth [J]. Harvard Business Review. 2011.

[218] Porter M E, Van der Linde C. Green and competitive: ending the stalemate[J]. Business and the environment: a reader, 1996: 61.

[219] Porter M E, Van der Linde C. Green and competitive: ending the stalemate[J]. Journal of Business Administration and Policy Analysis, 1999.

[220] Porter M E. Competitive advantage: creating and sustaining superior performance: with a new introduction [M]. Free Pr, 1998.

[221] Porter M E. Competitive strategy: techniques for analyzing industries and competitors: with a new introduction [M]. Free Pr, 1998.

[222] Potbhare V, Syal M, Korkmaz S. Adoption of green building guidelines in developing countries based on us and India experiences[J]. Journal Of Green Building, 2009, 4(2): 158 - 174.

[223] Prahalad C K, Hamel G. The core competence of the corporation[J]. Harvard Business Review, 1990, May.

[224] Rajendran S, Gambatese J A, Behm M G. Impact of green building design and construction on worker safety and health [J]. Journal of Construction Engineering and

Management-Asce, 2009, 135(10): 1058 - 1066.
[225] Raut S P, Ralegaonkar R V, Mandavgane S A. Development of sustainable construction material using industrial and agricultural solid waste: A review of waste-create bricks [J]. Construction and Building Materials, 2011, 25(10): 4037 - 4042.
[226] Reilly J M. Selection of green building materials, 1997: 89.
[227] Reiner M, Rens K, Ramaswami A. The role of hvfa concrete in the sustainability of the urban built environment [J]. Journal of Green Building, 2006, 1(4): 129 - 140.
[228] Robichaud L B, Anantatmula V S. Greening project management practices for sustainable construction[J]. Journal of Management In Engineering, 2011, 27(1): 48 - 57.
[229] Roca Ariza G. Strategies and recommendations for the construction of healthcare facilities in NYC [Z], 2010: 155.
[230] Rose Welton. The average cost of building a house yourself. [EB/OL]. [2011]. http://www. ehow. com/about_5533721_average-cost-building-house-yourself. html.
[231] Russoniello D G. The wister education center and greenhouse uniting program and process, history and mission, architecture, and sustainability on the swarthmore college campus [J]. Journal of Green Building, 2010, 5(2): 3 - 15.
[232] Ross S, Westerfield R, Jaffe J. Corporate finance, 6th ed [M]. New York: McGraw-Hill, 2001.
[233] Sarkis J. Making a sustainability business case for alternative building designs using the leed requirements [J]. Journal of green building, 2006, 1(4): 58 - 66.
[234] Schaefer O M. Performance measures in value management: A model based approach to explain the CVA and EVA measures [M]. Erich Schmidt Verlag GmbH, 2002.
[235] Schaltegger S, Synnestvedt T. The link between "green" and economic success: environmental management as the crucial trigger between environmental and economic performance [J]. Journal of Environmental Management, 2002, 65: 339 - 346.
[236] Schipper M. Energy-Related Carbon Dioxide Emissions in US Manufacturing [J]. US Energy Informatron Administration, 2006, 15: 2013.
[237] Smale R, Hartley M, Hepburn C, et al. The impact of CO_2 emissions trading on firm profits and market prices [J]. Climate Policy, 2006, 6: 29 - 46.
[238] SMAQMD. Independent Construction Caterpillar 633D Scraper Tier 2 Engine Repower Fact Sheet [J]. Sacramento Metropolitan Air Quality Management District, 2007.
[239] Solomons D. Divisional performance: measurement and control[M]. Markus Wiener Pub, 1985.

[240] Spash C L. The brave new world of carbon trading[J]. New Political Economy, 2010, 15: 169 - 195.

[241] Sprent P, Smeeton N C. Applied nonparametric statistical methods [M]. Chapman & Hall, 2007.

[242] Stavin R N. Market-based environmental policies: What can we learn from US experience (and Related Research)? [J] Resources for the Future, Discussion Paper 03 - 43 2003.

[243] Stenberg A C. green ideas travelling across organizational boundaries[J]. Building Research and Information, 2007, 35(5): 501 - 513.

[244] Sterman J. Business dynamics[M]. Irwin, 2000.

[245] Stern N. Stern review on the economics of climate change [J]. Cambridge: the Office of Climate Change, 2006: 576.

[246] Stern Stewart & Co. [EB/OL]. http://www. sternstewart. com/? content = ourimpact.

[247] Strand J. Taxes and caps as climate policy instruments with domestic and imported Fuels [J]. Policy Research Working Paper, World Bank, WPS5171, 2010.

[248] Sullivan J. Decision model for public sector assessment of sustainable buildings in Florida [D]. Gainescille: University of Florida, 2007.

[249] Summer J, Bird L, Smith H. Carbon taxes: A review of experience and policy design considerations [J]. Climate Policy, 2011, 11(2): 922 - 943.

[250] Supreme court of the united states. 549 US 497, Massachusetts v. Environmental Protection Agency, Opinion of the Court. D. C. 2007: 32.

[251] Sustainable Construction. [EB/OL]. [2011]. http://www. sustainableconstruction. co. uk/sustainability. htm.

[252] Swarup L. Influence of project delivery methods on achieving sustainable high performance buildings [J]. The Charles PanKow Foundation, 2010: 229.

[253] Tan Y, Shen L, Yao H. Sustainable construction practice and contractors' competitiveness: A preliminary study [J]. Habitat International, 2010.

[254] Tatari O, Kucukvar M. Cost premium prediction of certified green buildings: a neural network approach [J]. Building And Environment, 2011, 46(5): 1081 - 1086.

[255] Taylor L. Greens offer interim carbon deal. [EB/OL]. [2010]. www. theaustralian. com. au.

[256] The Four System Conditions. The natural step. [EB/OL]. http://www. naturalstep. org/the-system-conditions.

[257] The White House. Administration announces US emission target for copenhagen [Z].

President to Attend Copenhagen Climate Talks. Washington DC, USA: Office of the Press Secretary, The White House, 2009.

[258] The White House. Economic Report of the President (2010)[J]. Table B-55 New construction activity, 1964-2009, 394. Washington DC, USA2010.

[259] The White House. President Obama Sets Greenhouse Gas Emissions Reduction Target for Federal Operations[J]. Washington DC, USA: Office of the Press Secretary, The White House; 2010.

[260] Theaker I G & Cole R J. The role of local governments in fostering "green" buildings: a case study[J]. Building Research and Information, 2001, 29(5): 394-408.

[261] Thibaudeau P. Integrated design is green [J]. Journal of Green Building, 2008, 3(4): 78-93.

[262] Tinker A, et al. Green construction: Contractor motivation and trends in Austin, Texas[J]. Journal of Green Building, 2006, 1(2): 118-134.

[263] Tobin J. A general equilibrium approach to monetary theory[J]. Journal of Money, Credit, and Banking, 1969, 1(1): 15-29.

[264] Tomkins C. Another look at residual income[J]. Journal of Business Finance & Accounting, 1975, 2 (1): 39-53.

[265] Tully S. The real key to creating wealth[J]. Fortune, 1993, 128 (6): 38-44.

[266] UNEP. The Kyoto Protocol, the Clean Development Mechanism, and the Building and Construction Sector [J]. A Report for UNEP Sustainable Buildings & Construction Initiative, 2008: 90.

[267] UNEP. Integrated Environmental Assessment Training Manual, Module 5 Integrated analysis of environmental trends and policies. 2007; United Nations Environmental Programme (UNEP).

[268] UNFCCC. Cancum Agreements. United Nations Climate Change Conference, 29 November to 10 December, 2010, Cancun, Mexico. 2011; United Nations Framework Convention on Climate Change (UNFCCC).

[269] UNFCCC. Copenhagen Accord. United Nations Climate Change Conference in Copenhagen, 7 - 19 December 2009, Demark. 2009; United Nations Framework Convention on Climate Change (UNFCCC).

[270] UNFCCC. Kyoto Protocol To The United Nations Framework Convention On Climate Change. United Nations Framework Convention on Climate Change (UNFCCC), 1997.

[271] UN-Habitat. Urban Indicators Tool Kit Guide, United Nations Human Settlements

Programme (UN-Habitat) [EB/OL]. [2010]. http://www. cin. gov. cn/Habitat/en/default. htm.

[272] United Nations (UN), document A/42/427, Chapter 2. Our Common Future: Report of the World Commission on Environment and Development. [EB/OL]. [1987 - 08 - 04]. http://www. un-documents. net/ocf - 02. htm# I.

[273] United Nations (UN). Critical trends: global change and sustainable development, Commission On Sustainable Development, Fifth session, Economic and Social Council, United Nations, 7 - 25 April 1997.

[274] United Nations Conference on Environment and Development (UNCED), Earth Summit, Rio de Janeiro, Brazil, June 3 - 14, 1992.

[275] United Nations Environment Programme(UNEP). [EB/OL]. http://www. unep. fr/scp/bc/.

[276] United Nations, document A/42/427, Chapter 2. Our Common Future: Report of the World Commission on Environment and Development. [EB/OL]. [1987 - 08 - 04]. http://www. un-documents. net/ocf - 02. htm# I.

[277] US Census Bureau. New Privately Owned Housing Units Completed (Annual Data). New Residential Construction, History Tables: Housing Units Completed (Annual Data), 1968 - 2010: Washington DC, 2010.

[278] US Congress. Clean Air Act, Title 42 - the public health and welfare. In: US Government Printing Office, editor: United States Code; 2008: 5828.

[279] US EPA, US Environmental Protection Agency. [EB/OL]. [2011]. www. epa. gov.

[280] US EPA, US Environmental Protection Agency, Green Building Basic Information, [EB/OL]. [2011]. http://www. epa. gov/greenbuilding/pubs/about. htm.

[281] US EPA. 2006 - 2011 EPA Strategic Plan: Charting Our Course. US Environmental Protection Agency, 2006.

[282] US EPA. Cap and Trade. Clean Air Markets, US Environmental Protection Agency (EPA). Washington DC 2011.

[283] US EPA. Quantifying Greenhouse Gas Emissions from Key Industrial Sectors in the United States. US Environmental Protection Agency, 2008.

[284] US EPA. Technical Highlights. Questions and Answers on Using a Diesel Particulate Matter Filter in Heavy-Duty Trucks and Buses. Office of Transportation and Air Quality, US Environmental Protection Agency. EPA420 - F - 03 - 017; 2003: 4.

[285] US Geological Survey. Mineral Commodity Summaries: Iron and Steel. Iron and Steel Statistics and Information, 2002: 86 - 87.

[286] USGBC, U. S. Green Building Council [EB/OL]. [2011]. www. usgbc. org, 2011.

[287] USGBC. Green building facts. US Green Building Council, 2010.

[288] Van Timmerein A, Sidler D, Kaptein M. Sustainable Decentralized Energy Generation & Sanitation: Case Eva Lanxmeer, Culemborg, The Netherlands[J]. Journal Of Green Building, 2007, 2(4): 137 - 150.

[289] Vangeem M. Achieving Sustainability With Precast Concrete[J]. Pci Journal, 2006, 51(1): 42+.

[290] Wagner M, Schaltegger S. How does sustainability performance relate to business competitiveness? [J]. Greener Management International, 2003: 5 - 16.

[291] Wallace T, Ingersoll C, Sterman J, et al. The renewable energy system can drive itself — But we must act to get the ball rolling, 2010.

[292] Wallhagen M, Glaumann M. Design consequences of differences in building assessment tools: a case study[J]. Building Research and Information, 2011, 39(1): 16 - 33.

[293] Weerasinghe G, Soundararajan K, Ruwanpura J. Leed-Pdri framework for pre-project planning of sustainable building projects[J]. Journal Of Green Building, 2007, 2(3): 123 - 143.

[294] Wilcoxon F. Individual comparisons by ranking methods[J]. Biometrics Bulletin, 1945, 1 (6): 80 - 83.

[295] Williams L C. The pragmatic approach to green design achieving leed certification from an architect's perspective[J]. Journal of Green Building, 2010, 5(1): 3 - 12.

[296] Winston A. Why companies keep investing in renewable energy. [EB/OL]. [2011 - 04 - 27]. http://www. sustainablelifemedia. com/news_and_views/articles/why-companies-keep-investing-renewable-energy.

[297] Yan H, Shen Q P, Fan L C H, et al. Greenhouse gas emissions in building construction: A case study of One Peking in Hong Kong[J]. Building and Environment, 2010, 45: 949 - 955.

[298] Yifei Li, Julia Currie. Green buildings in China: Conception, codes and certification [J]. Institute for building efficiency, 2011: 9.

[299] Young D. Economic value added: A primer for European managers[J]. European Management Journal, 1997, 15(4): 335 - 343.

[300] Young S D, O'byrne S F. EVA and value based management: a practical guide to implementation[M]. McGraw-Hill, 2001.

[301] Young R A. Striking gold: Historic preservation and LEED[J]. Journal of Green Building, 2008, 3(1): 24 - 43.

[302] Yudelson J. Marketing green buildings: guide for engineering, construction and

architecture[M]. The Fairmont Press, Inc, 2006.
[303] Zhao X. An investigation on using BIM for sustainability analysis using the LEED rating system, 2011: 199.
[304] Zhou Y, et al. Green credits versus environmentally sustainable traffic operations comparison of contributions to energy and emissions reductions[J]. Transportation Research Record, 2010, (2163): 103 - 111.
[305] 埃巴. 经济增加值——如何为股东创造财务[M]. 凌晓东,译. 北京: 中信出版社,2001.
[306] 蔡林. 系统动力学在可持续发展研究中的应用[M]. 北京: 中国环境科学出版社,2008.
[307] 池国华. EVA管理业绩评价系统模式[M]. 北京: 科学出版社,2008.
[308] 丹尼斯·米都斯. 增长的极限[M]. 李宝恒,译. 长春: 吉林人民出版社,1997.
[309] 大卫·格拉斯曼. EVA革命——以价值为核心的企业战略与财务、薪酬管理体系[M]//北京: 社会科学文献出版社,2003.
[310] 杜军,李劲松. 建筑企业绿色化进程探讨[J]. 重庆建筑大学学报,2003,25(1): 82 - 85.
[311] 冯·贝塔朗菲. 一般系统理论基础发展和应用[M]. 北京: 清华大学出版社,1987.
[312] 符蓉,谢晓霞,干胜道. 净现值与经济增加值之异同及其关系研究[J]. 现代财经—天津财经学院学报,2006,26(3): 30 - 32.
[313] 胡锦涛. 在中国科学院第十五次院士大会、中国工程院第十次院士大会上的讲话[J]. 科技管理研究,2010,30(13): 1 - 4.
[314] 黄卫伟,李春瑜. EVA管理模式[M]. 北京: 经济管理出版社,2005.
[315] 建设部,中华人民共和国住房和城乡建设部,网址 http://www.mohurd.gov.cn/zcfg/jswj/jskj/201104/t20110421_203196.htm 2011.
[316] 科勒. 价值评估: 公司价值的衡量与管理[M]. 4版. 高建 等译,北京: 电子工业出版社,2007.
[317] 刘力,宋志毅. 衡量企业经营业绩的新方法——经济增加值(EVA)与修正的经济增加值(REVA). 会计研究,1999(1).
[318] 刘芍佳,刘乃全. 中国上市企业的创值能力分析[J]. 财经研究,2002(6).
[319] 李耀海. EVA管理: 提示资本成本的奥秘[J]. 企业管理,2001(10).
[320] 茅宁. 企业价值创造与管理者博弈——对EVA方法的若干反思. 外国经济与管理,2002,24(11): 11 - 17.
[321] 迈克尔·贝叶. 管理经济学[M]. 聂巧平,汪小雯,译. 北京: 机械工业出版社,2008.
[322] 曲向军,杨紫燕. 价值管理的方法[M]. 中国企业家,2003(8): 117 - 124.
[323] 泰勒尔. 产业组织理论[M]. 张维迎,总译校. 中国人民大学出版社,1997.

[324] 王其藩. 系统动力学(2009 年修订版)[M]. 上海：上海财经大学出版社，2009.
[325] 王其藩. 高级系统动力学[M]. 北京：清华大学出版社，1995 年，第 250 页.
[326] 王艳. 经济增加值评价指标研究[D]. 北京：中国人民大学，2003.
[327] 汪应洛. 系统工程[M]. 4 版. 北京：机械工业出版社，2011.
[328] 杨文斌. 基于系统动力学的企业成长研究[D]. 上海：复旦大学，2006.
[329] 于俊年. 计量经济学[M]. 2 版. 北京：对外经济贸易大学出版社，2007.
[330] 袁琳. EVA 的精髓——价值驱动型的绩效评价和激励机制[J]. 北京工商大学学报，2003，18(5)：47 - 50.
[331] 张先治. 基于价值的管理与公司理财创新[J]. 会计研究，2008.
[332] 张纯. 论新经济时代 EVA 的效用性[J]. 会计研究，2003.
[333] 张维迎. 博弈论与信息经济学[M]. 上海：上海人民出版社，2004.
[334] 中国建筑业协会. 中国建筑业发展战略与产业政策研究报告[M]. 北京：中国建筑工业出版社，2011.
[335] 《绿色建筑评价标准》(GB 50378)，中华人民共和国建设部、中华人民共和国国家质量监督检验检疫总局联合发布，2006 年 6 月 1 日实施.

附录 A　政策管制实证分析原始数据

附录 A1：2002—2008 年住宅市场中独立家庭住宅市场需求基本情况

以下表格为每年成交住宅套数与单价、总价之间的分布关系。

2002 年

（单位：千套）

单位面积均价（美元/平方英尺）	总　计	房屋总价格(美元)								
		低于 \$125 000	\$125 000 ～ \$149 999	\$150 000 ～ \$199 999	\$200 000 ～ \$249 999	\$250 000 ～ \$299 999	\$300 000 ～ \$399 999	\$400 000 ～ \$499 999	\$500 000 ～ \$749 999	\$749 999 以上
总　计	969	156	136	237	138	106	106	47	32	11
低于 60	272	101	61	73	23	9	4	1	0	0
60～69.99	185	36	38	57	27	14	10	2	1	0
70～79.99	157	13	22	45	34	23	17	2	1	0
80～89.99	122	4	11	32	23	22	22	6	2	0
90～99.99	81	2	3	16	16	14	19	9	2	0
100～124.99	102	0	1	13	13	19	26	18	10	2
125～149.99	29	0	0	1	2	4	6	5	9	2
150 以上	21	0	0	0	0	1	2	4	7	7

2003 年

（单位：千套）

		房屋总价格（美元）								
单位面积均价（美元/平方英尺）	总　计	低于 \$125 000	\$125 000～\$149 999	\$150 000～\$199 999	\$200 000～\$249 999	\$250 000～\$299 999	\$300 000～\$399 999	400 000～\$499 999	\$500 000～\$749 999	\$749 999 以上
总　计	1 081	149	145	263	149	111	142	55	50	17
低于 60	264	95	61	72	22	8	5	1	0	0
60～69.99	194	35	39	66	28	14	10	2	0	0
70～79.99	171	13	25	49	34	25	19	4	2	0
80～89.99	139	5	11	38	24	23	26	8	4	0
90～99.99	97	1	6	18	16	15	28	8	5	0
100～124.99	133	0	3	18	20	20	37	18	15	2
125～149.99	49	0	0	2	4	5	11	9	14	4
150 以上	34	0	0	0	1	1	6	5	10	11

2004 年

（单位：千套）

单位面积均价（美元/平方英尺）	总　计	房屋总价格（美元）								
		低于 \$125 000	\$125 000 ～ \$149 999	150 000 ～ \$199 999	\$200 000 ～ \$249 999	\$250 000 ～ \$299 999	\$300 000 ～ \$399 999	\$400 000 ～ \$499 999	\$500 000 ～ \$749 999	\$749 999 以上
总　计	1 203	133	138	253	180	131	165	90	82	31
低于 60	244	82	56	66	28	7	4	1	0	0
60～69.99	168	32	29	55	27	15	8	1	1	0
70～79.99	168	12	26	48	35	19	21	4	3	0
80～89.99	163	6	16	40	32	26	28	10	5	0
90～99.99	124	1	8	22	22	24	27	13	7	0
100～124.99	184	0	3	19	27	29	43	32	27	4
125～149.99	86	0	0	3	8	8	23	18	20	6
150 以上	66	0	0	0	1	3	11	11	19	21

2005 年

（单位：千套）

单位面积均价（美元/平方英尺）	总　计	房屋总价格(美元)								
		低于 $125 000	$125 000 ～ $149 999	$150 000 ～ $199 999	$200 000 ～ $249 999	$250 000 ～ $299 999	$300 000 ～ $399 999	$400 000 ～ $499 999	$500 000 ～ $749 999	$749 999 以上
总　计	1 280	103	121	246	201	151	203	112	99	44
低于 60	210	58	46	61	27	10	6	2	0	0
60～69.99	156	24	29	43	33	14	10	2	1	0
70～79.99	172	14	22	51	35	22	20	6	2	0
80～89.99	156	5	14	35	28	26	30	12	5	1
90～99.99	138	1	7	28	25	21	36	14	6	0
100～124.99	233	1	3	25	41	32	57	39	30	5
125～149.99	110	0	0	2	8	17	28	20	26	9
150 以上	105	0	0	1	4	9	16	17	29	29

2006 年

（单位：千套）

单位面积均价（美元/平方英尺）	总　计	房屋总价格（美元）								
		低于 $125 000	$125 000 ~ $149 999	150 000 ~ $199 999	$200 000 ~ $249 999	$250 000 ~ $299 999	$300 000 ~ $399 999	$400 000 ~ $499 999	$500 000 ~ $749 999	$749 999 以上
总　计	1 051	64	98	207	163	138	176	84	79	42
低于 60	153	36	34	51	18	8	6	0	0	0
60～69. 99	122	14	24	39	23	11	8	2	1	0
70～79. 99	140	9	20	42	26	18	18	5	2	0
80～89. 99	136	3	14	28	28	23	28	9	3	0
90～99. 99	116	1	3	20	20	22	31	11	7	1
100～124. 99	215	1	3	23	35	38	53	31	26	5
125～149. 99	88	0	0	3	10	13	19	17	18	8
150 以上	81	0	0	1	3	5	13	9	22	28

2007 年

（单位：千套）

单位面积均价（美元/平方英尺）	总　计	房屋总价格（美元）								
		低于 $125 000	$125 000 ～ $149 999	$150 000 ～ $199 999	$200 000 ～ $249 999	$250 000 ～ $299 999	$300 000 ～ $399 999	$400 000 ～ $499 999	$500 000 ～ $749 999	$749 999 以上
总　计	773	38	69	162	125	102	121	64	61	31
低于 60	110	17	25	37	18	8	4	1	0	0
60～69.99	90	9	17	29	18	8	6	2	1	0
70～79.99	115	9	16	37	21	15	11	4	2	0
80～89.99	101	3	7	25	21	19	17	6	3	0
90～99.99	89	0	3	17	18	14	22	9	5	1
100～124.99	150	0	1	14	23	29	40	20	19	4
125～149.99	60	0	0	3	6	7	15	11	13	5
150 以上	58	0	0	0	0	2	6	11	18	21

2008 年

（单位：千套）

单位面积均价（美元/平方英尺）	总　计	房屋总价格（美元）								
		低于 \$125 000	\$125 000 ～ \$149 999	\$150 000 ～ \$199 999	\$200 000 ～ \$249 999	\$250 000 ～ \$299 999	\$300 000 ～ \$399 999	\$400 000 ～ \$499 999	\$500 000 ～ \$749 999	\$749 999 以上
总　计	484	32	46	105	85	63	70	34	33	16
低于 60	72	16	17	23	9	5	2	0	0	0
60～69.99	66	9	10	18	12	8	5	2	2	0
70～79.99	79	5	10	23	17	11	10	2	1	0
80～89.99	72	2	6	19	16	10	12	5	2	0
90～99.99	58	0	1	14	14	9	12	5	3	0
100～124.99	78	0	2	8	13	15	19	10	9	2
125～149.99	27	0	0	0	3	4	6	5	6	3
150 以上	32	0	0	0	1	1	4	5	10	11

2009年

（单位：千套）

单位面积均价（美元/平方英尺）	总计	房屋总价格（美元）								
		低于$125 000	$125 000～$149 999	$150 000～$199 999	$200 000～$249 999	$250 000～$299 999	$300 000～$399 999	$400 000～$499 999	$500 000～$749 999	$749 999以上
总计	375	25	41	96	66	48	46	23	20	10
低于60	66	15	13	21	10	4	2	1	0	0
60～69.99	56	5	9	19	12	6	4	1	0	0
70～79.99	64	3	11	23	13	7	6	2	1	0
80～89.99	56	1	5	16	11	10	7	4	1	1
90～99.99	41	0	2	9	8	7	8	4	2	0
100～124.99	56	1	2	8	10	10	11	6	6	1
125～149.99	18	0	0	0	2	3	5	2	3	2
150以上	19	0	0	0	0	1	3	0	5	5

附录 A2：2002—2008 年住宅建筑市场需求回归方程所使用的原始数据列表

年　份	单位面积价格（单位：美元/平方英尺）	总需求面积（平方英尺）
2008	94. 90	1 066 842 195. 37
	102. 75	929 463 433. 06
	109. 95	782 989 683. 57
	120. 29	614 275 745. 22
	133. 32	455 700 980. 68
	149. 54	327 344 888. 75
	198. 52	140 944 658. 07
	250. 00	77 599 956. 00
2007	99. 15	1 707 524 558. 83
	107. 30	1 495 085 721. 41
	113. 94	1 316 031 919. 05
	123. 72	1 082 364 818. 42
	134. 68	863 831 773. 33
	147. 85	658 063 009. 96
	192. 80	283 454 835. 12
	250. 00	143 799 916. 00
2006	100. 09	2 284 488 643. 07
	108. 63	2 007 495 606. 16
	115. 49	1 773 208 720. 28
	124. 40	1 487 244 483. 39
	135. 12	1 194 033 752. 51
	147. 23	923 615 967. 66
	191. 42	394 438 022. 40
	250. 00	188 999 888. 00
2005	99. 61	2 719 156 722. 96

续 表

年 份	单位面积价格（单位：美元/平方英尺）	总需求面积（平方英尺）
2005	109.34	2 341 674 811.55
	116.91	2 049 361 941.62
	126.63	1 707 224 047.69
	137.71	1 366 460 412.45
	150.86	1 067 369 672.34
	192.44	498 566 302.49
	250.00	235 499 884.00
2004	91.75	2 612 457 178.11
	102.38	2 163 157 712.62
	110.32	1 839 478 119.02
	119.84	1 485 721 816.02
	132.18	1 126 074 079.61
	145.91	843 325 950.35
	186.35	366 226 538.70
	250.00	155 599 916.00
2003	83.13	2 412 685 578.57
	93.84	1 883 252 401.03
	102.82	1 483 757 357.66
	113.34	1 102 132 777.22
	125.93	776 014 291.96
	139.81	544 331 556.96
	183.58	207 725 611.00
	250.00	80 399 956.00
2002	78.61	2 208 016 026.13
	89.78	1 634 171 879.24
	98.74	1 231 526 359.68
	109.23	875 270 981.61
	121.92	587 467 164.96

续　表

年　份	单位面积价格（单位：美元/平方英尺）	总需求面积（平方英尺）
2002	136.27	395 436 451.24
	184.75	126 936 767.67
	250.00	51 699 972.00

附录 A3：芝加哥气候交易所(CCX)碳交易价格历史记录

（单位：美元/吨）

交易时间	2003	2004	2005	2006	2007	2008	2009	2010	平均值
20040102	0.98	0.92	1	0	—	—	—	—	0.97
20040601	0.92	0.83	0.89	0.8	—	—	—	—	0.86
20050103	1.71	1.68	1.75	1.68	—	—	—	—	1.71
20050601	1.35	1.33	1.34	1.35	—	—	—	—	1.34
20060103	1.75	1.7	1.7	1.7	—	—	—	—	1.71
20060601	3.9	4	3.9	3.85	3.95	3.95	3.95	3.95	3.93
20070102	4.1	3.95	4.05	4	3.75	4	4	4	3.98
20070601	3.55	3.5	3.5	3.45	3.45	3.5	3.5	3.4	3.48
20080102	1.9	1.9	1.9	1.9	1.9	1.9	1.9	1.9	1.90
20080602	7.4	7.4	7.4	7.4	7.4	7.4	7.4	7.4	7.40

附录 B　绿色企业选取指标及排名

附录 B1：美国《新闻周刊》(*Newsweek*)2010 绿色企业名单

《新闻周刊》2010 年绿色价值企业排名中，子类为 General Industrials 的企业共 31 家，其中建筑业相关企业 7 家，下表中黑体标出。其中，由于企业 Foster Wheeler 的总部不在美国，因此排除。最终有 6 家绿色建筑业企业入选。

排名	企业名称	所在内别	总分值	子项分值		
1	16* Eaton»	General Industrials	90.54	36.64	84.98	63.79
2	22 3M»	General Industrials	88.48	57.33	68.85	92.71
3	57 Owens Corning»	General Industrials	82.25	24.56	67.29	59.87
4	81 Ball»	General Industrials	80.16	32.48	58.36	65.20
5	83 General Electric»	General Industrials	80.10	97.13	43.94	89.07
6	87 ITT»	General Industrials	79.94	94.95	53.54	59.83
7	125 Sonoco Products»	General Industrials	76.92	14.66	57.25	68.27
8	129 Masco»	General Industrials	76.88	74.56	50.71	51.04
9	**133 Jacobs Engineering Group»**	**General Industrials**	**76.75**	**69.01**	**49.58**	**54.53**
10	144 Tyco International»	General Industrials	76.14	95.94	46.11	51.33
11	161 MeadWestvaco»	General Industrials	74.89	12.48	56.54	61.51
12	172 Weyerhaeuser»	General Industrials	74.12	14.07	56.86	48.37
13	216 Rockwell Automation»	General Industrials	72.20	90.20	37.19	52.70
14	**240 Fluor»**	**General Industrials**	**71.00**	**66.84**	**37.30**	**46.33**
15	252 Sealed Air»	General Industrials	70.32	40.80	38.17	44.24

续 表

排名	企业名称	所在内别	总分值	子项分值		
16	**257 Foster Wheeler»**	**General Industrials**	**70. 13**	**62. 48**	**34. 72**	**48. 40**
17	**259 EMCOR Group»**	**General Industrials**	**69. 96**	**63. 27**	**35. 35**	**44. 68**
18	290 Bemis»	General Industrials	68. 76	13. 28	46. 08	40. 98
19	**306 Shaw Group»**	**General Industrials**	**67. 98**	**54. 76**	**29. 47**	**49. 24**
20	307 Sherwin-Williams»	General Industrials	67. 98	37. 04	28. 55	57. 57
21	308* Crown Holdings»	General Industrials	67. 92	17. 63	40. 54	36. 66
22	**322 KBR»**	**General Industrials**	**67. 48**	**68. 82**	**28. 08**	**46. 63**
23	**325 McDermott International»**	**General Industrials**	**67. 38**	**44. 56**	**27. 27**	**53. 75**
24	334 Honeywell International»	General Industrials	67. 09	36. 05	25. 14	62. 07
25	360 Owens-Illinois»	General Industrials	65. 52	16. 44	31. 76	49. 79
26	364 MDU Resources Group»	General Industrials	65. 46	21. 00	27. 33	52. 37
27	414 Fortune Brands»	General Industrials	62. 47	21. 79	19. 47	51. 81
28	433 Terex»	General Industrials	61. 09	29. 91	15. 64	46. 04
29	438 Manitowoc»	General Industrials	60. 86	52. 58	10. 04	53. 05
30	473 Oshkosh»	General Industrials	55. 66	29. 51	1. 00	48. 16
31	487 Vulcan Materials»	General Industrials	48. 55	7. 53	9. 35	48. 28

附录 C　企业价值实证分析结果汇总表

附录 C1：绿色企业和常规企业综合绩效对比基本统计量(2007—2009 年)

Group Statistics

	Firm_type	N	Mean	Std. Deviation	Std. Error Mean
ROE	green	33	.174 39	.154 842	.026 955
	conventional	31	.082 35	.066 877	.012 012
ROC	green	32	.134 37	.068 841	.012 169
	conventional	29	.087 83	.048 374	.008 983
EVA_margin	green	33	.350 82	2.593 465	.451 464
	conventional	31	−1.432 00	2.123 288	.381 354
Revenue growth	green	30	.123 53	.159 536	.029 127
	conventional	28	.063 64	.180 464	.034 104
P/E	green	30	16.477 67	9.544 409	1.742 563
	conventional	27	18.607 04	8.535 530	1.642 664
Tobin's Q	green	32	.995 41	.709 293	.125 386
	conventional	32	1.013 28	.604 729	.106 902
EV/EBITDA	green	31	7.792 26	5.019 324	.901 497
	conventional	29	8.082 07	5.202 771	.966 130

附录 C2：绿色企业和常规企业综合绩效对比 t 检验结果汇总表(2007—2009 年)

Independent Samples Test

		Levene's Test for Equality of Variances		t-test for Equality of Means						
									95% Confidence Interval of the Difference	
		F	Sig.	t	df	Sig. (2-tailed)	Mean Difference	Std. Error Difference	Lower	Upper
ROE	Equal variances assumed	6.167	.016	3.052	62	.003	.092 039	.030 159	.031 752	.152 326
	Equal variances not assumed			3.119	44.115	.003	.092 039	.029 510	.032 571	.151 508
ROC	Equal variances assumed	2.569	.114	3.026	59	.004	.046 547	.015 384	.015 764	.077 331
	Equal variances not assumed			3.077	55.683	.003	.046 547	.015 126	.016 243	.076 852
EVA_margin	Equal variances assumed	.019	.891	2.998	62	.004	1.782 818	.594 690	.594 050	2.971 587
	Equal variances not assumed			3.017	60.890	.004	1.782 818	.590 974	.601 049	2.964 588
Revenue growth	Equal variances assumed	.276	.601	1.341	56	.185	.059 890	.044 657	−.029 569	.149 349
	Equal variances not assumed			1.335	54.003	.187	.059 890	.044 850	−.030 028	.149 809
P/E	Equal variances assumed	.267	.607	−.884	55	.381	−2.129 370	2.409 077	−6.957 269	2.698 529
	Equal variances not assumed			−.889	54.999	.378	−2.129 370	2.394 759	−6.928 576	2.669 835
Tobin's Q	Equal variances assumed	.625	.432	−.108	62	.914	−.017 875	.164 772	−.347 249	.311 499
	Equal variances not assumed			−.108	60.487	.914	−.017 875	.164 772	−.347 413	.311 663
EV/EBITDA	Equal variances assumed	.281	.598	−.220	58	.827	−.289 811	1.319 796	−2.931 670	2.352 048
	Equal variances not assumed			−.219	57.383	.827	−.289 811	1.321 403	−2.935 491	2.355 869

附录 C3：企业综合绩效基本统计量(2007—2009 分年度)

Descriptive Statistics

Year		N	Mean	Std. Deviation	Minimum	Maximum
2007	ROE	21	.147 00	.157 871	−.131	.578
	ROC	20	.117 80	.068 621	.036	.277
	EVA_margin	21	−.554 90	2.741 555	−4.620	6.513
	Revenue growth	19	.168 11	.119 489	−.078	.367
	P/E	17	25.468 24	9.096 711	12.380	41.680
	Tobin's Q	21	1.467 52	.829 475	.395	3.158
	EV/EBITDA	18	12.805 00	5.980 881	5.260	26.860
	Firm_type	22	.500 0	.511 77	.00	1.00
2008	ROE	21	.151 76	.143 179	−.066	.657
	ROC	21	.125 38	.069 210	.037	.301
	EVA_margin	21	−.446 05	2.609 411	−7.266	3.440
	Revenue growth	18	.195 39	.135 375	−.028	.423
	P/E	21	13.163 33	6.626 729	5.100	28.020
	Tobin's Q	22	.743 64	.370 116	.100	1.380
	EV/EBITDA	21	5.868 10	2.959 773	1.840	11.630
	Firm_type	22	.500 0	.511 77	.00	1.00
2009	ROE	22	.092 45	.062 228	−.004	.214
	ROC	20	.092 90	.050 471	−.003	.221
	EVA_margin	22	−.536 14	2.336 502	−5.743	4.500
	Revenue growth	21	−.058 24	.127 428	−.341	.121
	P/E	19	15.122 63	6.734 991	4.800	27.850
	Tobin's Q	21	.814 29	.420 792	.180	2.060
	EV/EBITDA	21	5.820 00	2.460 971	2.350	11.160
	Firm_type	22	.500 0	.511 77	.00	1.00

附录 C4：2007 年绿色企业和常规企业综合绩效基本统计量

Case Processing Summary[a]

	Cases					
	Included		Excluded		Total	
	N	Percent	N	Percent	N	Percent
ROE* Firm_type	21	95.5%	1	4.5%	22	100.0%
ROC* Firm_type	20	90.9%	2	9.1%	22	100.0%
EVA_margin* Firm_type	21	95.5%	1	4.5%	22	100.0%
Revenue growth* Firm_type	19	86.4%	3	13.6%	22	100.0%
P/E* Firm_type	17	77.3%	5	22.7%	22	100.0%
Tobin's Q* Firm_type	21	95.5%	1	4.5%	22	100.0%
EV/EBITDA* Firm_type	18	81.8%	4	18.2%	22	100.0%

a. Year=2007

Report[a]

Firm_type		ROE	ROC	EVA margin	Revenue growth	P/E	Tobin's Q	EV/EBITDA
conventional	N	10	10	10	9	8	11	9
	Minimum	−.131	.048	−4.620	−.078	14.420	.395	5.900
	Maximum	.193	.204	.918	.274	40.180	2.633	26.860
	Mean	.082 50	.096 50	−1.858 10	.139 00	24.651 25	1.428 64	12.492 22
	Std. Deviation	.087 885	.045 940	2.154 149	.131 725	8.441 517	.713 901	6.921 576
	Std. Error of Mean	.027 792	.014 528	.681 202	.043 908	2.984 527	.215 249	2.307 192
	Kurtosis	3.972	2.850	−1.870	−.874	.376	−.831	1.298
	Skewness	−1.639	1.407	−.144	−.837	.990	.470	1.418
green	N	11	10	11	10	9	10	9
	Minimum	−.004	.036	−4.128	−.018	12.380	.419	5.260
	Maximum	.578	.277	6.513	.367	41.680	3.158	22.130
	Mean	.205 64	.139 10	.629 82	.194 30	26.194 44	1.510 30	13.117 78
	Std. Deviation	.186 957	.082 596	2.759 291	.107 341	10.093 945	.979 177	5.280 615
	Std. Error of Mean	.056 370	.026 119	.831 957	.033 944	3.364 648	.309 643	1.760 205
	Kurtosis	.668	−.562	1.696	.919	−1.025	−.639	−.464
	Skewness	1.231	.468	.396	−.615	.211	.785	.331
Total	N	21	20	21	19	17	21	18
	Minimum	−.131	.036	−4.620	−.078	12.380	.395	5.260
	Maximum	.578	.277	6.513	.367	41.680	3.158	26.860
	Mean	.147 00	.117 80	−.554 90	.168 11	25.468 24	1.467 52	12.805 00
	Std. Deviation	.157 871	.068 621	2.741 555	.119 489	9.096 711	.829 475	5.980 881
	Std. Error of Mean	.034 450	.015 344	.598 256	.027 413	2.206 277	.181 006	1.409 707
	Kurtosis	3.151	.543	.785	−.029	−.813	−.492	.272
	Skewness	1.480	1.011	.432	−.779	.473	.699	.953

a. Year=2007

附录 C5：2008 年绿色企业和常规企业综合绩效基本统计量

Case Processing Summary[a]

	Cases					
	Included		Excluded		Total	
	N	Percent	N	Percent	N	Percent
ROE* Firm_type	21	95.5%	1	4.5%	22	100.0%
ROC* Firm_type	21	95.5%	1	4.5%	22	100.0%
EVA_margin* Firm_type	21	95.5%	1	4.5%	22	100.0%
Revenue growth* Firm_type	18	81.8%	4	18.2%	22	100.0%
P/E* Firm_type	21	95.5%	1	4.5%	22	100.0%
Tobin's Q* Firm_type	22	100.0%	0	0%	22	100.0%
EV/EBITDA* Firm_type	21	95.5%	1	4.5%	22	100.0%

a. Year=2008

附录 C6：2009 年绿色企业和常规企业综合绩效基本统计量

Case Processing Summary[a]

	Cases					
	Included		Excluded		Total	
	N	Percent	N	Percent	N	Percent
ROE* Firm_type	22	100.0%	0	0%	22	100.0%
ROC* Firm_type	20	90.9%	2	9.1%	22	100.0%
EVA_margin* Firm_type	22	100.0%	0	0%	22	100.0%
Revenue growth* Firm_type	21	95.5%	1	4.5%	22	100.0%
P/E* Firm_type	19	86.4%	3	13.6%	22	100.0%
Tobin's Q* Firm_type	21	95.5%	1	4.5%	22	100.0%
EV/EBITDA* Firm_type	21	95.5%	1	4.5%	22	100.0%

a. Year=2009

Report[a]

Firm_type		ROE	ROC	EVA margin	Revenue growth	P/E	Tobin's Q	EV/EBITDA
conventional	N	10	10	10	9	10	11	10
	Minimum	.022	.037	−5.085	−.028	5.190	.100	2.240
	Maximum	.218	.224	2.413	.423	28.020	1.140	10.440
	Mean	.112 30	.103 60	−.901 80	.150 33	14.698 00	.746 36	5.971 00
	Std. Deviation	.056 396	.056 000	2.322 342	.162 565	7.137 067	.340 184	2.630 004
	Std. Error of Mean	.017 834	.017 709	.734 389	.054 188	2.256 939	.102 569	.831 680
	Kurtosis	.265	1.235	−.541	−.898	−.075	−.477	−.522
	Skewness	.199	1.013	−.360	.604	.788	−.607	.517
green	N	11	11	11	9	11	11	11
	Minimum	−.066	.052	−7.266	.102	5.100	.350	1.840
	Maximum	.657	.301	3.440	.346	22.280	1.380	11.630
	Mean	.187 64	.145 18	−.031 73	.240 44	11.768 18	.740 91	5.774 55
	Std. Deviation	.187 524	.076 498	2.892 675	.089 156	6.122 649	.414 643	3.357 837
	Std. Error of Mean	.056 541	.023 065	.872 174	.029 719	1.846 048	.125 020	1.012 426
	Kurtosis	3.777	.213	3.648	−1.352	−.601	−1.212	−.520
	Skewness	1.590	.711	−1.742	−.243	.693	.828	.681
Total	N	21	21	21	18	21	22	21
	Minimum	−.066	.037	−7.266	−.028	5.100	.100	1.840
	Maximum	.657	.301	3.440	.423	28.020	1.380	11.630
	Mean	.151 76	.125 38	−.446 05	.195 39	13.163 33	.743 64	5.868 10
	Std. Deviation	.143 179	.069 210	2.609 411	.135 375	6.626 729	.370 116	2.959 773
	Std. Error of Mean	.031 244	.015 103	.569 420	.031 908	1.446 071	.078 909	.645 875
	Kurtosis	7.596	.571	1.045	−.952	−.203	−.985	−.583
	Skewness	2.267	.917	−1.058	−.131	.743	.292	.568

a. Year=2008

Report[a]

Firm_type		ROE	ROC	EVA margin	Revenue growth	P/E	Tobin's Q	EV/EBITDA
conventional	N	11	9	11	10	9	10	10
	Minimum	−.004	−.003	−5.743	−.341	4.800	.180	3.090
	Maximum	.125	.111	1.222	.121	27.850	2.060	11.160
	Mean	.055 00	.060 67	−1.526 64	−.082 20	17.577 78	.850 00	6.224 00
	Std. Deviation	.043 405	.032 450	2.005 557	.148 187	7.765 170	.487 032	2.544 572
	Std. Error of Mean	.013 087	.010 817	.604 698	.046 861	2.588 390	.154 013	.804 664
	Kurtosis	−1.309	1.350	.797	−.431	−.907	4.810	−.225
	Skewness	.132	−.480	−.502	−.317	−.261	1.728	.682
green	N	11	11	11	11	10	11	11
	Minimum	.024	.053	−4.598	−.219	6.140	.310	2.350
	Maximum	.214	.221	4.500	.104	22.240	1.530	10.640
	Mean	.129 91	.119 27	.454 36	−.036 45	12.913 00	.781 82	5.452 73
	Std. Deviation	.056 229	.047 931	2.298 641	.107 779	5.066 496	.371 775	2.444 136
	Std. Error of Mean	.016 954	.014 452	.693 066	.032 497	1.602 167	.112 094	.736 935
	Kurtosis	.086	.936	2.050	−1.043	−.478	−.164	.597
	Skewness	−.181	.589	−.614	−.384	.614	.779	.958
Total	N	22	20	22	21	19	21	21
	Minimum	−.004	−.003	−5.743	−.341	4.800	.180	2.350
	Maximum	.214	.221	4.500	.121	27.850	2.060	11.160
	Mean	.092 45	.092 90	−.536 14	−.058 24	15.122 63	.814 29	5.820 00
	Std. Deviation	.062 228	.050 471	2.336 502	.127 428	6.734 991	.420 792	2.460 971
	Std. Error of Mean	.013 267	.011 286	.498 144	.027 807	1.545 113	.091 824	.537 028
	Kurtosis	−.511	.958	.440	−.353	−.797	2.876	−.220
	Skewness	.274	.606	−.233	−.481	.378	1.379	.743

a. Year=2009

附录 C7：绿色企业和常规企业综合绩效非参数量排名(分年度)

Ranks

Year		Firm_type	N	Mean Rank	Sum of Ranks
2007	ROE	conventional	10	8.60	86.00
		green	11	13.18	145.00
		Total	21		
	ROC	conventional	10	8.80	88.00
		green	10	12.20	122.00
		Total	20		
	EVA_margin	conventional	10	7.70	77.00
		green	11	14.00	154.00
		Total	21		
	Revenue growth	conventional	9	8.78	79.00
		green	10	11.10	111.00
		Total	19		
	P/E	conventional	8	8.38	67.00
		green	9	9.56	86.00
		Total	17		
	Tobin's Q	conventional	11	10.91	120.00
		green	10	11.10	111.00
		Total	21		
	EV/EBITDA	conventional	9	8.67	78.00
		green	9	10.33	93.00
		Total	18		
2008	ROE	conventional	10	9.40	94.00
		green	11	12.45	137.00
		Total	21		
	ROC	conventional	10	8.90	89.00
		green	11	12.91	142.00
		Total	21		
	EVA_margin	conventional	10	9.40	94.00
		green	11	12.45	137.00
		Total	21		

续 表

Year		Firm_type	N	Mean Rank	Sum of Ranks
2008	Revenue growth	conventional	9	7.89	71.00
		green	9	11.11	100.00
		Total	18		
	P/E	conventional	10	12.40	124.00
		green	11	9.73	107.00
		Total	21		
	Tobin's Q	conventional	11	11.77	129.50
		green	11	11.23	123.50
		Total	22		
	EV/EBITDA	conventional	10	11.60	116.00
		green	11	10.45	115.00
		Total	21		
2009	ROE	conventional	11	7.36	81.00
		green	11	15.64	172.00
		Total	22		
	ROC	conventional	9	6.78	61.00
		green	11	13.55	149.00
		Total	20		
	EVA_margin	conventional	11	8.45	93.00
		green	11	14.55	160.00
		Total	22		
	Revenue growth	conventional	10	10.30	103.00
		green	11	11.64	128.00
		Total	21		
	P/E	conventional	9	12.22	110.00
		green	10	8.00	80.00
		Total	19		
	Tobin's Q	conventional	10	11.55	115.50
		green	11	10.50	115.50
		Total	21		
	EV/EBITDA	conventional	10	12.20	122.00
		green	11	9.91	109.00
		Total	21		

附录 C8：2007—2009 年绿色企业和常规企业综合绩效非参数检验结果汇总(分年度)

Test Statistics[c]

Year				ROE	ROC	EVA margin	Revenue growth	P/E	Tobin's O	EV/EBITDA
2007			Mann-Whitney U	31.000	33.000	22.000	34.000	31.000	54.000	33.000
			Wilcoxon W	86.000	88.000	77.000	79.000	67.000	120.000	78.000
			Z	−1.691	−1.285	−2.324	−.898	−.481	−.070	−.662
			Asymp. Sig. (2-tailed)	.091	.199	.020	.369	.630	.944	.508
			Exact Sig. [2*(1-tailed Sig.)]	.099[a]	.218[a]	.020[a]	.400[a]	.673[a]	.973[a]	.546[a]
	Monte Carlo Sig. (2-tailed)		Sig.	.097[b]	.219[b]	.019[b]	.405[b]	.678[b]	.972[b]	.556[b]
		99% Confidence Interval	Lower Bound	.089	.208	.015	.392	.666	.968	.543
			Upper Bound	.105	.230	.022	.417	.690	.977	.569
	Monte Carlo Sig. (1-tailed)		Sig.	.047[b]	.110[b]	.009[b]	.200[b]	.341[b]	.491[b]	.273[b]
		99% Confidence Interval	Lower Bound	.041	.102	.007	.190	.328	.478	.262
			Upper Bound	.052	.118	.011	.210	.353	.504	.285
2008			Mann-Whitney U	39.000	34.000	39.000	26.000	41.000	57.500	49.000
			Wilcoxon W	94.000	89.000	94.000	71.000	107.000	123.500	115.000
			Z	−1.127	−1.479	−1.127	−1.280	−.986	−.197	−.423
			Asymp. Sig. (2-tailed)	.260	.139	.260	.200	.324	.844	.673
			Exact Sig. [2*(1-tailed Sig.)]	.282[a]	.152[a]	.282[a]	.222[a]	.349[a]	.847[a]	.705[a]
	Monte Carlo Sig. (2-tailed)		Sig.	.283[b]	.150[b]	.283[b]	.232[b]	.350[b]	.856[b]	.694[b]

续 表

Year				ROE	ROC	EVA margin	Revenue growth	P/E	Tobin's O	EV/EBITDA
	Monte Carlo Sig. (1-tailed)	99% Confidence Interval	Lower Bound	.271	.141	.271	.222	.338	.847	.682
			Upper Bound	.294	.160	.294	.243	.362	.865	.706
			Sig.	.141[b]	.075[b]	.141[b]	.111[b]	.176[b]	.435[b]	.347[b]
		99% Confidence Interval	Lower Bound	.132	.068	.132	.103	.166	.422	.335
			Upper Bound	.150	.081	.150	.120	.186	.447	.359
2009			Mann-Whitney U	15.000	16.000	27.000	48.000	25.000	49.500	43.000
			Wilcoxon W	81.000	61.000	93.000	103.000	80.000	115.500	109.000
			Z	−2.989	−2.546	−2.200	−.493	−1.633	−.388	−.845
			Asymp. Sig. (2-tailed)	.003	.011	.028	.622	.102	.698	.398
			Exact Sig. [2 * (1-tailed Sig.)]	.002[a]	.010[a]	.028[a]	.654[a]	.113[a]	.705[a]	.426[a]
	Monte Carlo Sig. (2-tailed)		Sig.	.002[b]	.010[b]	.029[b]	.657[b]	.115[b]	.723[b]	.429[b]
		99% Confidence Interval	Lower Bound	.001	.007	.024	.644	.107	.711	.416
			Upper Bound	.003	.012	.033	.669	.124	.735	.441
	Monle Carlo Sig. (1-tailed)		Sig.	.001[b]	.004[b]	.015[b]	.331[b]	.060[b]	.362[b]	.215[b]
		99% Confidence Interval	Lower Bound	.000	.003	.011	.318	.054	.349	.205
			Upper Bound	.001	.006	.018	.343	.066	.374	.226

a. Not corrected for ties.
b. Based on 10 000 sampled tables with starting seed 1615198575.
c. Grouping Variable: Firm_type

附录 C9：EVA 回归方程的参数间相关系数

		EVA_margin	Oper_pro_mar	tax_burden	Interest_burden	Leverage	Asset_turnover	WACC	Oper_PM_Dummy	Tax_Dummy	Interest_Dummy	Leverage_Dummy	Asset_turn_Dummy	WACC_Dummy
Pearson Correlation	EVA_margin	1.000	.348	.082	.253	.167	.287	-.254	.550	.409	.383	.364	.332	.298
	Oper_pro_mar	.348	1.000	.073	-.045	-.141	-.359	-.144	.046	-.275	-.308	-.257	-.389	-.329
	tax_burden	.082	.073	1.000	.297	.162	.105	.103	.140	.250	.170	.170	.129	.078
	Interest_burden	.253	-.045	.297	1.000	-.127	.190	.185	.191	.291	.412	.145	.234	.240
	Leverage	.167	-.141	.162	-.127	1.000	.229	.054	.449	.521	.393	.773	.459	.471
	Asset_turnover	.287	-.359	.105	.190	.229	1.000	.423	.247	.465	.443	.431	.734	.520
	WACC	-.254	-.144	.103	.185	.054	.423	1.000	.015	.098	.105	.103	.251	.310
	Oper_PM_Dummy	.550	.046	.140	.191	.449	.247	.015	1.000	.868	.820	.801	.689	.815
	Tax_Dummy	.409	-.275	.250	.291	.521	.465	.098	.868	1.000	.957	.908	.887	.940
	Interest_Dummy	.383	-.308	.170	.412	.393	.443	.105	.820	.957	1.000	.824	.861	.923
	Leverage_Dummy	.364	-.257	.170	.145	.773	.431	.103	.801	.908	.824	1.000	.821	.874
	Asset_turn_Dummy	.332	-.389	.129	.234	.459	.734	.251	.689	.887	.861	.821	1.000	.914
	WACC_Dummy	.298	-.329	.078	.240	.471	.520	.310	.815	.940	.923	.874	.914	1.000

续 表

		EVA_ margin	Oper_ pro_ mar	tax_ burden	Interest_ burden	Leverage	Asset_ turnover	WACC	Oper_ PM_ Dummy	Tax_ Dummy	Interest_ Dummy	Leverage_ Dummy	Asset_ turn_ Dummy	WACC_ Dummy
Sig. (1-tailed)	EVA_margin	.	.004	.271	.028	.105	.015	.027	.000	.001	.001	.002	.005	.011
	Oper_pro_mar	.004	.	.293	.369	.146	.003	.141	.365	.018	.009	.026	.001	.006
	tax_burden	.271	.293	.	.012	.112	.215	.220	.147	.029	.101	.101	.166	.282
	Interest_burden	.028	.369	.012	.	.171	.076	.082	.076	.013	.001	.139	.038	.035
	Leverage	.105	.146	.112	.171	.	.042	.343	.000	.000	.001	.000	.000	.000
	Asset_turnover	.015	.003	.215	.076	.042	.	.000	.031	.000	.000	.000	.000	.000
	WACC	.027	.141	.220	.082	.343	.000	.	.456	.231	.216	.221	.029	.009
	Oper_PM_Dummy	.000	.365	.147	.076	.000	.031	.456	.	.000	.000	.000	.000	.000
	Tax_Dummy	.001	.018	.029	.013	.000	.000	.231	.000	.	.000	.000	.000	.000
	Interest_Dummy	.001	.009	.101	.001	.001	.000	.216	.000	.000	.	.000	.000	.000
	Leverage_Dummy	.002	.026	.101	.139	.000	.000	.221	.000	.000	.000	.	.000	.000
	Asset_turn_Dummy	.005	.001	.166	.038	.000	.000	.029	.000	.000	.000	.000	.	.000
	WACC_Dummy	.011	.006	.282	.035	.000	.000	.009	.000	.000	.000	.000	.000	.

附录 C10：综合绩效指标评价原始数据(2007—2009 年)

2007 年原始数据

	greentype	ROE	ROC	rgin (%* 100)	enue Growth	P/E ratio	Tobin's Q	EV/ EBITDA
AECOM Technology Corporation (NYSE: ACM)	1	.079	.135	1.022	.212	26.220	1.125	12.46
EMCOR Group Inc. (NYSE: EME)	1	.143	.137	.561	.209	14.570	.531	8.46
Fluor Corporation (NYSE: FLR)	1	.232	.161	.579	.186	38.090	2.223	17.79
Granite Construction Incorporated (NYSE: GVA)	0	.16	.114	.521	−.078	14.420	.849	5.90
Great Lakes Dredge & Dock Corporation (NasdaqGS: GLDD)	0	.031	.048	−4.62	.211	—	.816	12.08
Hill International, Inc. (NYSE: HIL)	0	.11	.101	−1.658	—	40.180	2.633	26.86
Jacobs Engineering Group Inc. (NYSE: JEC)	1	.163	.168	.951	.151	41.680	3.158	22.13
KBR, Inc. (NYSE: KBR)	1	.133	.059	−.989	−.018	23.510	1.263	10.79
Layne Christensen Co. (NasdaqGS: LAYN)	0	.088	.099	−.777	.201	21.620	1.353	8.31
Matrix Service Co. (NasdaqGS: MTRX)	0	.109	.122	.076	.274	25.550	2.086	12.72
McDermott International Inc. (NYSE: MDR)	1	.521	—	6.513	.367	33.850	3.013	17.72
Orion Marine Group, Inc. (NYSE: ORN)	0	.193	.204	—	.148	18.380	2.423	8.41
Pike Electric Corporation (NYSE: PIKE)	0	.104	.093	.918	−.049	21.630	1.052	7.26
Primoris Services Corporation (NasdaqGS: PRIM)	1	.578	.277	2.824	.235	—	—	—
Quanta Services, Inc. (NYSE: PWR)	0	.057	.056	−3.972	.259	33.870	1.324	20.65

续 表

	greentype	ROE	ROC	rgin (%* 100)	enue Growth	P/E ratio	Tobin's Q	EV/ EBITDA
Shaw Group Inc. (NYSE: SHAW)	1	−.004	.036	−2.631	.253	—	1.207	—
Sterling Construction Co. Inc. (NasdaqGS: STRL)	0	.104	.077	−.852	.228	21.560	1.015	10.24
Tetra Tech Inc. (NasdaqGS: TTEK)	1	.115	.115	1.324	.073	25.720	1.488	13.41
TRC Companies Inc. (NYSE: TRR)	0	—	(.028)	−3.785	.057	—	.395	—
Tutor Perini Corporation (NYSE: TPC)	1	.264	.259	−4.128	—	12.380	.676	5.26
URS Corporation (NYSE: URS)	1	.038	.044	.902	.275	19.730	.419	10.04
Willbros Group Inc. (NYSE: WG)	0	−.131	.051	−4.432	—	—	1.769	—

2008 年原始数据

	greentype	ROE	ROC	rgin (%* 100)	enue Growth	P/E ratio	Tobin's Q	EV/ EBITDA
AECOM Technology Corporation (NYSE: ACM)	1	.111	.091	.011	.271	21.70	.90	11.10
EMCOR Group Inc. (NYSE: EME)	1	.175	.165	1.096	.145	8.29	.48	3.80
Fluor Corporation (NYSE: FLR)	1	.268	.232	1.397	.338	13.22	1.27	5.53
Granite Construction Incorporated (NYSE: GVA)	0	.159	.127	1.208	−.023	12.82	.96	5.61
Great Lakes Dredge & Dock Corporation (NasdaqGS: GLDD)	0	.022	.037	−5.085	.138	28.02	.36	7.95
Hill International, Inc. (NYSE: HIL)	0	.131	.080	−1.733	—	18.97	1.14	9.59

续　表

	greentype	ROE	ROC	rgin (%* 100)	enue Growth	P/E ratio	Tobin's Q	EV/ EBITDA
Jacobs Engineering Group Inc.（NYSE：JEC）	1	.186	.193	1.454	.346	14.80	1.38	7.50
KBR，Inc.（NYSE：KBR）	1	.155	.143	.876	.330	7.31	.42	2.42
Layne Christensen Co.（NasdaqGS：LAYN）	0	.058	.043	−3.326	.161	9.44	.65	3.49
Matrix Service Co.（NasdaqGS：MTRX）	0	.218	.224	2.413	.051	8.68	.76	3.88
McDermott International Inc.（NYSE：MDR）	1	.326	.054	−2.947	—	5.34	.49	1.84
Orion Marine Group，Inc.（NYSE：ORN）	0	.137	.124	.798	.245	15.01	1.12	5.65
Pike Electric Corporation（NYSE：PIKE）	0	.126	.102	—	.031	11.61	.76	5.43
Primoris Services Corporation（NasdaqGS：PRIM）	1	.657	.301	3.44	.102	5.10	.61	2.28
Quanta Services，Inc.（NYSE：PWR）	0	.059	.067	−2.024	.423	24.30	1.10	10.44
Shaw Group Inc.（NYSE：SHAW）	1	.07	.085	−.589	.167	11.57	.35	5.32
Sterling Construction Co. Inc.（NasdaqGS：STRL）	0	.114	.081	−.4	.355	12.94	.84	5.43
Tetra Tech Inc.（NasdaqGS：TTEK）	1	.121	.126	1.989	.242	22.28	1.38	11.63
TRC Companies Inc.（NYSE：TRR）	0			1.014	−.028	—	.10	—
Tutor Perini Corporation（NYSE：TPC）	1	−.066	.155	−7.266	.223	6.06	.38	4.66
URS Corporation（NYSE：URS）	1	.061	.052	.19	—	13.78	.49	7.44
Willbros Group Inc.（NYSE：WG）	0	.099	.151	−1.883	—	5.19	.42	2.24

2009 年原始数据

	greentype	ROE	ROC	rgin (%* 100)	enue Growth	P/E ratio	Tobin's Q	EV/ EBITDA
AECOM Technology Corporation (NYSE: ACM)	1	.106	.083	−.009	.104	17.48	.81	8.22
EMCOR Group Inc. (NYSE: EME)	1	.132	.132	1.008	−.182	9.31	.59	3.70
Fluor Corporation (NYSE: FLR)	1	.207	.221	1.765	−.015	11.90	1.12	4.97
Granite Construction Incorporated (NYSE: GVA)	0	.088	.067	−.991	−.266	12.86	.76	5.01
Great Lakes Dredge & Dock Corporation (NasdaqGS: GLDD)	0	.071	.06	−2.5	.060	21.01	.57	7.29
Hill International, Inc. (NYSE: HIL)	0	.125	.066	−1.856	.090	18.32	.83	8.19
Jacobs Engineering Group Inc. (NYSE: JEC)	1	.131	.135	.807	−.108	12.02	1.00	5.19
KBR, Inc. (NYSE: KBR)	1	.127	.143	1.139	.049	8.65	.57	3.26
Layne Christensen Co. (NasdaqGS: LAYN)	0	.003	−.003	−5.743	−.141	—	.76	4.59
Matrix Service Co. (NasdaqGS: MTRX)	0	.027	—	.672	—	9.55	—	3.86
McDermott International Inc. (NYSE: MDR)	1	.214	.109	.131	.059	18.31	1.14	7.19
Orion Marine Group, Inc. (NYSE: ORN)	0	.09	.111	.92	.121	22.65	2.06	8.45
Pike Electric Corporation (NYSE: PIKE)	0	.013	.038	−2.015	−.089	27.85	.58	6.46
Primoris Services Corporation (NasdaqGS: PRIM)	1	.18	.158	4.5	−.219	9.15	.54	3.71
Quanta Services, Inc. (NYSE: PWR)	0	.052	.052	−2.985	−.122	26.53	1.06	11.16
Shaw Group Inc. (NYSE: SHAW)	1	.024	.056	−1.331	.006	—	.45	4.57
Sterling Construction Co. Inc. (NasdaqGS: STRL)	0	.103	.095	1.222	−.058	4.80	.78	3.09

续 表

	greentype	ROE	ROC	rgin (%* 100)	enue Growth	P/E ratio	Tobin's Q	EV/EBITDA
Tetra Tech Inc. (NasdaqGS: TTEK)	1	.133	.121	2.308	.078	22.24	1.53	10.64
TRC Companies Inc. (NYSE: TRR)	0	−.004	—	−2.115	−.076	—	.18	—
Tutor Perini Corporation (NYSE: TPC)	1	.106	.101	−4.598	−.090	6.14	.31	2.35
URS Corporation (NYSE: URS)	1	.069	.053	−.722	−.083	13.93	.54	6.18
Willbros Group Inc. (NYSE: WG)	0	.037	.06	−1.402	−.341	14.63	.92	4.14

附录 C11: DuPont 分析原始数据(2007—2009 年)

2007 年原始数据

	greentype	ROE	Tax burden	Interest burden	operating profit margin	asset turnover	leverage
AECOM Technology Corporation (NYSE: ACM)	1	.079	.615	1.08	.036	1.73	1.909
EMCOR Group Inc. (NYSE: EME)	1	.143	.622	1.018	.034	2.053	3.262
Fluor Corporation (NYSE: FLR)	1	.232	.8	1.051	.038	2.88	2.548
Granite Construction Incorporated (NYSE: GVA)	0	.16	.565	1.206	.06	1.533	2.551
Great Lakes Dredge & Dock Corporation (NasdaqGS: GLDD)	0	.031	.526	.466	.056	.826	2.735
Hill International, Inc. (NYSE: HIL)	0	.11	.82	1.117	.076	.98	1.614

续 表

	greentype	ROE	Tax burden	Interest burden	operating profit margin	asset turnover	leverage
Jacobs Engineering Group Inc. (NYSE: JEC)	1	.163	.64	1.036	.055	2.434	1.842
KBR, Inc. (NYSE: KBR)	1	.133	.883	1.791	.022	1.661	2.295
Layne Christensen Co. (NasdaqGS: LAYN)	0	.088	.554	1.009	.077	1.246	1.646
Matrix Service Co. (NasdaqGS: MTRX)	0	.109	.629	.947	.035		2.078
McDermott International Inc. (NYSE: MDR)	1	.521	.815	1.119	.118	1.277	3.78
Orion Marine Group, Inc. (NYSE: ORN)	0	.193	.63	1.004	.131	1.576	1.482
Pike Electric Corporation (NYSE: PIKE)	0	.104	.612	.603	.102	1.103	2.514
Primoris Services Corporation (NasdaqGS: PRIM)	1	.578	.916	.94	.058	2.455	4.712
Quanta Services, Inc. (NYSE: PWR)	0	.057	.834	.882	.064	.784	1.55
Shaw Group Inc. (NYSE: SHAW)	1	−.004	—	.234	.023	1.505	3.185
Sterling Construction Co. Inc. (NasdaqGS: STRL)	0	.104	.643	1.093	.067	1.115	1.981
Tetra Tech Inc. (NasdaqGS: TTEK)	1	.115	.583	.994	.082	1.238	1.954
TRC Companies Inc. (NYSE: TRR)	0	—	1.115	—	—	.699	—
Tutor Perini Corporation (NYSE: TPC)	1	.264	.629	1.095	.03	2.798	4.491
URS Corporation (NYSE: URS)	1	.038	.562	1.016	.043	.777	1.992
Willbros Group Inc. (NYSE: WG)	0	−.131	—	−.417	.035	1.216	1.968

2008 年原始数据

	greentype	ROE	Tax burden	Interest burden	operating profit margin	asset turnover	leverage
AECOM Technology Corporation (NYSE: ACM)	1	.111	.631	1.055	.043	1.575	2.476
EMCOR Group Inc. (NYSE: EME)	1	.175	.606	.988	.045	2.239	2.905
Fluor Corporation (NYSE: FLR)	1	.268	.627	1.126	.045	3.476	2.405
Granite Construction Incorporated (NYSE: GVA)	0	.159	.524	1.09	.08	1.534	2.272
Great Lakes Dredge & Dock Corporation (NasdaqGS: GLDD)	0	.022	.549	.349	.044	.881	2.931
Hill International, Inc. (NYSE: HIL)	0	.131	.794	1.174	.057	1.315	1.875
Jacobs Engineering Group Inc. (NYSE: JEC)	1	.186	.64	1.004	.057	2.794	1.827
KBR, Inc. (NYSE: KBR)	1	.155	.562	1.166	.042	1.953	2.867
Layne Christensen Co. (NasdaqGS: LAYN)	0	.058	.559	1.407	.033	1.401	1.578
Matrix Service Co. (NasdaqGS: MTRX)	0	.218	.638	1.011	.072	2.793	1.673
McDermott International Inc. (NYSE: MDR)	1	.326	.731	1.153	.078	1.428	3.496
Orion Marine Group, Inc. (NYSE: ORN)	0	.137	.665	.969	.086	1.405	1.764
Pike Electric Corporation (NYSE: PIKE)	0	.126	.615	.805	.103	1.103	2.235
Primoris Services Corporation (NasdaqGS: PRIM)	1	.657	.863	1.058	.067	2.37	4.552
Quanta Services, Inc. (NYSE: PWR)	0	.059	.59	.924	.077	1.062	1.326
Shaw Group Inc. (NYSE: SHAW)	1	.07	.573	.48	.05	1.485	3.445

续 表

	greentype	ROE	Tax burden	Interest burden	operating profit margin	asset turnover	leverage
Sterling Construction Co. Inc. (NasdaqGS: STRL)	0	.114	.624	1.028	.068	1.433	1.82
Tetra Tech Inc. (NasdaqGS: TTEK)	1	.121	.589	.972	.086	1.238	1.979
TRC Companies Inc. (NYSE: TRR)	0	—	.983	1.495	—	.725	—
Tutor Perini Corporation (NYSE: TPC)	1	−.066	—	—	.035	1.842	2.7
URS Corporation (NYSE: URS)	1	.061	.53	1.039	.04	1.441	1.932
Willbros Group Inc. (NYSE: WG)	0	.099	.635	.52	.069	2.429	1.779

2009 年原始数据

	greentype	ROE	Tax burden	Interest burden	operating profit margin	asset turnover	leverage
AECOM Technology Corporation (NYSE: ACM)	1	.106	.687	1.063	.043	1.604	2.084
EMCOR Group Inc. (NYSE: EME)	1	.132	.62	.92	.051	1.861	2.448
Fluor Corporation (NYSE: FLR)	1	.207	.602	1.013	.051	3.063	2.172
Granite Construction Incorporated (NYSE: GVA)	0	.088	.529	1.143	.062	1.149	2.058
Great Lakes Dredge & Dock Corporation (NasdaqGS: GLDD)	0	.071	.681	.608	.068	.935	2.707
Hill International, Inc. (NYSE: HIL)	0	.125	.786	1.355	.05	1.249	1.873

续 表

	greentype	ROE	Tax burden	Interest burden	operating profit margin	asset turnover	leverage
Jacobs Engineering Group Inc. (NYSE: JEC)	1	.131	.64	1.006	.052	2.289	1.722
KBR, Inc. (NYSE: KBR)	1	.127	.545	1.035	.043	2.264	2.328
Layne Christensen Co. (NasdaqGS: LAYN)	0	.003	.215	—	−.003	1.185	1.566
Matrix Service Co. (NasdaqGS: MTRX)	0	.027	.658	.917	.015	1.948	1.593
McDermott International Inc. (NYSE: MDR)	1	.214	.741	1.053	.08	1.277	2.683
Orion Marine Group, Inc. (NYSE: ORN)	0	.09	.633	.994	.108	1.074	1.232
Pike Electric Corporation (NYSE: PIKE)	0	.013	.702	.2	.043	1.028	2.1
Primoris Services Corporation (NasdaqGS: PRIM)	1	.18	.538	1.145	.09	.981	3.306
Quanta Services, Inc. (NYSE: PWR)	0	.052	.694	.937	.075	.806	1.324
Shaw Group Inc. (NYSE: SHAW)	1	.024	.471	.278	.036	1.264	4.058
Sterling Construction Co. Inc. (NasdaqGS: STRL)	0	.103	.627	.959	.101	1.013	1.671
Tetra Tech Inc. (NasdaqGS: TTEK)	1	.133	.73	.984	.089	1.289	1.613
TRC Companies Inc. (NYSE: TRR)	0	−.004	—	.008	—	.754	—
Tutor Perini Corporation (NYSE: TPC)	1	.106	.668	.97	.041	1.826	2.189
URS Corporation (NYSE: URS)	1	.069	.574	1.169	.043	1.34	1.768
Willbros Group Inc. (NYSE: WG)	0	.037	.595	.597	.04	1.73	1.495

附录 C12：EVA 回归模型原始数据（2007—2009 年）

2007 年原始数据

	operating profit	Tax burden	Interest burden	leverage	asset turnover	EVA margin (%)	WACC	Oper_PM_dummy	Tax_dummy	Interest_dummy	Leverage_dummy	Asset_dummy	WACC_dummy
AECOM Technology Corporation (NYSE: ACM)	.036	.615	1.08	1.909	1.73	.010	.103 0	.036	.615	1.08	1.909	1.73	.10
EMCOR Group Inc. (NYSE: EME)	.034	.622	1.018	3.262	2.053	.006	.107 1	.034	.622	1.018	3.262	2.053	.11
Fluor Corporation (NYSE: FLR)	.038	.8	1.051	2.548	2.88	.006	.123 8	.038	.8	1.051	2.548	2.88	.12
Granite Construction Incorporated (NYSE: GVA)	.06	.565	1.206	2.551	1.533	.005	.100 0	0	0	0	0	0	—
Great Lakes Dredge & Dock Corporation (NasdaqGS: GLDD)	.056	.526	.466	2.735	.826	−.046	.103 5	0	0	0	0	0	—
Hill International, Inc. (NYSE: HIL)	.076	.82	1.117	1.614	.98	−.017	.126 5	0	0	0	0	0	—
Jacobs Engineering Group Inc. (NYSE: JEC)	.055	.64	1.036	1.842	2.434	.010	.126 1	.055	.64	1.036	1.842	2.434	.13
KBR, Inc. (NYSE: KBR)	.022	.883	1.791	2.295	1.661	−.010	.097 2	.022	.883	1.791	2.295	1.661	.10

续 表

	operating profit	Tax burden	Interest burden	leverage	asset turnover	EVA margin (%)	WACC	Oper_ PM_ dummy	Tax_ dummy	Interest_ dummy	Leverage_ dummy	Asset_ dummy	WACC_ dummy
Layne Christensen Co. (NasdaqGS: LAYN)	.077	.554	1.009	1.646	1.246	−.008	.112 9	0	0	0	0	0	—
Matrix Service Co. (NasdaqGS: MTRX)	.035	.629	.947	2.078		.001	.118 1	0	0	0	0	0	—
McDermott International Inc. (NYSE: MDR)	.118	.815	1.119	3.78	1.277	.065	.128 3	.118	.815	1.119	3.78	1.277	.13
Orion Marine Group, Inc. (NYSE: ORN)	.131	.63	1.004	1.482	1.576	.000	.101 5	0	0	0	0	0	—
Pike Electric Corporation (NYSE: PIKE)	.102	.612	.603	2.514	1.103	.009	.078 8	0	0	0	0	0	—
Primoris Services Corporation (NasdaqGS: PRIM)	.058	.916	.94	4.712	2.455	.028	.074 3	.058	.916	.94	4.712	2.455	.07
Quanta Services, Inc. (NYSE: PWR)	.064	.834	.882	1.55	.784	−.040	.096 6	0	0	0	0	0	—
Shaw Group Inc. (NYSE: SHAW)	.023		.234	3.185	1.505	−.026	.101 3	.023	0	.234	3.185	1.505	.10
Sterling Construction Co. Inc. (NasdaqGS: STRL)	.067	.643	1.093	1.981	1.115	−.009	.089 4	0	0	0	0	0	—

续 表

	operating profit	Tax burden	Interest burden	leverage	asset turnover	EVA margin (%)	WACC	Oper_PM_dummy	Tax_dummy	Interest_dummy	Leverage_dummy	Asset_dummy	WACC_dummy
Tetra Tech Inc. (NasdaqGS: TTEK)	.082	.583	.994	1.954	1.238	.013	.087 9	.082	.583	.994	1.954	1.238	.09
TRC Companies Inc. (NYSE: TRR)		1.115			.699	−.038	.067 6	0	0	0	0	0	—
Tutor Perini Corporation (NYSE: TPC)	.03	.629	1.095	4.491	2.798	−.041	.151 7	.03	.629	1.095	4.491	2.798	.15
URS Corporation (NYSE: URS)	.043	.562	1.016	1.992	.777	.009	.093 4	.043	.562	1.016	1.992	.777	.09
Willbros Group Inc. (NYSE: WG)	.035		−.417	1.968	1.216	−.044	.116 4	0	0	0	0	0	—

2008 年原始数据

	operating profit	Tax burden	Interest burden	leverage	asset turnover	EVA margin (%)	WACC	Oper_PM_dummy	Tax_dummy	Interest_dummy	Leverage_dummy	Asset_dummy	WACC_dummy
AECOM Technology Corporation (NYSE: ACM)	.043	.631	1.055	2.476	1.575	.000	.091	.043	.631	1.055	2.476	1.575	.09
EMCOR Group Inc. (NYSE: EME)	.045	.606	.988	2.905	2.239	.011	.106	.045	.606	.988	2.905	2.239	.11

续　表

	operating profit	Tax burden	Interest burden	leverage	asset turnover	EVA margin (%)	WACC	Oper_PM_dummy	Tax_dummy	Interest_dummy	Leverage_dummy	Asset_dummy	WACC_dummy
Fluor Corporation (NYSE: FLR)	.045	.627	1.126	2.405	3.476	.014	.123	.045	.627	1.126	2.405	3.476	.12
Granite Construction Incorporated (NYSE: GVA)	.08	.524	1.09	2.272	1.534	.012	.097	0	0	0	0	0	—
Great Lakes Dredge & Dock Corporation (NasdaqGS: GLDD)	.044	.549	.349	2.931	.881	−.051	.104	0	0	0	0	0	—
Hill International, Inc. (NYSE: HIL)	.057	.794	1.174	1.875	1.315	−.017	.117	0	0	0	0	0	—
Jacobs Engineering Group Inc. (NYSE: JEC)	.057	.64	1.004	1.827	2.794	.015	.120	.057	.64	1.004	1.827	2.794	.12
KBR, Inc. (NYSE: KBR)	.042	.562	1.166	2.867	1.953	.009	.094	.042	.562	1.166	2.867	1.953	.09
Layne Christensen Co. (NasdaqGS: LAYN)	.033	.559	1.407	1.578	1.401	−.033	.110	0	0	0	0	0	—
Matrix Service Co. (NasdaqGS: MTRX)	.072	.638	1.011	1.673	2.793	.024	.113	0	0	0	0	0	—
McDermott International Inc. (NYSE: MDR)	.078	.731	1.153	3.496	1.428	−.029	.123	.078	.731	1.153	3.496	1.428	.12
Orion Marine Group, Inc. (NYSE: ORN)	.086	.665	.969	1.764	1.405	.008	.109	0	0	0	0	0	—

续 表

	operating profit	Tax burden	Interest burden	leverage	asset turnover	EVA margin (%)	WACC	Oper_PM_dummy	Tax_dummy	Interest_dummy	Leverage_dummy	Asset_dummy	WACC_dummy
Pike Electric Corporation (NYSE: PIKE)	.103	.615	.805	2.235	1.103	.016	.077	0	0	0	0	0	—
Primoris Services Corporation (NasdaqGS: PRIM)	.067	.863	1.058	4.552	2.37	.034	.073	.067	.863	1.058	4.552	2.37	.07
Quanta Services, Inc. (NYSE: PWR)	.077	.59	.924	1.326	1.062	−.020	.094	0	0	0	0	0	—
Shaw Group Inc. (NYSE: SHAW)	.05	.573	.48	3.445	1.485	−.006	.100	.05	.573	.48	3.445	1.485	.10
Sterling Construction Co. Inc. (NasdaqGS: STRL)	.068	.624	1.028	1.82	1.433	−.004	.089	0	0	0	0	0	—
Tetra Tech Inc. (NasdaqGS: TTEK)	.086	.589	.972	1.979	1.238	.020	.083	.086	.589	.972	1.979	1.238	.08
TRC Companies Inc. (NYSE: TRR)		.983	1.495		.725	.010	.066	0	0	0	0	0	—
Tutor Perini Corporation (NYSE: TPC)	.035			2.7	1.842	−.073	.146	.035	0	0	2.7	1.842	.15
URS Corporation (NYSE: URS)	.04	.53	1.039	1.932	1.441	.002	.092	.04	.53	1.039	1.932	1.441	.09
Willbros Group Inc. (NYSE: WG)	.069	.635	.52	1.779	2.429	−.019	.117	0	0	0	0	0	—

2009 年原始数据

	operating profit	Tax burden	Interest burden	leverage	asset turnover	EVA margin (%)	WACC	Oper_PM_dummy	Tax_dummy	Interest_dummy	Leverage_dummy	Asset_dummy	WACC_dummy
AECOM Technology Corporation (NYSE: ACM)	.043	.631	1.055	2.476	1.575	.000	.091	.043	.631	1.055	2.476	1.575	.09
EMCOR Group Inc. (NYSE: EME)	.045	.606	.988	2.905	2.239	.011	.106	.045	.606	.988	2.905	2.239	.11
Fluor Corporation (NYSE: FLR)	.045	.627	1.126	2.405	3.476	.014	.123	.045	.627	1.126	2.405	3.476	.12
Granite Construction Incorporated (NYSE: GVA)	.08	.524	1.09	2.272	1.534	.012	.097	0	0	0	0	0	—
Great Lakes Dredge & Dock Corporation (NasdaqGS: GLDD)	.044	.549	.349	2.931	.881	−.051	.104	0	0	0	0	0	—
Hill International, Inc. (NYSE: HIL)	.057	.794	1.174	1.875	1.315	−.017	.117	0	0	0	0	0	—
AECOM Technology Corporation (NYSE: ACM)	.043	.687	1.063	2.084	1.604	.000	.083 3	.043	.687	1.063	2.084	1.604	.08
EMCOR Group Inc. (NYSE: EME)	.051	.62	.92	2.448	1.861	.010	.092 7	.051	.62	.92	2.448	1.861	.09

续 表

	operating profit	Tax burden	Interest burden	leverage	asset turnover	EVA margin (%)	WACC	Oper_PM_dummy	Tax_dummy	Interest_dummy	Leverage_dummy	Asset_dummy	WACC_dummy
Fluor Corporation (NYSE: FLR)	.051	.602	1.013	2.172	3.063	.017 7	.108 9	.051	.602	1.013	2.172	3.063	.11
Granite Construction Incorporated (NYSE: GVA)	.062	.529	1.143	2.058	1.149	−.009 9	.083 4	0	0	0	0	0	—
Great Lakes Dredge & Dock Corporation (NasdaqGS: GLDD)	.068	.681	.608	2.707	.935	−.025 0	.095 9	0	0	0	0	0	—
Hill International, Inc. (NYSE: HIL)	.05	.786	1.355	1.873	1.249	−.018 6	.101 9	0	0	0	0	0	—
Jacobs Engineering Group Inc. (NYSE: JEC)	.052	.64	1.006	1.722	2.289	.008 1	.104 5	.052	.64	1.006	1.722	2.289	.10
KBR, Inc. (NYSE: KBR)	.043	.545	1.035	2.328	2.264	.011 4	.083 2	.043	.545	1.035	2.328	2.264	.08
Layne Christensen Co. (NasdaqGS: LAYN)	−.003	.215		1.566	1.185	−.057 4	.097 8	0	0	0	0	0	—
Matrix Service Co. (NasdaqGS: MTRX)	.015	.658	.917	1.593	1.948	.006 7	.087 5	0	0	0	0	0	—
McDermott International Inc. (NYSE: MDR)	.08	.741	1.053	2.683	1.277	.001 3	.106 7	.08	.741	1.053	2.683	1.277	.11

续 表

	operating profit	Tax burden	Interest burden	leverage	asset turnover	EVA margin (%)	WACC	Oper_ PM_ dummy	Tax_ dummy	Interest_ dummy	Leverage_ dummy	Asset_ dummy	WACC_ dummy
Orion Marine Group, Inc. (NYSE: ORN)	.108	.633	.994	1.232	1.074	.009 2	.098 8	0	0	0	0	0	—
Pike Electric Corporation (NYSE: PIKE)	.043	.702	.2	2.1	1.028	−.020 2	.066 0	0	0	0	0	0	—
Primoris Services Corporation (NasdaqGS: PRIM)	.09	.538	1.145	3.306	.981	.045 0	.071 5	.09	.538	1.145	3.306	.981	.07
Quanta Services, Inc. (NYSE: PWR)	.075	.694	.937	1.324	.806	−.029 9	.082 6	0	0	0	0	0	—
Shaw Group Inc. (NYSE: SHAW)	.036	.471	.278	4.058	1.264	−.013 3	.089 4	.036	.471	.278	4.058	1.264	.09
Sterling Construction Co. Inc. (NasdaqGS: STRL)	.101	.627	.959	1.671	1.013	.012 2	.078 8	0	0	0	0	0	—
Tetra Tech Inc. (NasdaqGS: TTEK)	.089	.73	.984	1.613	1.289	.023 1	.073 8	.089	.73	.984	1.613	1.289	.07
TRC Companies Inc. (NYSE: TRR)			.008		.754	−.021 2	.054 2	0	0	0	0	0	—
Tutor Perini Corporation (NYSE: TPC)	.041	.668	.97	2.189	1.826	−.046 0	.127 5	.041	.668	.97	2.189	1.826	.13
URS Corporation (NYSE: URS)	.043	.574	1.169	1.768	1.34	−.007 2	.080 2	.043	.574	1.169	1.768	1.34	.08
Willbros Group Inc. (NYSE: WG)	.04	.595	.597	1.495	1.73	−.014 0	.105 0	0	0	0	0	0	—

后 记

在本书写作期间，受到许多人的帮助、支持、鼓励和教诲，在这里表示衷心感谢。感谢家人对我的支持，特别是妻子对我的陪伴和理解，以及父母对我梦想的支持和肯定。感谢导师江景波教授，老先生思想上对我的教育和熏陶，让我感受到一代名师的温厚谦逊、严学身教的人格魅力。感谢副导师乐云教授，其宽容乐观的人生态度、谦逊认真的工作作风，给我留下了深刻印象，使我终身受益。感谢马里兰大学 Qingbin Cui 教授，他的邀请让我踏上求学的另一片天空，也是他严谨的治学态度及广博的学术视野指引我完成一系列的论文和研究工作。感谢硕士导师何清华教授，引领我跨入建设项目管理学科的门槛，找到自己兴趣所在，开启了我人生道路上崭新篇章。感谢李永奎教授，他的钻研求实、大智若愚、勤奋刻苦，给我留下深刻的印象，让我受益良多。感谢同济大学任教的教授、访问学者、博士后、博士研究生、硕士研究生等教师及朋友，包括施骞教授、王广斌教授、曹吉鸣教授、诸大建教授、陆云波教授；博士后谢琳琳、祝迪飞；朋友及同事任俊山、蒋卫平、罗晟、王盛文、方健、黄仲嘉、张斌、胡毅、张兵、单明等；博士班包括张合军、曹灏、朱立龙、洪少枝、马亮、谭丹、李亚丹等在内所有同学；经管学院赵红、兀云波、陈迅、王昭东、王松涛等老师。在我出国过程中，感谢给予我支持和帮助的研究生院和外事办各位老师。

感谢美国马里兰大学的教授及其学生们，包括 Miroslaw Skibniewski 教授、John Cable 教授、Gregory Baecher 教授、Steven Gabriel 教授，以及博士生朱新元、邓千里、徐书签、李镇、周长江、白林佳，以及其他所有教授过课程和讲座的教师；感谢曾到过马里兰大学的各位访问学者，包括哈尔滨工业大学孙成双博士、大连理工大学蒋韶华博士、复旦大学蒋祥林博士、上海交通大学郑红博士、浙江理工大学徐叶林博士；感谢香港理工大学的 Liyin Shen 教授、Geffery Shen 教授，让我在香港理工大学短暂的访学留下了深刻的影响，也感谢包括袁红平、彭毅、张晓林、徐鹏鹏在内的所有朋友；感谢包括华盛顿大学 Young Hoon Kwak 教授等提供的无私帮助。感谢东南大学成虎教授、上海交通大学胡昊教授、上海财经大学姚玲珍教授对论文的指导与点评。感谢其他所有认识的教师、同学、朋友们，这里虽不能一一指出，但他们对我的帮助，我将牢记在心里。

卢显杰